模拟实战——
财务/供应链/生产制造
（第2版）

何亮　龚中华　付松广　编著
金蝶软件（中国）有限公司　审

人民邮电出版社
北京

图书在版编目（CIP）数据

金蝶ERP-K/3模拟实战：财务、供应链、生产制造 / 何亮，龚中华，付松广编著. -- 2版. -- 北京：人民邮电出版社，2011.1（2022.8重印）
ISBN 978-7-115-23939-6

Ⅰ. ①金… Ⅱ. ①何… ②龚… ③付… Ⅲ. ①企业管理—计算机管理系统，ERP-K/3 Ⅳ. ①F270.7

中国版本图书馆CIP数据核字(2010)第208992号

内 容 提 要

本书在第1版的基础上，根据读者的反馈意见，使用金蝶ERP-K/3 V11.X系统，并以"深圳市成越实业有限公司"实例数据为基础，以手工业务处理流程为学习导向修订完成，旨在帮助读者快速、轻松地学会使用金蝶 ERP-K/3 系统。本书以实例方式对建立账套、初始化数据录入、日常业务处理方法、各种账簿报表的查询方法等方面的内容由浅入深地进行了讲解。本书实例数据涉及 BOM 档案管理、物料需求计划、生产任务管理、委外加工管理、销售管理、采购管理、仓存管理、存货核算、应收款管理、应付款管理、总账管理和报表模块。

本书适合高等院校相关专业的师生阅读，也适合想学习金蝶ERP-K/3系统的企业财会人员阅读。

金蝶 ERP-K/3 模拟实战——财务/供应链/生产制造（第 2 版）

- ◆ 编 著 何 亮 龚中华 付松广
  审 金蝶软件（中国）有限公司
  责任编辑 张 涛
- ◆ 人民邮电出版社出版发行 北京市崇文区夕照寺街14号
  邮编 100061 电子函件 315@ptpress.com.cn
  网址 http://www.ptpress.com.cn
  北京天宇星印刷厂印刷
- ◆ 开本：787×1092 1/16
  印张：21.25   2011年1月第2版
  字数：561千字   2022年8月北京第29次印刷

ISBN 978-7-115-23939-6

定价：45.00 元（附光盘）

读者服务热线：(010)67132692 印装质量热线：(010)67129223
反盗版热线：(010)67171154
广告经营许可证：京东市监广登字 20170147 号

前 言

金蝶 K/3 软件系统是金蝶软件（中国）有限公司开发的一套 ERP 产品，包括财务管理、物流管理、生产制造管理和人力资源管理等几大系统功能。金蝶 K/3 产品是目前 ERP 市场上的主流产品之一。

本书内容

本书内容包括软件安装、建立账套、初始数据录入、BOM 档案管理、物料需求计划（MRP）计算和下达、采购计划下达、生产计划下达、委外计划下达、销售订单处理和销售订单跟单执行情况、采购订单处理和采购订单跟单执行情况、生产任务单处理、委外任务单处理、仓库日常单据的处理方法、材料成本的核算、应收款处理、应付款处理、业务单据生成凭证、总账处理和报表处理。

本书财务部分只讲述应收款管理模块、应付款管理模块、总账模块和报表模块的应用，若读者需要详细练习固定资产管理、现金管理和财务分析模块的应用，可参考本书作者编著的《金蝶 ERP-K/3 标准财务培训教程》和《金蝶 ERP-K/3 标准财务模拟实训》这两本书。

本书在第 1 版的基础上，新增软件安装方法、销售模拟报价、报表自定义、单据自定义和单据套打设置功能的讲述。

本书特点

本书以"深圳市成越实业有限公司"实例数据为基础，以手工业务处理流程为学习导向，让读者能快速、轻松地学会如何使用金蝶 ERP 系统。本书是：

- 一本理论联系实际的图书；
- 一本了解企业流程的图书；
- 一本实施 ERP 系统前应该看懂的图书；
- 一本提升自我能力的图书。

学习方法

编者根据个人学习金蝶 K/3 软件的经验，为各位朋友建议以下学习方法。

（1）学习本书后，参照相关操作方法，自己建立账套、进行初始设置和日常业务处理。在初始设置中，可以根据需要更改设置，如会计科目不用项目核算功能，存货科目不用数量金额辅助核算，然后在日常业务处理中，可以发现不同设置有不同的处理方法，从而增加对该软件的了解。

（2）必须明白金蝶软件的基本操作流程：建立账套→初始设置→日常业务处理→期末结账→继续下一期间业务处理。该操作流程也是所有财务软件的操作流程。

（3）先了解各模块系统中有哪些功能。每个人在操作软件时，都想知道该软件有哪些功能、能达到什么目的，以对软件有个基本了解。在"账套管理"中，以恢复方式恢复金蝶公司提供的"演示账套"，再以"Administrator"身份登录该账套，选择相关模块下的"子功能"下的"明细功能"，就可以对软件有一个简单的了解。

（4）报表查询。在实际管理工作中，作为管理层，通常是通过查看相关报表对企业的过去、现状和未来做出评估和预测，以使企业向更高目标发展。所以，在金蝶 K/3 软件中查询报表就显得尤其重要。在查询报表时，在弹出的"过滤"窗口中，要多进行不同过滤条件设置的练习以熟悉该功能，提高以后查询工作的效率。

（5）报表引出。为了便于不同软件使用账套中的数据，金蝶 K/3 软件提供"引出"功能，使报表可以引出为多种格式的文件，如 Excel 文件、文本文件和 Access 数据库文件。引出功能可通过报表查询窗口中"文件"菜单下的"引出"项实现。

（6）多看、多想、多试。在对软件有了基本了解后，可以按照"多看、多想、多试"原则去学习。

- 多看：多注意各个处理窗口上有什么项目。
- 多想：为什么会这样，能否那样操作。
- 多试：根据自己所猜想的去练习。

书中账套是供读者练习的，做错、做坏也不会影响工作，因此读者要按照书中介绍的内容多进行实际操作，这样才能提高自己的业务水平。

由于水平有限，书中难免存在不足，希望读者批评指正（可发电子邮件至 zhangtao@ptpress.com.cn）。

本书光盘附带金蝶 ERP-K/3 演示版软件，包括数据库、配书账套、ERP 软件。在此对金蝶软件（中国）有限公司的大力支持表示深深的感谢！

编　者

2011 年 1 月

目 录

第1章 金蝶 ERP-K/3 介绍 ············· 1
  1.1 金蝶 ERP-K/3 系统介绍 ········· 2
  1.2 金蝶 K/3 系统应用流程 ········· 4
  1.3 安装金蝶 ERP-K/3（V11.X）···· 5
    1.3.1 金蝶 V11.X 对硬件和
         软件环境的要求 ········· 5
    1.3.2 安装金蝶 K/3 ············ 6
第2章 模拟实例资料 ················ 15
  2.1 企业介绍 ····················· 16
  2.2 基础数据（一）················ 16
  2.3 实例数据（一）················ 19
    2.3.1 生产数据管理实例 ······· 19
    2.3.2 业务数据实例 ·········· 20
  2.4 基础数据（二）················ 31
  2.5 实例数据（二）················ 32
第3章 账套管理 ···················· 51
  3.1 建立账套 ···················· 52
  3.2 属性设置和启用账套 ··········· 56
  3.3 备份账套 ···················· 58
  3.4 恢复账套 ···················· 61
  3.5 删除账套 ···················· 63
第4章 账套初始化（一）············· 64
  4.1 账套初始化概述 ··············· 67
  4.2 初始化设置流程 ··············· 68
  4.3 引入会计科目 ················· 68
  4.4 系统设置 ···················· 71
    4.4.1 系统参数设置 ·········· 71
    4.4.2 工厂日历 ·············· 73
    4.4.3 系统设置 ·············· 75
  4.5 基础资料设置 ················· 78
    4.5.1 币别 ·················· 79
    4.5.2 凭证字 ················ 79
    4.5.3 计量单位 ·············· 80
    4.5.4 结算方式 ·············· 82
    4.5.5 会计科目设置 ·········· 83
    4.5.6 核算项目 ·············· 87
  4.6 业务初始数据录入 ·············· 93
  4.7 启用业务系统 ················· 95
第5章 用户管理 ···················· 96
  5.1 用户组新增 ··················· 97
  5.2 用户新增 ···················· 98
  5.3 权限设置 ··················· 101
  5.4 用户属性、用户删除 ··········· 103
第6章 生产数据管理 ··············· 104
  6.1 BOM 管理 ··················· 105
    6.1.1 BOM 档案的录入 ······· 105
    6.1.2 BOM 档案的审核 ······· 110
    6.1.3 BOM 档案的使用 ······· 111
    6.1.4 BOM 档案计算累计提
         前期 ··················· 112
    6.1.5 BOM 档案的查询 ······· 112
  6.2 工厂日历 ···················· 114
第7章 业务模块实战 ··············· 116
  7.1 模拟报价、销售报价单
      处理 ························· 117
    7.1.1 模拟报价处理 ········· 117
    7.1.2 销售报价处理 ········· 121
  7.2 销售订单处理 ················ 124
  7.3 物料需求计划实战 ············ 126
    7.3.1 MRP 计划方案维护
         处理 ··················· 126
    7.3.2 计划展望期维护
         处理 ··················· 128
    7.3.3 MRP 计算处理 ········· 129
    7.3.4 MRP 计划单据查询 ···· 134
    7.3.5 MRP 计划单审核和
         投放 ··················· 137
  7.4 采购订单处理（一）············ 142
  7.5 外购入库处理（一）············ 147
  7.6 委外加工任务单处理 ·········· 151

7.7	委外加工出库单处理	152
7.8	采购订单处理（二）	155
7.9	外购入库处理（二）	157
7.10	委外加工入库处理	158
7.11	生产任务单处理	159
7.12	生产领料单处理	161
7.13	产品入库单处理	164
7.14	销售出库单处理	166

第8章 账套初始化（二） 169

8.1	系统参数设置	170
8.1.1	总账系统参数	170
8.1.2	应收账款系统参数	172
8.1.3	应付账款系统参数	177
8.1.4	存货核算系统设置	179
8.2	初始数据录入	180
8.2.1	应收初始数据录入	180
8.2.2	应付初始数据录入	186
8.2.3	总账初始数据设置	191

第9章 财务模块实战（一） 196

9.1	采购发票处理（一）	197
9.1.1	采购发票的录入和审核	197
9.1.2	采购发票钩稽	200
9.2	外购入库成本核算（一）	202
9.3	采购发票处理（二）	204
9.4	外购入库成本核算（二）	208
9.5	委外加工入库成本核算	210
9.5.1	委外发票处理	210
9.5.2	委外发票钩稽	212
9.5.3	委外加工入库核销	213
9.5.4	材料出库成本核算	215
9.5.5	委外加工入库成本核算	217
9.6	销售发票处理	218
9.6.1	销售发票的录入和审核	218
9.6.2	销售发票钩稽	220
9.7	付款单处理	222
9.7.1	应付款查询	222
9.7.2	付款单录入	224
9.7.3	付款单审核	227
9.8	收款单处理	231
9.8.1	应收款查询	232
9.8.2	收款单录入	233
9.8.3	收款单审核	235
9.9	材料成本核算	238
9.9.1	材料出库核算	238
9.9.2	自制入库核算	239
9.9.3	产成品出库核算	242

第10章 财务模块实战（二） 243

10.1	供应链单据生成凭证	244
10.1.1	采购发票生成凭证	244
10.1.2	委外发料单生成凭证	249
10.1.3	委外加工入库生成凭证	252
10.1.4	生产领料单生成凭证	255
10.1.5	产品入库单生成凭证	257
10.1.6	销售发票生成凭证	259
10.2	财务单据生成凭证	262
10.2.1	付款单生成凭证	262
10.2.2	收款单生成凭证	266
10.3	总账凭证处理	267
10.3.1	凭证录入	268
10.3.2	凭证查询	272
10.3.3	凭证的修改和删除	273
10.3.4	凭证审核	274
10.3.5	凭证过账	276
10.3.6	期末调汇	277
10.3.7	自动转账	278
10.3.8	结转损益	285

第11章 财务账簿和报表 287

11.1	账簿查询	288
11.1.1	总分类账	288
11.1.2	明细分类账	290
11.1.3	多栏账	291
11.1.4	科目余额表	293
11.1.5	试算平衡表	294
11.2	报表	294
11.2.1	查看报表	295

　　　　11.2.2　打印 …………………………297
　　　　11.2.3　自定义报表 …………………301
第 12 章　期末结账 ……………………………306
　　12.1　业务系统结账 …………………………307
　　12.2　应收款管理结账 ………………………308
　　12.3　应付款管理结账 ………………………310
　　12.4　总账结账 ………………………………310
附录　单据自定义和单据套打设置 ……312

第1章
金蝶 ERP-K/3 介绍

学习重点
- 金蝶 ERP-K/3 系统数据流程图
- 金蝶 ERP-K/3 应用流程

金蝶 K/3 系统是金蝶软件（中国）有限公司开发的一套 ERP 产品，包括财务管理、物流管理、生产制造管理、人力资源管理等系统功能。金蝶 K/3 属多语言版本，有中文简体版、中文繁体版和英文版。金蝶 K/3 产品是目前 ERP 市场上主流产品之一。

1.1 金蝶 ERP-K/3 系统介绍

金蝶 ERP-K/3 共有 71 个子系统和 34 个客户端工具，本书重点讲述销售管理系统、生产数据系统、物料需求计划系统、采购管理系统、委外管理系统、生产任务系统、仓存管理系统、应付款管理系统、应收款管理系统、存货核算系统、总账系统和报表系统，它们之间业务数据资料的传递关系如图 1-1 所示。

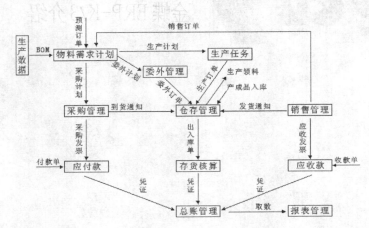

▶ 图 1-1

1. 销售管理系统

在销售管理系统中可以完成销售报价、销售订货、销售发货、销售退货、销售发票、客户管理、价格及折扣管理和信用管理等功能；可以对销售过程进行有效控制和跟踪，实现企业销售信息的管理。该系统可以独立执行销售操作，也可以与采购管理系统、仓存管理系统、应收款管理系统、存货核算管理系统等其他系统结合使用，可以更完整、全面地实现企业物流业务流程管理和财务信息管理。

2. 生产数据系统

生产数据管理系统是企业进行生产管理的基础模块，主要管理 BOM（物料清单）、工艺路线和工厂工作日历，是展开物料需求计划的基础。

3. 物料需求计划系统

物料需求计划（MRP）系统是金蝶 ERP 管理软件的核心，通过 MRP 系统可以将需求来源（销售订单和预测单）转化为生产需求、采购需求和委外需求。MRP 以"适量适时"为标准，主要解决"需要什么？什么时候需要？需要多少？"的问题。MRP 可以大大提高计划下达的效率和增加计划的准确性、及时性，从而降低物料库存量，提高资金的运作效率。

4．采购管理系统

采购管理系统可以完成采购申请、采购订单、采购入库、采购退货、采购发票和供应商信息管理等功能，以对企业采购过程进行有效控制和跟踪，实现企业采购信息管理。本系统可以独立执行采购操作，也可以与销售管理系统、仓存管理系统、应付款管理系统、存货核算管理系统等其他系统结合运用，实现更完整、全面的企业物流业务流程管理和财务信息管理。

5．委外管理系统

委外加工管理系统可以完成委外订单下达、委外加工材料出库、委外加工成品入库、委外材料存货核算和委外加工费用结算等功能。本系统通常与采购管理系统、仓存管理系统、应付款管理系统、存货核算管理系统等其他系统结合运用，可以实现更完整、全面的企业物流业务流程管理和财务信息管理。

6．生产任务系统

生产任务系统可以完成生产任务单下达、生产任务单投料和领料以及产品入库等功能，所以可以随时跟踪生产任务单进度和生产领料情况。本系统通常与计划管理系统、仓存管理系统、存货核算管理系统等其他系统结合运用，可以实现更完整、全面的企业物流业务流程管理和财务信息管理。

7．仓存管理系统

仓存管理系统可以完成外购入库、产品入库、委外加工入库、其他入库、销售出库、领料单、委外加工出库、其他出库、受托加工领料、仓存调拨、盘盈入库、盘亏毁损和虚仓单据等功能，可以随时查询物料流水账、库存台账和收发存汇总表等报表，以对仓存业务的物流和成本管理全过程进行有效控制和跟踪，实现完善的企业仓储信息管理。该系统可以独立执行库存操作，也可以与采购管理系统、销售管理系统、委外管理系统、生产任务系统和存货核算系统等结合使用，将能提供更完整、全面的企业物流业务流程管理和财务管理的信息。

8．存货核算系统

存货核算管理系统用于工、商业企业存货出入库成本核算与存货出入库凭证处理，可以查询和分析企业在某一期间的存货资金使用情况。该系统与采购管理系统、销售管理系统和仓存管理系统等结合使用，将能提供更完整、全面的企业物流业务流程管理和财务管理的信息。注意，本系统不能单独使用，至少必须与仓存管理系统同时使用。

9．应付款管理系统

应付款管理系统通过采购发票、其他应付单、付款单等单据的录入，对企业的应付账款进行综合管理，及时、准确地提供供应商的往来账款余额资料，并提供各种分析报表。本系统既可独立运行，又可与采购系统、总账系统、现金管理等结合运用，提供完整的业务处理和财务管理信息。

10. 应收款管理系统

应收款管理系统通过销售发票、其他应收单、收款单等单据的录入，对企业的应收账款进行综合管理，及时、准确地提供客户的往来账款余额资料，并提供各种分析报表。本系统既可独立运行，又可与销售管理系统、总账系统、现金管理等结合运用，提供完整的业务处理和财务管理信息。

11. 总账系统

总账系统功能包括凭证录入、审核和过账。系统根据凭证录入情况自动生成总分类账、明细分类账等各种账簿以供查询，同时接收从业务模块生成的凭证（如存货核算系统生成的材料凭证、应收款系统生成的销售发票和收款凭证等），实现财务业务一体化管理，保障财务信息与业务信息的高度同步及一致性。总账系统单独使用时可完成基本账务处理工作。

12. 报表系统

报表系统主要处理各种自定义报表的制作和各种上报报表，如资产负债表、利润表等。报表系统能和总账管理、工资管理、固定资产管理以及工业供需链联用。在和总账系统联用时，可以通过 ACCT、ACCTCASH、ACCTGROUP、ACCTEXT 等取数函数实现从总账系统中取数；和工资系统联用时，可以通过工资取数函数 FOG-PA 实现从工资系统中取数；和固定资产系统联用时，可以通过固定资产取数函数 FOG-PA 实现从固定资产系统中取数；和工业供需链联用时，可以通过工业供需链取数函数 FOIOJ_AIA 等函数实现从工业供需链中取数。该模块必须与其他模块联合使用。

1.2 金蝶 K/3 系统应用流程

在应用金蝶 K/3 系统之前，需先了解它的操作流程，其流程如图 1-2 所示。

在应用金蝶 ERP-K/3 系统之前，首先要建立一个账套。账套建立成功后再进行系统设置，如系统参数设置、基础资料设置、初始数据录入。系统参数设置是设置与账套有关的信息，如账套的公司名称、地址、记账本位币等内容；基础资料设置是设置录入业务单据时要获取的基础资料，以提高工作效率，如会计科目、客户资料和物料档案等内容；基础资料设置完成后，录入账套启用会计期间的初始数据，如会计科目的期初数据、累计数据和仓库物料期初结存等。初始数据录入完成，检查数据是否正确以及是否符合启用要求；如果符合要求，可以结束初始化启用账套。账套启用后，才可以进行日常的业务处理，如销售订单的下达、采购订单的下达、凭证录入、应收应付账款的处理等操作，系统根据已保存的单据数据可生成相应的报表。一个月的业务工作处理完成后，进行月末结账，并进入下一会计期间继续处理业务。

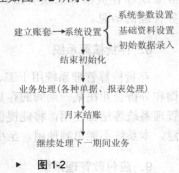

图 1-2

1.3 安装金蝶 ERP-K/3（V11.X）

金蝶 K/3 有两种使用方式。

（1）在局域网环境下，如果多用户使用金蝶软件，则可以指定一台计算机作为数据库服务器和中间层服务器，其他计算机作为客户机。服务器兼有计算、保存数据、响应客户端请求等工作，因此配置应该高一些。在服务器上应先安装 SQL Server 2000/2005，然后再安装金蝶软件。客户端则只需安装金蝶软件客户端即可。

（2）单机环境下，用户计算机大多是 Windows 2000/XP 等操作系统，它既是服务器又是客户机，需先安装 SQL Server 2000/2005，然后再安装金蝶软件。

1.3.1 金蝶 V11.X 对硬件和软件环境的要求

金蝶 K/3 的安装和使用对计算机的配置有所要求，其中包括硬件配置和软件配置，下面介绍的最低配置，是系统运行的起码条件。为能更好地完成工作任务，金蝶公司会为该软件提供一个推荐配置。硬件和软件要求是金蝶 K/3 系统运行的最基本条件，如果不能满足基本要求，则运行速度慢或根本无法使用，所以一定要注意金蝶公司推荐的配置。

1. 硬件环境

金蝶 K/3 是三层结构的客户/服务器数据库应用系统，包括数据服务器端、中间层服务端和客户端。

（1）数据服务器端。

最低配置：P4 CPU2.0MHz、512MB 内存、10GB 硬盘空间，适合单用户使用。

建议配置：采用专业服务器，配置双路或四路 CPU、4GB 内存、40GB 硬盘空间、网卡 1 000Mbit/s，适合网络版使用。

（2）中间层服务端。

最低配置：P4 CPU2.0MHz、512MB 内存、10GB 硬盘空间，适合单用户使用。

建议配置：采用专业服务器，配置双路或四路 CPU、4GB 内存、40GB 硬盘空间，网卡 1 000Mbit/s，适合网络版使用。

（3）客户端。

最低配置：P4 CPU1.0MHz、256MB 内存、2GB 剩余硬盘空间。

建议配置：P4 CPU2.4MHz、512MB 内存、3GB 剩余硬盘空间。

说明

如果使用 K/3 网络版，站点数很少时，数据服务器和中间层服务器可以使用高配置的 PC 机，而且数据服务器端与中间层服务器端也可以使用同一台计算机。为了保证软件运行速度，建议采用高配置的硬件，并且将数据服务器端、中间层服务器端和客户端安装在不同计算机上。

2. 软件环境

（1）数据服务器端需要安装的软件有数据库系统（SQL Server 2000/2005 标准版/企业版）

和 Windows 操作系统（2000/XP/2003）。

（2）中间层服务器端需要安装 Windows 操作系统（2000/XP/2003）。

（3）客户端需要安装 Windows 操作系统（98/2000/XP）。

说明

Windows 2000 Professional 和 Windows XP 不属于服务器类操作系统，网络环境下使用金蝶 K/3 系统时，以上两个操作系统不能作为服务器；单机环境下则可以在其上安装软件的各个模块。

1.3.2 安装金蝶 K/3

金蝶 K/3 的安装方法同其他软件安装方法基本相同，只需按照安装向导层层递进即可。本书讲述单机 Windows XP 环境下安装金蝶 K/3 的方法。在其他操作系统上的安装方法基本类似，可参照本节。

安装金蝶 K/3 分两步，首先要安装数据库软件 SQL Server 2000/2005（或 MSDE），然后再安装金蝶 K/3。

1．安装数据库

安装金蝶 K/3 之前，首先要安装数据库软件 SQL Server 2000/2005，若没有 SQL Server 2000/2005 安装盘时，可以使用光盘中附带的"MSDE"程序作为数据库。MSDE 是"Microsoft SQL Server Desktop Edition"的缩写，适用于桌面操作系统的版本，俗称为"SQL 桌面版"。安装"MSDE"步骤如下。

（1）将本书所附光盘放入光驱，打开光盘中的\MSDE 文件夹，如图 1-3 所示。

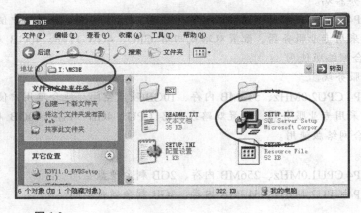

▶ 图 1-3

（2）双击"SETUP.EXE"应用程序文件，系统弹出安装配置窗口，如图 1-4 所示。

稍后系统显示安装进度条窗口，可以查看到 MSDE 程序安装的剩余时间，如图 1-5 所示。

（3）MSDE 安装成功后，系统会自动将安装窗口隐藏，手工"重启计算机"，重新启动好计算机后，会在桌面右下角显示" "图标，表示 MSDE 安装成功，如图 1-6 所示。

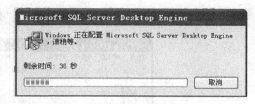

▶ 图 1-4　　　　　　　　　　　　　　▶ 图 1-5

▶ 图 1-6

注

1．在具有可以安装 SQL Server 2000/2005 数据库软件的条件下，强烈建议安装 SQL Server 2000/2005 数据库，这样才能保证数据的安全性和操作性能。

2．单机使用时，计算机上需要先安装数据库软件；使用网络版时，数据库软件只需安装在服务器上，各客户端不用安装。

2．安装金蝶K/3

金蝶 K/3 的安装方法如下。

（1）将随书附带光盘放入光驱，打开光盘目录，选择"Setup.exe"文件，如图 1-7 所示。

说明

1．本书所附赠光盘为"K/3V11.X DVD 安装光盘"，必须在 DVD 光驱中才能使用。

2．为确保金蝶 K/3 安装成功，在安装前先退出第三方软件，特别是杀毒软件和防火墙，然后再进行 K/3 安装，安装完成后再启用第三方软件。

（2）双击"Setup.exe"文件，系统弹出"金蝶 K/3 安装程序"选择界面，如图 1-8 所示。

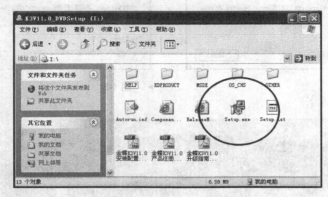

▶ 图 1-7

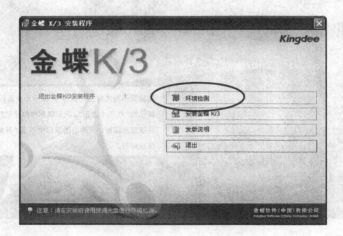

▶ 图 1-8

（3）选择"环境检测"选项，系统弹出"金蝶 K/3 环境检测"选择窗口，如图 1-9 所示。

（4）同时选中客户端部件、中间层服务部件、数据库服务部件 3 个项目，单击"检测"按钮，系统开始检测，弹出"问题窗口"，如图 1-10 所示。

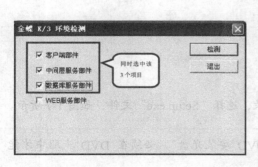

▶ 图 1-9

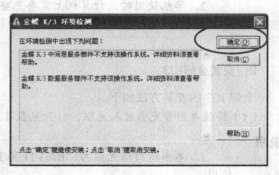

▶ 图 1-10

出现此提示窗口是因为操作系统为"Windows XP"。

（5）单击"确定"按钮，继续检测进程，系统显示检测到缺少的组件，如图 1-11 所示。

（6）单击"确定"按钮，系统会将检测出缺少的组件进行安装，根据系统弹出的提示，层层向前即可完成缺少组件的安装工作。组件安装成功后，弹出"环境更新完毕"窗口，如图1-12所示。

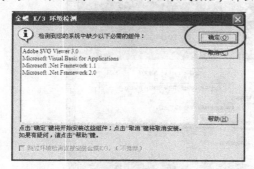

▶ 图1-11

▶ 图1-12

（7）在"金蝶K/3安装程序"选择界面（如图1-8所示），选择"安装金蝶K/3"，系统经过检测后打开安装向导窗口，如图1-13所示。

▶ 图1-13

（8）单击"下一步"按钮，系统打开"许可证协议"窗口，如图1-14所示。

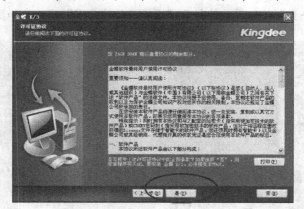

▶ 图1-14

（9）单击"是"按钮，系统打开"自述文件"窗口，如图1-15所示。
（10）单击"下一步"按钮，系统打开"客户信息"窗口，在此窗口中录入用户名和公司名称，如图1-16所示。

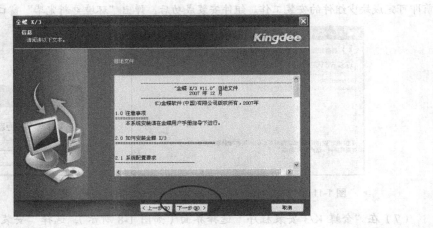

▶ 图 1-15

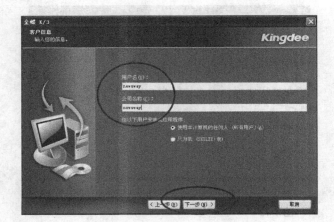

▶ 图 1-16

（11）单击"下一步"按钮，系统打开"选择目的地位置"窗口，如图1-17所示。

▶ 图 1-17

单击"浏览"按钮可以修改"目的地文件夹",若对计算机知识不熟悉,建议保持默认安装路径。

(12)在此保持默认安装路径,单击"下一步"按钮,系统打开选择"安装类型"窗口,如图 1-18 所示。

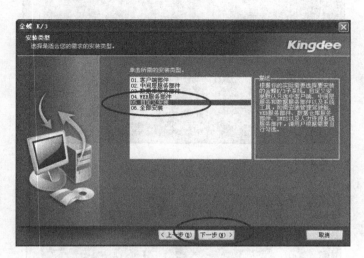

▶ 图 1-18

若需要知道每一种安装类型的"描述",操作方法是:选中该安装类型后,在"描述"窗口下会显示该类型所要安装的数据。

(13)在此选择"自定义安装"类型,单击"下一步"按钮,系统打开"选择功能"窗口,如图 1-19 所示。

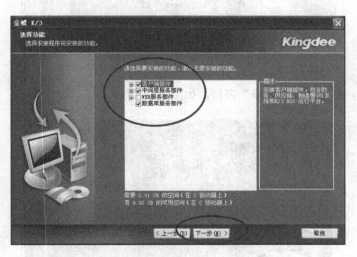

▶ 图 1-19

打"√"表示选中,单击"+"可以展开更明细功能后进行选择。

(14)在此保持默认选择的客户端部件、中间层服务部件、数据库服务部件 3 个项目,单击"下一步"按钮,系统进入"安装状态",首先开始"验证",验证窗口如图 1-20 所示。

验证通过后,开始安装程序,安装进度条如图 1-21 所示。

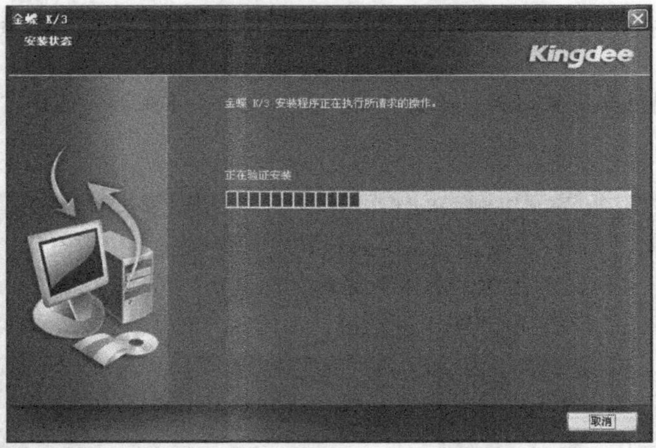

▶ 图 1-20

▶ 图 1-21

安装完成后,显示"安装完毕"窗口,如图 1-22 所示。

▶ 图 1-22

(15)单击"完成"按钮,系统打开"中间层组件安装"窗口,如图 1-23 所示。

(16)单击"确定"按钮,开始中间层安装工作,中间层安装进度条如图 1-24 所示。

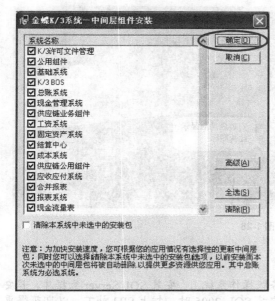

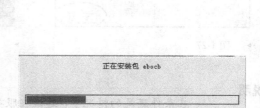

▶ 图 1-23　　　　　　　　　　　　　　　▶ 图 1-24

(17)中间层安装完成后,自动隐藏进度条,稍后弹出"Web 系统配置工具"窗口,如图 1-25 所示。

(18)保持默认选择项目,单击"完成"按钮,系统开始配置,弹出提示窗口,如图 1-26 所示。

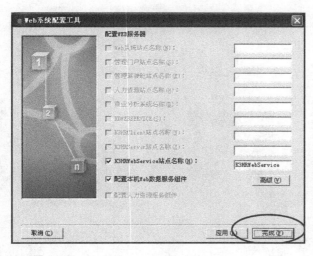

▶ 图 1-25　　　　　　　　　　　　　　　▶ 图 1-26

由于操作系统未安装"IIS 组件",所以弹出该提示。该提示不会对本书操作有影响,所以单击"确定"按钮继续配置,配置完成后弹出提示窗口,如图 1-27 所示。

第 1 章　金蝶 ERP-K/3 介绍　13

（19）单击"确定"按钮，结束金蝶K/3安装工作，安装成功后会在桌面上显示"金蝶K3主控台"和"金蝶K3 HR客户端平台"图标，如图1-28所示。

▶ 图 1-27

▶ 图 1-28

说明

在条件满足的情况下，建议在服务版操作系统上，安装SQL Server数据库，若安装SQL 2000时，打上SP4补丁，若安装SQL 2005时，打上SP2补丁，以期获得更好的应用效果。

Day 2

第2章
模拟实例资料

学习重点
- 准备初始资料
- 准备日常业务资料

深圳市成越实业有限公司是一家专业生产、销售办公文具用品的公司，它成立于 2005 年 8 月份，企业性质为工业企业。随着公司业务的发展，财务工作用手工核算已经很难满足工作需要，现计划于 2010 年 1 月开始使用金蝶 K/3 中的销售管理系统、生产数据系统、物料需求计划系统、采购管理系统、委外管理系统、生产任务系统、仓存管理系统、应付款管理系统、应收款管理系统、存货核算系统、总账系统和报表系统。

注

在使用本书进行实例练习时，请确认你的计算机已安装好金蝶 K/3 系统并能正常使用，安装方法请参考第 1 章。

2.1 企业介绍

本节介绍深圳市成越实业有限公司的基本情况，这是建立账套和初始化设置的基础数据。

- 企业名称：深圳市成越实业有限公司
- 单位地址：深圳市宝安区文汇路 19 号
- 法人代表：仁渴
- 邮政编码：518000
- 电话：0755-12345678
- 传真：0755-12345678
- 税号：12345678901234X
- 本位币：人民币

2.2 基础数据（一）

表 2-1～表 2-15 为深圳市成越实业有限公司初始化设置的基础数据。

表 2-1 币别

币别代码	币别名称	记账汇率
HKD	港币	0.863

表 2-2 凭证字

凭 证 字	记

表 2-3 计量单位

组 别	代 码	名 称	系 数
数量组	11	PCS	1
	12	块	1
	13	条	1
	14	台	1
其他组	21	辆	1

表 2-4 结算方式

代 码	名 称
JF06	支票

表 2-5 现金和银行存款科目

科目代码	科目名称	币别核算	期末调汇
1001.01	人民币	否	否
1001.02	港币	单一外币（港币）	是
1002.01	工行东桥支行 125	否	否
1002.02	人行东桥支行 128	单一外币（港币）	是

表 2-6 往来科目（适合总账单独使用设置）

科目代码	科目名称	核算项目	应控系统
1122	应收账款	客户	应收应付
1123	预付账款	供应商	应收应付
2202	应付账款	供应商	应收应付
2203	预收账款	客户	应收应付

表 2-7 其他科目

科目代码	科目名称	科目代码	科目名称	科目代码	科目名称
1601	固定资产	4001.02	龚冰冰	5101.05	工资
1601.01	办公设备	5001.01	直接材料	6601	销售费用
1601.02	生产设备	5001.02	直接人工	6601.01	差旅费
1601.03	运输设备	5001.03	制造费用转入	6601.02	业务招待费
2221	应交税费	5101	制造费用	6601.03	折旧费
2221.01	应交增值税	5101.01	房租	6601.04	工资
2221.01.01	进项税额	5101.02	水电费	6601.05	房租
2221.01.05	销项税额	5101.03	折旧费	6601.06	水电费
4001.01	仁渴	5101.04	福利费	6602	管理费用
6602.01	房租	6602.05	工资	6603	财务费用
6602.02	水电费	6602.06	折旧费	6603.01	利息
6602.03	差旅费	6602.07	其他	6603.02	银行手续费
6602.04	办公费	6602.08	坏账损失	6603.03	调汇

表 2-8 客户分类

代 码	分类名称
1	国内公司
2	国外公司

表 2-9 客户档案

代 码	名 称	信用管理	默认运输提前期	应收科目	预收科目	应交税金
1.01	北京远东公司	否	2	1122	2203	2221.01.05

表 2-10 供应商

代 码	名 称	应付科目	预付科目	应交税金
01	笔帽供应商	2202	1123	2221.01.01
02	笔芯供应商	2202	1123	2221.01.01
03	笔壳供应商	2202	1123	2221.01.01
04	笔身委外加工商	2202	1123	2221.01.01
05	纸箱供应商	2202	1123	2221.01.01

表 2-11 部门与职员

部门			职员			
代 码	名 称	部门属性	代 码	名 称	部门	备 注
01	总经办	非车间	001	仁渴	总经办	总经理兼销售总监
02	财务部	非车间	002	陈静	财务部	财务主管会计
03	销售部	非车间	003	何陈钰	财务部	出纳、工资管理
04	采购部	非车间	004	严秀兰	销售部	销售文员
05	工程开发部	非车间	005	何采购	采购部	采购部经理
06	PMC 部	非车间	006	王工程	工程开发部	技术高工
07	货仓	非车间	007	游计划	PMC 部	计划部主管
08	生产部	车间	008	管仓库	货仓	货仓主管
09	行政部	非车间	009	龚生产	生产部	生产主管
			010	李子明	行政部	行政部主管
			011	郑质量	生产部	QC

表 2-12 物料

物料大类	1 原材料					2 半成品		3 产成品		4 包装物
代码	1.01	1.02	1.03	1.04	1.05	2.01	2.02	3.01	3.02	4.01
名称	笔芯	笔壳	笔帽	笔芯	笔帽	笔身	笔身	圆珠笔	圆珠笔	纸箱
规格型号	蓝色	蓝色	蓝色	红色	红色	蓝色	红色	蓝色	红色	500PCS 装
物料属性	外购	外购	外购	外购	外购	委外加工	委外加工	自制	自制	外购
计量单位组	数量组	数量组	数量组	数量组	数量组	数量组	数量组	数量组	数量组	
基本计量单位	PCS	PCS	PCS	PCS	PCS	PCS	PCS	PCS	PCS	PCS
采购单价	1	3	0.5	1.05	0.53					4
计价方法	加权平均法									
存货科目代码	1403	1403	1403	1403	1403	1403	1403	1405	1405	1403
销售收入科目	6001	6001	6001	6001	6001	6001	6001	6001	6001	6001

续表

物料大类	1 原材料					2 半成品		3 产成品		4 包装物
销售成本科目	6401	6401	6401	6401	6401	6401	6401	6401	6401	6401
计划策略	物料需求计划（MRP）									
订货策略	批对批（LFL）									
固定提前期	3	1	2	3	2	3	3	3	3	2
变动提前期	0	0	0	0	0	0	0	0	0	0

表 2-13　仓库档案

代码	名称	是否 MPS/MRP 可用量	说明
01	原材仓	是	存放原材料
02	半成品仓	是	存放半成品
03	成品仓	是	存放成品
04	包装物仓	是	存放包装物
05	待处理仓	否	可能退货或质检后再使用，不参与 MRP 运算

表 2-14　仓库期初数据

仓库代码	仓库名称	物料代码	物料名称	规格型号	单位	期初数量	期初金额
01	原材仓	1.01	笔芯	蓝色	PCS	300	300.00
		1.02	笔壳		PCS	500	1500.00
03	成品仓	3.01	圆珠笔	蓝色	PCS	500	2250.00

表 2-15　用户表

用户名	用户组	权限
陈静	Administrators	所有权限，主要负责单据审核和账套管理
何陈钰	财务组	基础资料、总账、应收账款、应付账款、采购管理、销售管理、仓存系统和存货核算系统
严秀兰	业务组	基础资料查询、销售管理系统
何采购	业务组	基础资料查询、采购管理和委外管理系统
管仓库	业务组	基础资料、仓存管理系统、采购管理系统、销售管理、生产管理系统的查询
龚生产	业务组	基础资料查询、生产管理系统
王工程	工程组	基础资料查询、物料档案管理和 BOM 资料管理
游计划	计划组	基础资料查询、生产管理所有权限或单独生产数据管理中日历管理和物料需求计划模块、委外订单的新增、采购请购单的新增

2.3　实例数据（一）

2.3.1　生产数据管理实例

本节列出"生产数据管理"模块中实例数据的处理，如 BOM（物料清单）的建立、修改和工厂日历的处理等业务。通过本小节的练习，读者可以学习到 BOM 概念、BOM 档案在系统中的处理方法、BOM 档案的查询和工厂日历的修改等操作。

例 2-1 新增 3.01 蓝色圆珠笔的 BOM 档案，BOM 结构如图 2-1 所示。

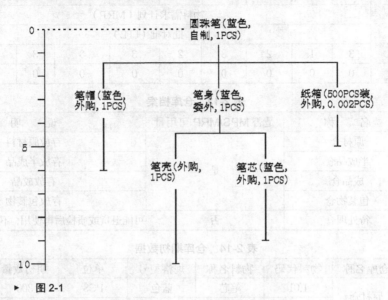

▶ 图 2-1

例 2-2 新增一个"01 圆珠笔组"BOM 组别。

例 2-3 新增 3.02 红色圆珠笔的 BOM 档案，BOM 结构如图 2-2 所示。

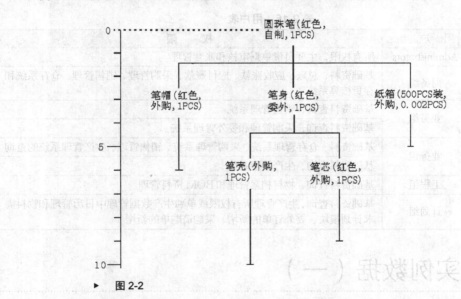

▶ 图 2-2

例 2-4 将 2010 年 1 月 1 日至 2010 年 1 月 7 日设置为非工作日。

2.3.2 业务数据实例

本节列出所有业务模块的实例单据。通过本节的学习，读者可以了解各业务模块和计划模块的操作方法,以及各日常业务单据的录入方法,如销售订单下达、**MRP** 计划如何才能计算、**MRP** 计算出来的计划单据如何下达到对应的部门、采购订单如何下达、采购订单的执行情况如何查询以及各种材料出入库单据的处理方法。同时,通过本小节的实例练习,读者能对制造型企业的业务流程有一个基本的了解。

■例 2-5 成越公司 2010 年 1 月 8 日接到北京远东公司的来电,询问公司产品的价格情况,经销售部模拟报价,并核算产品利润后,传真的报价单如图 2-3 所示。

▶ 图 2-3

在金蝶 K/3 系统中录入成功的"销售报价单"如图 2-4 所示。

▶ 图 2-4

■例 2-6 远东公司收到成越公司的产品报价后,当即决定购买"3.01—圆珠笔—蓝色" 8 000PCS,并传真订购单,如图 2-5 所示。

第 2 章 模拟实例资料 21

YD北京远东文具用品有限公司

地址：北京市中关村
电话：010-12345678
传真：010-12345679（采购部）

订购单

供应商:
(Supplier) 深圳市成越实业有限公司
深圳市宝安区文汇路
ATTN 仁渴
TEL 0755-12345678 FAX: 0755-12345678

订单号码: YDPO2010010001
日 期: 2010-1-8
页 次: 1
联系人: 李星

客户订单号NU02P07080375
交货地点：北京市中关村
付款方式：货到付款
币 别：人民币

文件需求:
1.随货需附出货品质检验报告;
2.包装箱上需注明数量,重量,尺寸明细;
3.每月5日前提供月结单到本公司财务部,以便及时付款.

项次 (Item)	物料编号 (Part number)	物料名称 (Description)	单位 Unit	数量 (Quantity)	单价 (Unit price)	金额 (Amount)	交货日期 (Delivery)
1	3.01	圆珠笔—蓝色	PCS	8000	9.50	76,000.00	2010-1-29
	以下内容空白						

MRP（物料申购单）号码:
供应商确认签回（方可作收款依据）

北京远东文具用品有限公司
远东公司签核:
采购部
李星

▶ 图 2-5

成越公司审核远东公司的订购单后，成功录入系统的销售订单如图 2-6 所示。

K/3销售订单

购货单位：北京远东公司
销售方式：赊销
交货方式：

日 期：2010-1-8
结算方式：
交货地点：

编 号：SEORD000001
币 别：人民币
汇 率：1

产品代码	产品名称	规格型号	单位	数量	含税单价	折扣率	折扣额	价税合计	备注	交货日期
3.01	圆珠笔	蓝色	PCS	8000	9.50	0	0	76,000.00		2010-1-29
合计				汇总折扣额：		0.00		汇总价税合计：		76,000.00

审核：严秀兰　主管：　部门：销售部　业务员：仁渴　制单：严秀兰

▶ 图 2-6

例 2-7 建立 MRP 计算方案。本方案在系统预设方案“MTO（SYS）”的基础上进行简单修改即可。

例 2-8 计划展望期设置。设置一种展望期，有 4 个时区，每一个时区为 90 天。

例 2-9 根据系统设置，以“MTO（SYS）”计划方案进行 MRP 计算。

◼ 例 2-10 查询 MRP 计算结果。
◼ 例 2-11 审核、投放 MRP 计算的所有结果。
◼ 例 2-12 采购业务员在"采购申请单"中查询到由 PMC 投放而来的采购申请单后,在"采购订单"中可以参照此采购申请单生成采购订单。2010 年 1 月 15 日给"笔芯供应商"发送的"订购单"传真件如图 2-7 所示。

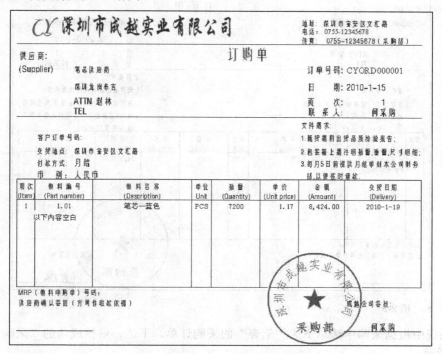

▶ 图 2-7

在系统中根据采购申请单下达"笔芯"的采购订单。下达、审核成功的"采购订单"如图 2-8 所示。

采购订单

供应商:笔芯供应商   编 号:CYORD000001
源单类型:采购申请   日期:2010-1-15   币 别:人民币

物料代码	物料名称	规格型号	单位	数量	含税单价	金额	交货日期	备注	源单单号
1.01	笔芯	蓝色	PCS	7,200.00	1.17	8,424.00	2010-1-19		POREQ000001
合 计						8,424.00			

审核:何采购   主管:何采购   部门:采购部   业务员:何采购   制单:何采购

▶ 图 2-8

例 2-13 2010 年 1 月 18 日给"笔壳供应商"发送的"订购单"传真件如图 2-9 所示。

▶ 图 2-9

在系统中根据采购申请单下达"笔壳"的采购订单。下达、审核成功的"采购订单"如图 2-10 所示。

▶ 图 2-10

例 2-14 2010 年 1 月 19 日上午收到"笔芯供应商"送来的 7 200PCS 蓝色笔芯，仓库管理员参照"采购订单"做外购入库登账。录入、审核成功的"外购入库单"如图 2-11 所示。

外购入库单

供应商：笔芯供应商　　　　　　　　　　　　　编　号：WIN000001
收料仓库：原材仓　　　日期：2010-1-19　　　源单类型：采购订单

源单单号	物料编码	物料名称	规格型号	单位	数量 应收	数量 实收	备注
CYORD000001	1.01	笔芯	蓝色	PCS	7,200.00	7,200.00	

审核：管仓库　　记账：　　验收：郑质量　　保管：管仓库　　制单：管仓库

▶ 图 2-11

例 2-15　2010 年 1 月 19 日上午收到"笔壳供应商"送来的 7 000PCS 笔壳，仓库管理员参照"采购订单"做外购入库登账。录入、审核成功的"外购入库单"如图 2-12 所示。

外购入库单

供应商：笔壳供应商　　　　　　　　　　　　　编　号：WIN000002
收料仓库：原材仓　　　日期：2010-1-19　　　源单类型：采购订单

源单单号	物料编码	物料名称	规格型号	单位	数量 应收	数量 实收	备注
CYORD000002	1.02	笔壳		PCS	7,000.00	7,000.00	

审核：管仓库　　记账：　　验收：郑质量　　保管：管仓库　　制单：管仓库

▶ 图 2-12

例 2-16　2010 年 1 月 19 日，委外加工部门（本实例中为采购部）下达 PMC 投放过来的"委外加工任务"。给"笔身委外加工商"发送的"订购单"传真件如图 2-13 所示。

例 2-17　2010 年 1 月 19 日，仓库收到采购部的"委外加工生产任务单"通知，做好备料准备，并将材料外发到供应商处，该单据在"委外加工出库单"中处理。录入并审核成功的"委外加工出库单"如图 2-14 所示。

第 2 章　模拟实例资料 | 25

深圳市成越实业有限公司 订购单

地址：深圳市宝安区文汇路
电话：0755-12345678
传真：0755-12345678（采购部）

供应商：
(Supplier) 笔身委外加工商
深圳宝安区
ATTN 吴海源
TEL

订单号码：WW1
日　　期：2010-1-19
页　　次：1
联 系 人：何采购

客户订单号码：
交货地点：深圳市宝安区文汇路
付款方式：月结
币　　别：人民币

文件需求：
1. 随货需附出货品质检验报告；
2. 包装箱上需注明数量、重量、尺寸明细；
3. 每月5日前提供月结单到本公司财务部，以便按时请款

项次 (Item)	物料编号 (Part number)	物料名称 (Description)	单位 Unit	数量 (Quantity)	单价 (Unit price)	金额 (Amount)	交货日期 (Delivery)
1	2.01	笔身—蓝色	PCS	7500	0.50	3,750.00	2010-1-22
	以下内容空白						

MRP（物料申购单）号码：
供应商确认签回（方可作收款依据）：

成越公司签核
采购部　何采购

▶ 图 2-13

委外加工出库单

加工单位：笔身委外加工商　　　　　　　　　编　　号：JOUT000001
加工要求：　　　　　　日　期：2010-1-19　　源单类型：委外加工生产任务单

行号	加工材料编码	加工材料名称	规格型号	单位	应发数量	实发数量	发料仓库	源单单号
1	1.01	笔芯	蓝色	PCS	7500	7500	原材仓	WW1
2	1.02	笔壳		PCS	7500	7500	原材仓	WW1

审核：管仓库　　记账：何陈钰　　领料：何采购　　发料：管仓库　　制单：管仓库

▶ 图 2-14

■例 2-18　2010 年 1 月 20 日给"笔帽供应商"发送的"订购单"传真件如图 2-15 所示。

▶ 图 2-15

在系统中根据采购申请单下达"笔帽"的采购订单。下达、审核成功的"采购订单"如图 2-16 所示。

采购订单

供应商：笔帽供应商　　　　　　　　　　　编　号：CYORD000003
源单类型：采购申请　　日期：2010-1-20　　币　别：人民币

物料代码	物料名称	规格型号	单位	数量	含税单价	金额	交货日期	备注	源单单号
1.03	笔帽	蓝色	PCS	7,500.00	0.59	4,425.00	2010-1-22		POREQ000001
合　计						4,425.00			

审核：何采购　　主管：何采购　　部门：采购部　　业务员：何采购　　制单：何采购

▶ 图 2-16

例 2-19　2010 年 1 月 20 日给"纸箱供应商"发送的"订购单"传真件如图 2-17 所示。

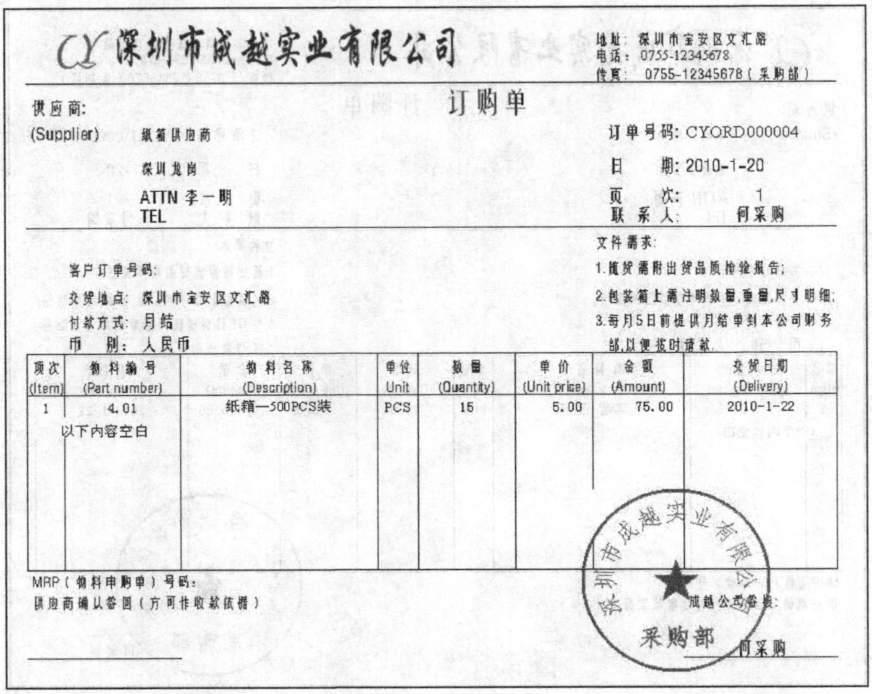

▶ 图 2-17

在系统中根据采购申请单下达"纸箱"的采购订单。下达、审核成功的"采购订单"如图 2-18 所示。

▶ 图 2-18

例 2-20 2010 年 1 月 22 日上午收到"笔帽供应商"送来的 7 500PCS 蓝色笔帽，仓库管理员参照"采购订单"做外购入库登账。录入、审核成功的"外购入库单"如图 2-19 所示。

外购入库单

供应商：笔帽供应商　　　　　　　　　　　　　编　号：WIN000003
收料仓库：原材仓　　　　日期：2010-1-22　　源单类型：采购订单

源单单号	物料编码	物料名称	规格型号	单位	数量		备注
					应收	实收	
CYORD000003	1.03	笔帽	蓝色	PCS	7,500.00	7,500.00	

审核：管仓库　　记账：　　　验收：郑质量　　保管：管仓库　　制单：管仓库

▶ 图 2-19

例 2-21　2010 年 1 月 22 日上午收到"纸箱供应商"送来的 15PCS 纸箱，仓库管理员参照"采购订单"做外购入库登账。录入、审核成功的"外购入库单"如图 2-20 所示。

外购入库单

供应商：纸箱供应商　　　　　　　　　　　　　编　号：WIN000004
收料仓库：包装物仓　　　日期：2010-1-22　　源单类型：采购订单

源单单号	物料编码	物料名称	规格型号	单位	数量		备注
					应收	实收	
CYORD000004	4.01	纸箱	500PCS装	PCS	15.00	15.00	

审核：管仓库　　记账：　　　验收：郑质量　　保管：管仓库　　制单：管仓库

▶ 图 2-20

例 2-22　2010 年 1 月 22 日上午收到"笔身委外加工商"送来的 7 500PCS 笔身，仓库管理员参照"委外加工生产任务单"做"委外加工入库"处理。进入入库登账，录入、审核成功的"委外加工入库单"如图 2-21 所示。

例 2-23　2010 年 1 月 22 日，生产加工部门下达 PMC 投放过来的"生产任务单"。

例 2-24　2010 年 1 月 22 日，仓库收到生产部的"生产任务单"通知，做好备料准备，并将材料外发到生产部。该单据在"生产领料单"中处理，录入并审核成功的"生产领料单"如图 2-22 所示。

K/3委外加工入库单

加工单位： 笔身委外加工商						编　号： JIN000001		
收料仓库： 半成品仓			日期： 2010-1-22			源单类型： 委外加工生产任务单		
源单单号	加工材料编码	加工材料名称	规格型号	单位	数量 应收	数量 实收	收料仓库	备注
WW1	2.01	笔身	蓝色	PCS	7,500.00	7,500.00	半成品仓	

审核：管仓库　　记账：何陈钰　　验收：郑质量　　保管：管仓库　　制单：管仓库

▶ 图 2-21

例 2-24 2010 年 1 月 22 日上午收到 "笔帽供应商"供货的 7,500PCS 蓝色笔身，委外加工入库。该委外加工入库单据在"仓存管理"中处理，录入、审核成功的"委外加工入库单"如图 2-21 所示。

生产领料单

编号： SOUT000001								
源单类型： 生产任务单				日期： 2010-1-22			领料部门： 生产部	
物料编码	物料名称	规格型号	单位	数量	发料仓库	源单单号	备注	
1.03	笔帽	蓝色	PCS	7,500.00	原材仓	WORK000001		
2.01	笔身	蓝色	PCS	7,500.00	半成品仓	WORK000001		
4.01	纸箱	500PCS装	PCS	15.00	包装物仓	WORK000001		

审核：管仓库　　记账：何陈钰　　领料：龚生产　　发料：管仓库　　制单：管仓库

▶ 图 2-22

例 2-25 2010 年 1 月 27 日，生产部经过几天的加工，组装好圆珠笔交由仓库入库。该产品入库单据在"仓存管理"中处理，录入并审核成功的"产品入库单"如图 2-23 所示。

例 2-26 2010 年 1 月 27 日，销售部在跟踪销售进度时，发现"北京远东公司"的 8 000PCS 蓝色圆珠笔临近发货时间，查询后发现仓库已收到生产部加工好的产品，因此要求仓库将 8 000PCS 蓝色圆珠笔出库发往"北京远东公司"。该销售出库单据在"仓存管理"中处理，参照"销售订单"录入并审核成功的"销售出库单"如图 2-24 所示。

K/3产品入库单

交货单位：生产部 编号：CIN000001
源单类型：生产任务单 日期：2010-1-27 收货仓库：成品仓

源单单号	物料编码	物料名称	规格型号	单位	数量		备注
					应收	实收	
WORK000001	3.01	圆珠笔	蓝色	PCS	7,500.00	7,500.00	

审核：管仓库   记账：何陈钰   验收：郑质量   保管：管仓库   制单：管仓库

▶ 图 2-23

销售出库单

编　号：XOUT000001
购货单位：北京远东公司   日期：2010-1-27   源单类型：销售订单

产品代码	产品名称	规格型号	单位	数量	单价	金额	发货仓库	源单单号	备注
3.01	圆珠笔	蓝色	PCS	8,000.00	9.5	76000	成品仓	SEORD000001	

审核：管仓库   记账：   发货：严秀兰   保管：管仓库   制单：管仓库

▶ 图 2-24

2.4 基础数据（二）

表 2-16～表 2-19 是本账套财务部分的基础数据。

表 2-16 应收账款期初数据

客户	单据号码	单据日期	部门	业务员	摘要	发生额	应收日期	收款金额
北京远东公司	初始销售增值税发票 OXZP000002	2009-12-31	销售部	仁渴	2009年应收款余额	10 000	2010-01-31	10 000

表 2-17 应付账款期初数据（采购增值税发票）

供应商	单据号码	单据日期	部门	业务员	发生额	付款金额	产品代码	数量	含税单价
笔壳供应商	初始采购增值税发票 OCZP000002	2009-12-31	采购部	何采购	3 510	3 510	1.02	1 000	3.51

表 2-18 总账一般科目初始数据

科目代码	科目名称	方向	期初余额
1001.01	人民币	借	5 000
1002.01	工行东桥支行125	借	311 460
1122	应收账款	借	10 000
1403	原材料	借	1 800
1405	库存商品	借	2 250
1601.01	办公设备	借	20 000
1601.02	生产设备	借	50 000
1601.03	运输设备	借	30 000
1602	累计折旧	贷	13 000
2202	应付账款	贷	3 510
4001.01	仁渴	贷	250 000
4001.02	龚冰冰	贷	250 000

表 2-19 外币科目初始数据

科目代码	科目名称	方向	原币	本位币
1002.02	人行东桥支行128	借	100 000.00	86 000.00

2.5 实例数据（二）

■例 2-27 2010年1月31日收到笔芯供应商开的增值税发票，如图 2-25 所示。

同时，参照 WIN000001 号外购入库单生成采购专用发票，含税单价修改为"1.20"并审核。审核成功的采购专用发票如图 2-26 所示。

▶ 图 2-25

▶ 图 2-26

■ 例 2-28　将刚才录入的采购发票与外购入库进行钩稽处理。

■ 例 2-29　进行外购入库成本核算。

■ 例 2-30　2010 年 1 月 31 日收到笔壳供应商开的增值税发票，如图 2-27 所示。

　　同时，参照 WIN000002 号外购入库单生成采购专用发票并审核。审核成功的采购专用发票如图 2-28 所示。

第 2 章　模拟实例资料　33

2 Day

```
5119087123    深圳增值税专用发票    No 02139007
                                    开票日期：2010-01-31
```

购货单位	名　称：深圳市成融实业有限公司	密码区	密码
	纳税人识别号：0123456789XXX		
	地　址、电话：深圳市宝安区文汇路19号0755-12345678		
	开户行及帐号：深圳市工行东桥支行125		

货物或应税劳务名称	规格型号	单位	数量	单价	金额	税率	税额
笔壳		PCS	7000	3.00	21000.00	17	3570.00
合　计					￥21000.00		￥3570.00
价税合计（大写）	贰万肆千伍佰柒拾元整				（小写）￥24570.00		

销货单位	名　称：笔壳供应商	备注
	纳税人识别号：3586549873XXX	
	地　址、电话：深圳市南山区西丽镇阳光工业区0755-869XXXXX	
	开户行及账号：工行西丽支行521	

收款人：李琳　　复核：王红　　开票人：李琳　　销货单位：（章）

▶ 图 2-27

购货发票（专用）

供货单位：笔壳供应商　　　　纳税登记号：
地址电话：　　　　　　　　　户银行及账号：　　　　　备　注：
源单类型：外购入库　　　　　日　期：2010-1-31　　　发票号码：ZPOFP000002

物料代码	物料名称	规格型号	单位	数量	单价	税率	含税单价	金额	税额	价税合计	源单单号
1.02	笔壳		PCS	7,000.00	3.00	17.00	3.51	21,000.00	3,570.00	24,570.00	WIN000002
合计：								21,000.00	3,570.00	24,570.00	

审核：何陈钰　　记账：何陈钰　　部门：采购部　　业务员：何采购　　开票人：

▶ 图 2-28

例 2-31　2010 年 1 月 31 日收到笔帽供应商开的增值税发票，如图 2-29 所示。
　　同时，参照 WIN000003 号外购入库单生成采购专用发票并审核。审核成功的采购专用发票如图 2-30 所示。

34 ｜ 金蝶 ERP-K/3 模拟实战——财务/供应链/生产制造（第 2 版）

▶ 图 2-29

▶ 图 2-30

例 2-32 2010 年 1 月 31 日收到纸箱供应商开的增值税发票，如图 2-31 所示。同时，参照 WIN000004 号外购入库单生成采购专用发票并审核。审核成功的采购专用发票如图 2-32 所示。

例 2-33 将刚才录入的 3 张发票进行钩稽。

例 2-34 进行外购入库成本核算。

▶ 图 2-31

物料代码	物料名称	规格型号	单位	数量	单价	税率	含税单价	金额	税额	价税合计	源单单号
4.01	纸箱	500PCS装	PCS	15.00	4.27	17.00	5.00	64.10	10.90	75.00	WIN000004
合计：								64.10	10.90	75.00	

审核：何陈钰　　记账：何陈钰　　部门：采购部　　业务员：何采购　　开票人：

▶ 图 2-32

例 2-35　2010 年 1 月 31 日收到笔身委外加工商开的发票，如图 2-33 所示。

同时，查询委外加工入库单，利用下推式方法生成"采购普通发票"并审核。审核成功的采购发票如图 2-34 所示。

例 2-36　将刚才录入的发票进行钩稽。

例 2-37　委外核销处理。

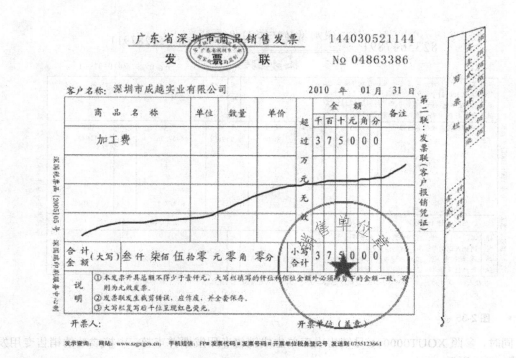

▶ 图 2-33

▶ 图 2-34

▣ 例 2-38 核算笔芯和笔壳的出库成本。
▣ 例 2-39 委外加工入库成本核算。
▣ 例 2-40 2010 年 1 月 31 日给北京远东公司开出销售增值税发票,如图 2-35 所示。

▶ 图 2-35

同时，参照 XOUT000001 号销售出库单生成销售专用发票并审核。审核成功的销售专用发票如图 2-36 所示。

▶ 图 2-36

例 2-41 将刚才录入的销售发票进行钩稽。

例 2-42 查询所有供应商的应付款汇总表和应付款明细表。

例 2-43 何陈钰 2010 年 1 月 31 日付笔帽供应商 3 000 元，对应的源单据为"采购增值税发票"，发票号为"ZPOFP000003"；从"工行东桥支行 125"账号开出支票，该支票已由"笔帽供应商"签收，支票存根如图 2-37 所示。

根据该支票录入的"付款单据"，由"陈静"审核。审核成功的单据如图 2-38 所示。

中国工商银行支票存根（粤）

$\frac{CG}{02}$03908838

附加信息

付货款

出票日期 2010 年 01 月 31 日

收款人：	笔帽供应商
金　额：	RMB3000.00
用　途：	付货款

单位主管 陈静　　会计 何陈钰

深圳光华印制有限公司·2006年印制

▸ 图 2-37

付款单

核算项目类别：	供应商	单据日期：	2010-1-31	单据号码：	CFKD000002
核算项目：	笔帽供应商	付款类型：	购货款	结算方式：	
币别：	人民币	汇率：	1	摘要：	

源单类型	源单单号	合同号	订单单号	结算实付金额	结算折扣
购增值税发	ZPOFP000003		CYORD000003	3,000.00	0.00
		单据金额合计		3,000.00	

部门：采购部　业务员：何采购　审核：陈静　制单：何陈钰

▸ 图 2-38

例 2-44　何陈钰 2010 年 1 月 31 日付笔芯供应商 5 000 元，对应的源单据为“采购增值税发票”，发票号为“ZPOFP000001”；从“工行东桥支行 125”账号开出支票，该支票已由“笔芯供应商”签收，支票存根如图 2-39 所示。

根据该支票录入的“付款单据”，由“陈静”审核。审核成功的单据如图 2-40 所示。

中国工商银行支票存根（粤）

$\frac{CG}{02}$03908839

附加信息

付货款

出票日期 2010 年 01 月 31 日

收款人：	笔芯供应商
金　额：	RMB5000.00
用　途：	付货款

单位主管 陈静　　会计 何陈钰

深圳光华印制有限公司·2006年印制

▸ 图 2-39

付款单

核算项目类别：	供应商	单据日期：	2010-1-31	单据号码：	CFKD000003
核算项目：	笔芯供应商	付款类型：	购货款	结算方式：	
币别：	人民币	汇率：	1	摘要：	

源单类型	源单单号	合同号	订单单号	结算实付金额	结算折扣
购增值税发	ZPOFP000001		CYORD000001	5,000.00	0.00
		单据金额合计		5,000.00	

部门：采购部　业务员：何采购　审核：陈静　制单：何陈钰

▸ 图 2-40

例 2-45　何陈钰 2010 年 1 月 31 日付笔壳供应商 20 000 元，对应的源单据为“期初采购增值税发票”，发票号为“OCZP000002”的 3 510 元，以及“采购增值税发票”，发票号为“ZPOFP000002”的 16 490 元；从“工行东桥支行 125”账号开出支票，该支票已由“笔壳供应商”签收，支票存根如图 2-41 所示。

根据该支票录入的“付款单据”，由“陈静”审核。审核成功的单据如图 2-42 所示。

中国工商银行支票存根（粤）

$\frac{CG}{02}$03908837

附加信息

付货款

出票日期 2010 年 01 月 31 日

收款人：	笔壳供应商
金　额：	RMB20000.00
用　途：	付货款

单位主管 陈静　　会计 何陈钰

深圳市华印制有限公司·2006年印制

▶ 图 2-41

付款单

核算项目类别：供应商　单据日期：2010-1-31　单据号码：CFKD000004

核算项目：笔壳供应商　付款类型：购货款　结算方式：

币别：人民币　汇率：1　摘要：

源单类型	源单单号	合同号	订单单号	结算实付金额	结算折扣
购增值税发	ZPOFP000002		CYORD000002	16,490.00	0.00
冫采购增值	OCZP000002			3,510.00	0.00
单据金额合计				20,000.00	

部门：采购部　业务员：何采购　审核：陈静　制单：何陈钰

▶ 图 2-42

例 2-46　查询所有客户的应收款汇总表和应收款明细表。

例 2-47　何陈钰 2010 年 1 月 31 日收到北京远东公司货款 50 000 元，对应的源单据为"期初销售增值税发票"，发票号为"OXZP000002"的 10 000 元，以及"销售增值税发票"，发票号为"ZSEFP000001"的 40 000 元，并且已经汇入到"工行东桥支行 125"账号。银行进账单如图 2-43 所示。

根据该进账单录入的"收款单据"，由"陈静"审核。审核成功的单据如图 2-44 所示。

银行进账单

2010年 01 月 31 日

出票人	全　称	北京远东文具用品有限公司
	账　号	955XXXX31
	开户银行	工行北京中关村支行
金额	人民币（小写）	￥50000000
收款人	全　称	深圳市成越实业有限公司
	账　号	955XXXX125
	开户银行	工行深圳东桥支行
票据种类	支票	票据张数 1
票据号码	2009011125	
备注：		

复核 陈静　记账 何陈钰

▶ 图 2-43

收款单

核算项目类别：客户　单据日期：2010-1-31　单据号码：XSKD000002

核算项目：北京远东公司　收款类型：销售回款　结算方式：

币别：人民币　汇率：1　摘要：2009年应收款余额

源单类型	源单单号	合同号	订单单号	结算实收金额	结算折扣
售增值税发	ZSEFP000001		SEORD000001	40,000.00	0.00
冫销售增值	OXZP000002			10,000.00	0.00
单据金额合计				50,000.00	

部门：销售部　业务员：仁渴　审核：陈静　制单：何陈钰

▶ 图 2-44

例 2-48　何陈钰核算所有材料出库成本。

例 2-49　工程部查询 BOM 档案，何陈钰进行自制入库成本核算。

例 2-50　何陈钰核算所有产成品出库成本。

例 2-51　2010 年 1 月 31 日参照采购发票"ZPOFP000001"生成凭证，如图 2-45 所示。

记 账 凭 证

2010 年 1 月 31 日

公司名称： 深圳市成越实业有限公司　　　　凭证编号： 记 1　　1/1

摘　要	会 计 科 目	币别	汇率	原币金额	借方本位币	贷方本位币
					十亿千百十万千百十元角分	十亿千百十万千百十元角分
原材料采购	1403 原材料				738462	
	2221.01.01 应交税费 - 应交增值税 - 进项税额				125538	
	2202 应付账款					864000
附件 1 张	合计 捌仟陆佰肆拾元整				864000	864000

核 准　　复 核 陈静　　过 账 陈静　　出 纳　　制 单 何陈钰　　经 办

▶ 图 2-45

2010 年 1 月 31 日参照采购发票“ZPOFP000002”生成凭证，如图 2-46 所示。

记 账 凭 证

2010 年 1 月 31 日

公司名称： 深圳市成越实业有限公司　　　　凭证编号： 记 2　　1/1

摘　要	会 计 科 目	币别	汇率	原币金额	借方本位币	贷方本位币
					十亿千百十万千百十元角分	十亿千百十万千百十元角分
原材料采购	1403 原材料				2100000	
	2221.01.01 应交税费 - 应交增值税 - 进项税额				357000	
	2202 应付账款					2457000
附件 1 张	合计 贰万肆仟伍佰柒拾元整				2457000	2457000

核 准　　复 核 陈静　　过 账 陈静　　出 纳　　制 单 何陈钰　　经 办

▶ 图 2-46

2010 年 1 月 31 日参照采购发票“ZPOFP000003”生成凭证，如图 2-47 所示。

2010 年 1 月 31 日参照采购发票“ZPOFP000004”生成凭证，如图 2-48 所示。

例 2-52 2010 年 1 月 31 日参照委外加工出库单“JOUT000001”生成凭证，如图 2-49 所示。

▶ 图 2-47

▶ 图 2-48

▶ 图 2-49

■例2-53 2010年1月31日参照委外加工入库单"JIN000001"生成凭证,如图2-50所示。

■例2-54 2010年1月31日参照生产领料单"SOUT000001"生成凭证,如图2-51所示。

记账凭证
2010年1月31日 凭证编号:记6 1/1

公司名称:深圳市成越实业有限公司

摘要	会计科目	币别	汇率	原币金额	借方本位币	贷方本位币
委外加工入库	1403 原材料				3393462	
	1408 委托加工物资					3018462
	2202 应付账款					375000
附件 1 张	合计叁万叁仟玖佰叁拾肆元陆角贰分				3393462	3393462

核准   复核 陈静   过账 陈静   出纳   制单 何陈钰   经办

▶ 图2-50

记账凭证
2010年1月31日 凭证编号:记7 1/1

公司名称:深圳市成越实业有限公司

摘要	会计科目	币别	汇率	原币金额	借方本位币	贷方本位币
生产领料	5001.01 生产成本-直接材料				378205	
生产领料	5001.01 生产成本-直接材料				3393462	
生产领料	5001.01 生产成本-直接材料				6410	
	1403 原材料					378205
	1403 原材料					3393462
	1403 原材料					6410
附件 1 张	合计叁万柒仟柒佰捌拾元柒角柒分				3778077	3778077

核准   复核 陈静   过账 陈静   出纳   制单 何陈钰   经办

▶ 图2-51

■例2-55 2010年1月31日参照产品入库单"CIN000001"生成凭证,如图2-52所示。

■例2-56 2010年1月31日参照销售发票"ZSEFP000001"生成凭证,如图2-53所示。

■例2-57 2010年1月31日参照付款单"CFKD000002"生成凭证,如图2-54所示。

记账凭证

2010年 1月 31日

公司名称：深圳市成越实业有限公司　　　　　　　　　　　　　凭证编号：记 8　　1/1

摘 要	会 计 科 目	币别	汇率	原币金额	借方本位币	贷方本位币
产品入库单	1405 库存商品				3772500	
	5001.01 生产成本 - 直接材料					3772500
附件 1 张	合计叁万柒仟柒佰贰拾伍元整				3772500	3772500

核准　　复核 陈静　　过账 陈静　　出纳　　制单 何陈钰　　经办

▶ 图 2-52

记账凭证

2010年 1月 31日

公司名称：深圳市成越实业有限公司　　　　　　　　　　　　　凭证编号：记 9　　1/1

摘 要	会 计 科 目	币别	汇率	原币金额	借方本位币	贷方本位币
销售收入	1122 应收账款				7600000	
	6001 主营业务收入					6495726
	2221.01.05 应交税费 - 应交增值税 - 销项税额					1104274
附件 1 张	合计柒佰陆仟元整				7600000	7600000

核准　　复核 陈静　　过账 陈静　　出纳　　制单 何陈钰　　经办

▶ 图 2-53

记账凭证

2010年 1月 31日

公司名称：深圳市成越实业有限公司　　　　　　　　　　　　　凭证编号：记 10　　1/1

摘 要	会 计 科 目	币别	汇率	原币金额	借方本位币	贷方本位币
付款	2202 应付账款				300000	
	1002.01 银行存款 - 工行东桥支行125					300000
附件 1 张	合计叁仟元整				300000	300000

核准　　复核 陈静　　过账 陈静　　出纳　　制单 何陈钰　　经办

▶ 图 2-54

2010年1月31日参照付款单"CFKD000003"生成凭证,如图2-55所示。

▶ 图 2-55

2010年1月31日参照付款单"CFKD000004"生成凭证,如图2-56所示。

▶ 图 2-56

例 2-58 2010年1月31日参照收款单"XSKD000002"生成凭证,如图2-57所示。

例 2-59 2010年1月31日付员工工资。类别汇总数据生产部员工为9 761元,市场部为5 732元,管理人员为13 000元,直接从"工行东桥支行125"账号中转账。录入并保存成功的凭证如图2-58所示。

▶ 图 2-57

▶ 图 2-58

▍例 2-60　2010 年 1 月 31 日收到仁渴投资款 10 000 元港币，处理汇率为 0.985，已经汇入"人行东桥支行 128"账户。录入并保存成功的凭证如图 2-59 所示。

▍例 2-61　2010 年 1 月 31 日，仁渴因市场业务出差报销出差费 2 315 元，以现金支付。录入并保存成功的凭证如图 2-60 所示。

▍例 2-62　2010 年 1 月 31 日计提固定资产折旧费用。生产部折旧费用为 2 200 元，市场部折旧费用为 500 元，办公室所有固定资产折旧为 1 100 元。录入并保存成功的凭证如图 2-61 所示。

▶ 图 2-59

▶ 图 2-60

▶ 图 2-61

■例 2-63　2010 年 1 月 31 日，以"陈静"身份审核所有凭证。

■例 2-64　2010 年 1 月 31 日，以"陈静"身份过账所有凭证。

■例 2-65　2010 年 1 月 31 日，以"何陈钰"身份进行期末调汇处理。港币的期末汇率为 0.98，调汇后生成的凭证如图 2-62 所示；然后，再以"陈静"身份审核和过账该凭证。

▶ 图 2-62

■例 2-66　2010 年 1 月 31 日，以"何陈钰"身份设置"制造费用转生产成本"模板，然后生成凭证如图 2-63 所示，再以"陈静"身份审核和过账该凭证。

▶ 图 2-63

■例 2-67　2010 年 1 月 31 日，以"何陈钰"身份设置"生产成本转库存商品"模板，然后生成凭证如图 2-64 所示，再以"陈静"身份审核和过账该凭证。

记 账 凭 证

2010 年 1 月 31 日

公司名称：深圳市成越实业有限公司　　　　　　　凭证编号：记 20　　1/1

摘　要	会 计 科 目	币别	汇率	原币金额	借方本位币	贷方本位币
生产成本结转库存商品	1405 库存商品				1201677	
生产成本结转库存商品	5001.01 生产成本 - 直接材料					5577
生产成本结转库存商品	5001.03 生产成本 - 制造费用转入					1196100
附件　　张	合计 壹万贰仟零拾陆元柒角柒分				1201677	1201677
核准	复核 陈静	过账 陈静		出纳	制单 何陈钰	经办

▶ 图 2-64

例 2-68　2010 年 1 月 31 日，以"何陈钰"身份设置"库存商品转主营业务成本"模板，然后生成凭证如图 2-65 所示，再以"陈静"身份审核和过账该凭证。

记 账 凭 证

2010 年 1 月 31 日

公司名称：深圳市成越实业有限公司　　　　　　　凭证编号：记 21　　1/1

摘　要	会 计 科 目	币别	汇率	原币金额	借方本位币	贷方本位币
库存商品结转主营业务成本	6401 主营业务成本				5199177	
库存商品结转主营业务成本	1405 库存商品					5199177
附件　　张	合计 伍万壹仟玖佰玖拾壹元柒角柒分				5199177	5199177
核准	复核 陈静	过账 陈静		出纳	制单 何陈钰	经办

▶ 图 2-65

例 2-69　2010 年 1 月 31 日，以"何陈钰"身份进行期末"结转损益"操作，生成的凭证如图 2-66 和图 2-67 所示，再以"陈静"身份审核和过账该凭证。

例 2-70　2010 年 1 月 31 日，以"陈静"身份处理资产负债表和利润表。

例 2-71　2010 年 1 月 31 日，在报表中自定义应付账款情况表，如图 2-68 所示。

记账凭证 2010年1月31日 凭证编号：记22 1/2

公司名称：深圳市成越实业有限公司

摘要	会计科目	币别	汇率	原币金额	借方本位币	贷方本位币
结转本期损益	6001 主营业务收入				6495726	
	4103 本年利润					6495726
	4103 本年利润				7413877	
	6401 主营业务成本					5199177
	6601.01 销售费用 - 差旅费					231500
	6601.03 销售费用 - 折旧费					50000

附件　张　合计

核准　复核 陈静　过账 陈静　出纳　制单 何陈钰　经办

▶ 图 2-66

记账凭证 2010年1月31日 凭证编号：记22 2/2

公司名称：深圳市成越实业有限公司

摘要	会计科目	币别	汇率	原币金额	借方本位币	贷方本位币
	6601.04 销售费用 - 工资					573200
	6602.05 管理费用 - 工资					1300000
	6602.06 管理费用 - 折旧费					110000
	6603.03 财务费用 - 调汇					50000

附件　张　合计 壹拾叁万玖仟零玖拾陆元零叁分　　13909603　13909603

核准　复核 陈静　过账 陈静　出纳　制单 何陈钰　经办

▶ 图 2-67

应付账款情况表

第1页

单位名称 深圳市成越实业有限公司：

供应商名称	本期期初	本期增加货款	本期付款	本期余额
笔帽供应商	0	4425	3000	1425
笔芯供应商	0	8640	5000	3640
笔壳供应商	3510	24570	20000	8080
笔身委外加工商	0	3750	0	3750

▶ 图 2-68

第3章 账套管理

学习重点
- 账套定义
- 建立账套
- 启用账套
- 账套的备份、恢复和删除

信息化就是利用计算机代替人工进行账务、业务处理工作，因此用户必须建立一个账套文件，用以存放公司的有关财务和业务资料，以便于计算机调用进行处理。

账套是一个数据库文件，用来存放所有业务数据资料，包含会计科目、凭证、账簿、报表、出入库单据等内容，所有工作都需要登录账套后才能进行。一个账套只能做一个会计主体（公司）的业务，金蝶软件对账套的数量没有限制，也就是说，一套金蝶 K/3 可以做多家公司的账。

账套管理在金蝶 K/3 产品应用中占有重要的地位。只有建立正确的账套，才能保证账套的正常使用；只有备份好账套，才能减少重复工作量的投入。

3.1　建立账套

建立账套之前需要确定几项内容：以什么公司名建立账套？要使用什么模块？什么时候开始启用账套？以什么币别作为本位币？

> 注　若使用网络版，账套管理功能在"中间层服务器"计算机上操作。

以第 2 章实例资料中的"深圳市成越实业有限公司"为例建立账套，步骤如下。

（1）选择【开始】→【程序】→【金蝶 K/3】→【中间层服务部件】→【账套管理】，如图 3-1 所示。

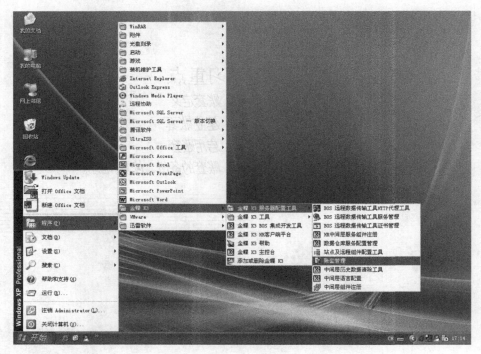

▶　图 3-1

系统弹出"账套管理登录"窗口，如图 3-2 所示。

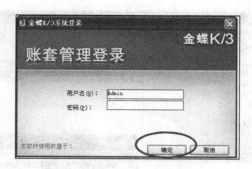

▶ 图 3-2

（2）"用户名"使用系统默认的"Admin"，"密码"为空。单击"确定"按钮，打开"金蝶 K/3 账套管理"窗口，如图 3-3 所示。

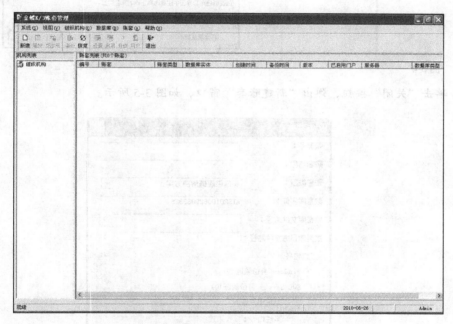

▶ 图 3-3

"金蝶 K/3 账套管理"窗口有两个列表窗口，左侧为"机构列表"，右侧为"账套列表"。

- 账套列表：显示当前计算机中已经保存的账套信息。
- 机构列表：集团性、连锁性公司的各分公司之间财务数据独立核算，而有时它们又需要汇总，金蝶 K/3 为了满足这种需要并便于分类管理，可以将其结构分层，然后在其相应的组织结构下建立账套。

因本例中的"深圳市成越实业有限公司"没有上级公司，所以暂不设置机构，该功能请读者自行练习。

（3）单击菜单【数据库】→【新建账套】，或单击工具栏上的"新建"按钮，弹出"信息"窗口，如图 3-4 所示。请认真理解窗口中内容，以方便建立账套时选择相应的类型。

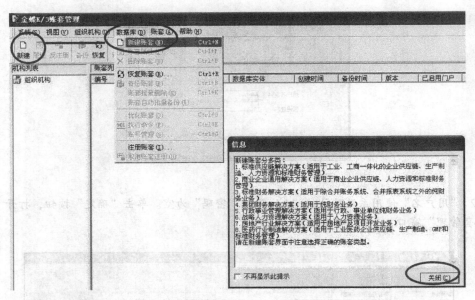

▶ 图 3-4

（4）单击"关闭"按钮，弹出"新建账套"窗口，如图 3-5 所示。

▶ 图 3-5

其中各项说明如下。

- 账套号：账套在系统中的编号，需手工录入，不能有重号，必须填写。
- 账套名称：账套的名称，必须填写。
- 账套类型：系统提供 8 种账套类型，可根据不同的企业需求选择不同的解决方案，系统会自动根据解决方案建立相关内容，必须选择。

▫ 数据库实体：账套在 SQL Server 数据库服务器中的唯一标识。新建账套时，系统会自动产生一个数据实体，也可手工修改，建议保持默认值。
▫ 数据库文件路径：账套保存的路径，必须选择。
▫ 数据库日志文件路径：账套操作日志保存的路径，必须选择。
▫ 其他项目保持默认值即可。

（5）账套号录入"002"，账套名称录入"深圳市成越实业有限公司"，账套类型选择"标准供应链解决方案"，数据库实体保持不变，如图 3-6 所示。

（6）设置"数据库文件路径"。单击 ▸（浏览）按钮，弹出"选择数据库文件路径"窗口，如图 3-7 所示。

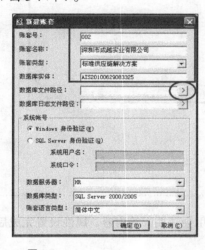

▸ 图 3-6

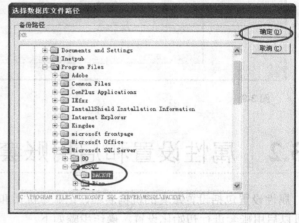

▸ 图 3-7

在该窗口中可以修改账套保存的文件位置，如果读者对计算机知识不是很熟练，建议采用系统默认保存路径，以方便维护人员维护您的账套。在此单击"确定"按钮，保存设置。以同样方法设置"数据库日志文件路径"。

（7）系统账号、数据服务器、数据库类型采用默认值，设置完成如图 3-8 所示。单击"确定"按钮，系统开始建账工作，这可能需要 3～10 分钟的时间，主要视计算机配置情况而定。

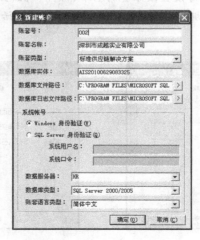

▸ 图 3-8

（8）账套建立成功后，账套信息会显示在"账套列表"中，如图3-9所示。

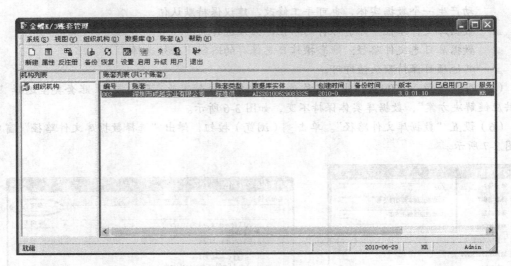

图 3-9

3.2　属性设置和启用账套

属性设置包括设置账套的机构名称、记账本位币和启用会计期间等内容。属性设置完成后才可以启用账套进行初始化设置。操作步骤如下。

（1）在"账套列表"中选择"002 深圳市成越实业有限公司"账套；单击菜单【账套】→【属性设置】，或单击工具栏上的"设置"按钮，弹出"属性设置"窗口，如图3-10所示。

注　带"*"的选项为必录选项。

（2）在"系统"选项卡中可设置该账套的基本信息。"机构名称"录入"深圳市成越实业有限公司"，"地址"录入"深圳市宝安区文汇路 19 号"，"电话"录入"0755-12345678"，如图3-11所示。

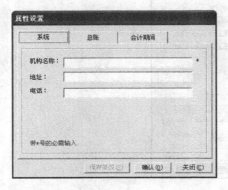

图 3-10

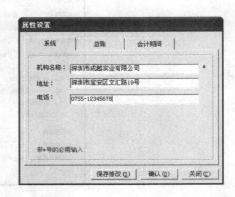

图 3-11

（3）在"总账"选项卡中可设置记账时的基本信息。这里采用默认值，如图 3-12 所示。

> **注**　"记账本位币代码"和"小数点位数"可以根据实际情况修改。

（4）在"会计期间"选项卡中可设置账套的启用会计期间。单击"更改"按钮，弹出"会计期间"设置窗口；"启用会计年度"录入"2010"，"启用会计期间"录入"1"，如图 3-13 所示。

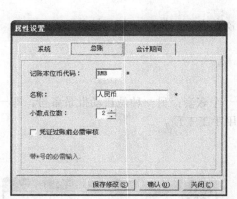

▶ 图 3-12

▶ 图 3-13

> **注**
> 1. 启用会计期间"2010 年 1 月"，表示初始设置中的期初数据为 2009 年 12 月的期末数，所以读者在启用账套时一定要注意自己的账套要从什么期间启用，以便准备初始数据。
> 2. 如果会计期间有特殊情况，可以取消"自然年度会计期间"的选中，这样读者可以选择 12 或 13 个会计期间，并且会计期间的开始日期都可以修改。

（5）单击"确认"按钮，保存会计期间设置；再单击"确认"按钮，弹出是否启用账套的提示窗口，如图 3-14 所示。

（6）如果属性设置完成，单击"是"按钮；如果还需要修改，单击"否"按钮。在此单击"是"按钮，稍后系统弹出成功启用的提示窗口，如图 3-15 所示。

▶ 图 3-14

▶ 图 3-15

（7）单击"确定"按钮，完成属性设置和账套启用工作。

> **注** 该处的账套启用是指建立账套文件工作完成，而不是指启用后可以录入业务单据。因初始数据还未录入，所以录入单据后的数据会与实际数据有出入。

3.3 备份账套

操作软件时，为了预防数据出错或发生意外（如硬盘损坏、计算机中毒），需要随时备份数据，以便恢复时使用。

备份工作可以随时进行，建议最好是每周备份一次。在下列情况下必须做备份。

（1）每月结账前和账务处理结束后。

（2）更新软件版本前。

（3）进行会计年度结账时。

金蝶 K/3 提供了两种备份方法，一种是单次备份一个账套；另一种是自动批量备份，即一次备份多个账套，而且备份工作在后台定时执行，不用手工干预。

1．单次备份

单次备份是指一次对一个账套进行备份。对"深圳市成越实业有限公司"进行账套备份，操作步骤如下。

（1）在"账套列表"中选中"深圳市成越实业有限公司"账套，单击菜单【数据库】→【备份账套】，或单击工具栏中的"备份"按钮，弹出"账套备份"窗口，如图 3-16 所示。

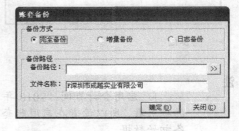

▶ 图 3-16

其中各项说明如下。

- 完全备份：执行完整数据库备份，即为账套中的所有数据建立一个副本。备份后，生成完全备份文件。
- 增量备份：记录自上次完整数据库备份后对数据库数据所做的更改，即为上次完整数据库备份后发生变动的数据建立一个副本。备份后，生成增量备份文件。
- 增量备份比完全备份小且速度快，因此可以更经常地备份。经常备份将减少丢失数据的危险。
- 日志备份：事务日志是自上次备份事务日志后对数据库执行的所有事务的一系列记录。一般情况下，事务日志备份比数据库备份使用的资源少，因此可以比数据库备份更经常地创建事务日志备份。经常备份将减少丢失数据的危险。
- 备份路径：备份所生成的*.DBB 和*.BAK 文件的保存位置，建议尽量采用默认值。
- 文件名称：备份时生成的文件名称，可更改。

注　　第一次备份一定用完全备份。对于备份生成的*.DBB 和*.BAK 文件，要定期将其复制到外部存储设备上，如移动硬盘等，以防数据丢失。

（2）单击"备份路径"右侧的 >> （浏览）按钮，弹出"选择数据库文件路径"窗口，如图 3-17 所示。

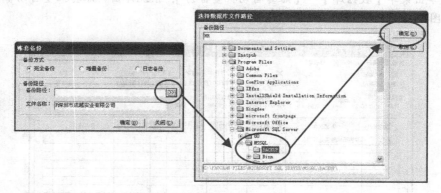

▶ 图 3-17

（3）采用默认保存路径，单击"确定"按钮，返回"账套备份"窗口。
（4）单击"确定"按钮，开始备份数据，稍后系统弹出提示窗口，如图 3-18 所示。

▶ 图 3-18

（5）单击"确定"按钮，备份工作完成。

注　　一定要记住图 3-18 中的文件名和保存位置，这是要复制到外部存储设备的文件。

2．自动批量备份

当系统中的账套很多时，一次一个账套的备份会比较麻烦且效率低下。金蝶 K/3 提供了账套自动批量备份工具。

账套自动批量备份有如下好处。

- 一次可以备份单个或多个账套。
- 一旦设置好之后，系统就会根据设置的时间在后台定时、自动地进行备份，而无需手工操作，节省人力、提高效率。

- 提供了账套备份情况的日志记录功能，可以方便地查看到账套备份的执行情况。例如：哪些账套正常进行了账套备份？执行时间是什么时候？哪些账套没有正常进行账套备份？
- 提供方案维护功能，可以将对于账套备份所做的设置以方案的形式保存下来，以后需要执行时，直接选择这个方案即可进行执行。

账套自动批量备份的设置步骤如下。

（1）单击菜单【数据库】→【账套自动批量备份】，系统弹出"账套批量自动备份工具"窗口，如图3-19所示。

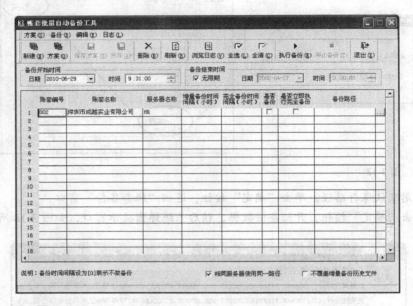

▶ 图 3-19

（2）单击菜单【方案】→【新建】，设置"备份开始时间"为当前计算机系统时间，"备份结束时间"设置为"无限期"，账套"002"的"增量备份时间间隔（小时）"设为"5"，"完全备份时间间隔（小时）"设为"100"，选中"是否备份"，设置"备份路径"时单击右侧的"…"按钮，系统弹出"选择数据库文件路径"窗口，如图3-20所示。

▶ 图 3-20

（3）保存路径采用系统默认值，单击"确定"按钮，返回工具窗口。设置完成的窗口如图 3-21 所示。

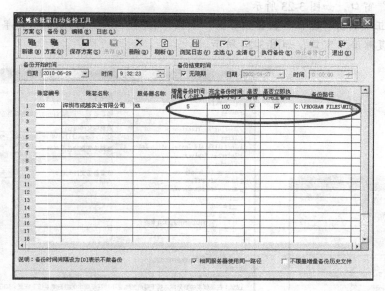

▶ 图 3-21

（4）单击菜单【方案】→【保存方案】，弹出"方案保存"窗口，方案名称录入"方案1"，如图 3-22 所示。

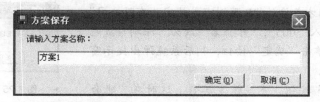

▶ 图 3-22

（5）单击"确定"按钮，保存方案。
（6）单击菜单【方案】→【退出】，账套自动批量备份方案设置完成。

注

　　账套自动批量备份方案设置完成后，当系统检测到系统时间已经符合间隔时间时会自动在后台备份数据。

3.4 恢复账套

如果账套出错，可利用"恢复账套"功能将备份文件恢复成账套文件，再继续进行日常业务处理。

以恢复"深圳市成越实业有限公司"账套为例，讲述"恢复账套"方法。操作步骤如下。

（1）单击菜单【数据库】→【恢复账套】，或单击工具栏上的"恢复"按钮，弹出"选择数据库服务器"窗口，如图 3-23 所示。

（2）选择正确的身份验证、数据服务器、数据库类型。在此采用默认值，单击"确定"按钮，打开"恢复账套"窗口，如图 3-24 所示。

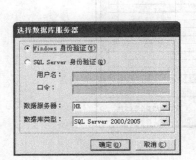

▶ 图 3-23

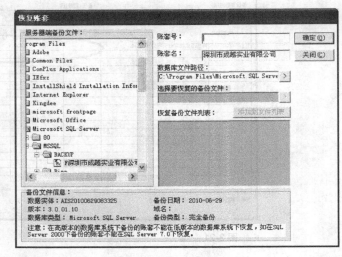

▶ 图 3-24

（3）在"服务器端备份文件"列表下选择备份文件保存的位置。在此选中刚才备份的"F深圳市成越实业有限公司"文件，"账套号"录入"005"，"账套名"改为"深圳市成越实业有限公司2"；单击"确定"按钮，稍后系统弹出提示窗口，如图 3-25 所示。

▶ 图 3-25

（4）单击"否"按钮，完成恢复工作。这时在"账套列表"窗口中可以看到已经恢复成功的"深圳市成越实业有限公司 2"账套，如图 3-26 所示。

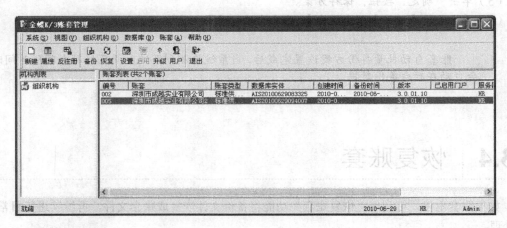

▶ 图 3-26

> **注** 恢复账套时，所保存的"账套号"、"账套名"一定不能与系统内已有的"账套号"、"账套名"相同，否则不能完成恢复工作。

3.5 删除账套

当账套不再使用时可以将其从系统中删除，以节约硬盘空间。以删除"005"账套为例，操作步骤如下。

（1）选中"005"账套，单击菜单【数据库】→【删除账套】，弹出信息提示窗口，如图 3-27 所示。

（2）单击"是"按钮，弹出是否备份提示窗口，如图 3-28 所示。

▶ 图 3-27

▶ 图 3-28

（3）对提示窗口上的按钮，一定要根据实际情况选择。在此单击"否"按钮，不用备份账套。稍后，在"账套列表"窗口的"005"账套消失，表示删除成功。

Day 4

第4章
账套初始化（一）

学习重点
- 系统设置
- 生产制造和供应链系统启用
- 基础资料设置
- 业务初始化数据录入

以"Administrator"(系统管理员)身份登录"深圳市成越实业有限公司"账套,并对账套进行系统设置。双击桌面"金蝶 K/3 主控台"图标,如图 4-1 所示;或者选择【开始】→【程序】→【金蝶 K3】→【金蝶 K3 主控台】。

▶ 图 4-1

系统弹出"金蝶 K/3 系统登录"窗口,"当前账套"选择"深圳市成越实业有限公司"并选择以"命名用户身份登录","用户名"处录入"Administrator","密码"为空,如图 4-2 所示。

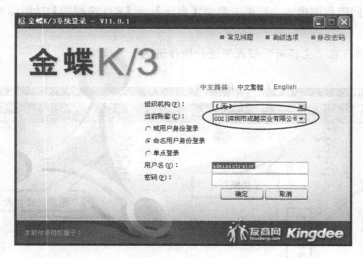

▶ 图 4-2

单击"确定"按钮,用户身份通过系统检测进入主控台界面。如果使用的是演示版,则会提示"您使用的是 K/3 演示版",单击"确定"按钮,进入主控台界面,系统预设为"流程图界面",如图 4-3 所示。

界面左侧是功能模块列表,单击"+"层层展开,单击"-"可以收起,无以上两符号为最终功能项,双击可以进入对应的操作窗口界面。当选择左侧的功能列表后,右侧的流程图会自动切换到对应的模块化流程图界面。单击右上角的"编辑"按钮，可以进行流程图的修改。窗口最下面为状态栏，显示当前所登录的账套名称、当前使用模块所处的会计期间以及当前登录的操作员名称。

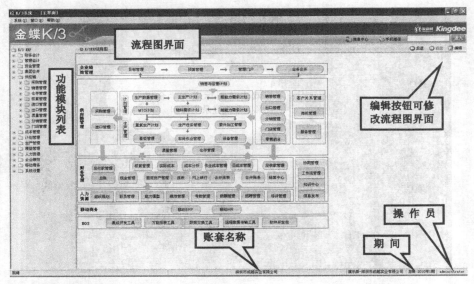

▶ 图 4-3

　　金蝶 K/3 系统为用户提供了两种窗口模式，一种是流程图模式，另一种是旧的主界面模式。单击菜单【系统】→【K/3 主界面】，可以切换到主界面窗口模式，如图 4-4 所示。
　　如果想切换回流程图模式，则单击菜单【系统】→【K/3 流程图】功能即可。

注　　本书将在"主界面"模式下进行操作讲述。

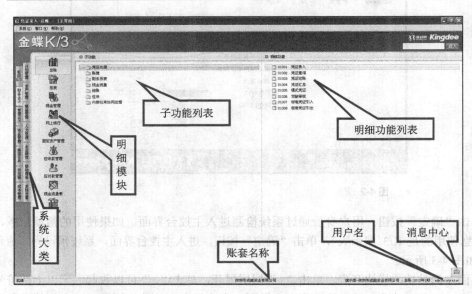

▶ 图 4-4

小技巧

由于金蝶 K/3 由几十个模块组成，而实际上并不是每一个操作员都要操作所有的模块，所以系统提供了将暂不使用的模块隐藏的功能。操作方法如下：选择菜单【系统】→【设置】→【主控台编辑】，弹出"主控台编辑器"窗口；在该窗口可以对模块的"是否可见"进行设置，如取消管理会计、资金管理、集团合并、成本管理、人力资源、企业绩效的选择，如图 4-5 所示。

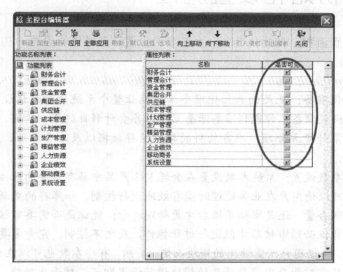

▶ 图 4-5

单击工具栏上的"应用"按钮，再单击"关闭"按钮，返回"主界面"窗口。设置后注意主界面窗口的变化。若要恢复默认状态，再重新进入"主控台编辑器"窗口，单击工具栏上的"默认设置"即可。选择窗口左侧"功能列表"的名称，可以设置该类别下的"子模块"是否可见。

4.1 账套初始化概述

账套初始化是 ERP 系统中十分重要的工作，它是整个工作的基础。初始化设置的好坏，将直接影响到系统的运作质量。清晰的科目结构、明了准确的数据关系，会使用户在账套启用后的日常处理和财务核算工作中思路顺畅、处理简捷。

在主控台界面，单击"系统大类"中的【系统设置】模块，可以看到系统设置包括基础资料、初始化、系统设置、用户管理和日志信息 5 大明细功能，其中系统设置、基础资料和初始化模块是初始化工作将涉及的模块。

- 基础资料：对各个系统的基础资料进行设置和管理，如科目、客户、供应商等。
- 初始化：录入各系统的初始化数据。

- 系统设置：对各个系统的参数进行集中设置和管理。
- 用户管理：对使用该账套的用户信息进行管理。
- 日志信息：查看各用户使用当前账套的信息。

4.2 初始化设置流程

初始化设置流程：初始化准备→系统参数设置→基础资料设置→初始数据录入→结束初始化。

- 初始化准备：充足的初始化准备工作能让整个系统的初始化设置工作顺利进行。初始化设置准备工作包括准备账套启用时各会计科目的期初余额、本年累计借方金额、本年累计贷方金额，准备物料的期初结存数据以及准备币别、客户、供应商等信息资料。
- 系统参数设置：系统参数设置在金蝶 K/3 产品中具有重要的地位。正确地设置系统参数，可以使用户在业务处理时能有效地进行控制，如库存的更新控制是保存后就立即更新现存量，还是审核单据后才更新现存量；凭证是否需要审核后才能过账，如果选中则凭证必须审核后才能进行过账操作，反之不控制。究竟需要设置哪些模块的相关参数，根据用户所需使用的模块而定，当然，有些参数也可以在使用过程中随时设置。用户只需对账套中将要涉及的模块进行设置即可。对于此功能，本章主要讲述生产制造系统和供应链系统参数的设置。
- 基础资料设置：在会计电算化中，所有单据基本上都由基础资料生成，如生成出入库单据时，物料档案可以从基础资料中获取，币别可以从基础资料中获取，客户信息或供应商信息也可以从基础资料中获取。从基础资料中获取数据提高了工作效率，并且能保证数据的准确性。基础资料录入完成后，可以被多个系统使用，如客户资料，在仓存管理系统中录入销售出库单时，可以获取客户信息；在应收款管理系统中录入发票时，可以获取客户信息。这样真正体现了数据共享的优势——一次录入，多个系统均可调用。
- 初始数据录入：初始数据是根据所需使用的系统录入，如用户只购买了总账、报表系统，则只需录入各会计科目的期初余额、本年累计借方发生额、本年累计贷方发生额；若是在年初启用账套，则只需录入年初余额。
- 结束初始化：所有期初数据录入完成后，可以结束初始化工作。只有结束初始化工作才能进行日常的业务处理，如仓存日常的出入库业务等。

4.3 引入会计科目

会计科目在金蝶 ERP 中使用广泛，进行业务类基础资料设置需要涉及会计科目，所以先要引入会计科目档案。

新建立账套的会计科目基础数据为空,需要从后台引入所需行业的科目表。金蝶 K/3 系统已经为用户预设了相关行业的一级会计科目和部分二级明细科目,有新会计准则、企业会计制度和工业企业等行业的会计科目,涉及详细的明细级科目则由用户自行新增。引入会计科目方法如下。

(1)双击【系统设置】→【基础资料】→【公共资料】→【科目】,如图 4-6 所示。

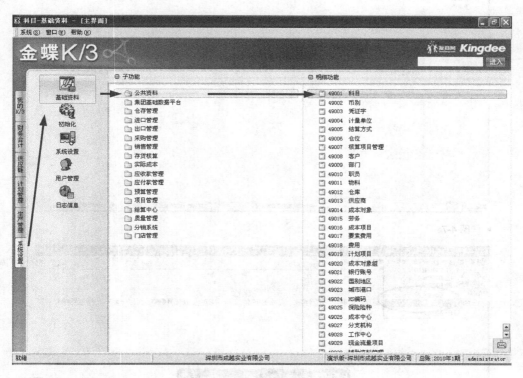

▶ 图 4-6

> **注**
>
> 要执行某个明细功能时,先选择左边的"系统大类",再选择明细模块,然后选择该明细模块下的"子功能"选项,最后双击子功能下的"明细功能",即可启动到该明细功能处理界面。如要进行"外购入库"处理,先选择"供应链"大类,再选择"仓存管理"模块,然后选择"验收入库",最后双击"外购入库单—新增"明细功能即可打开"外购入库单"处理窗口。

系统弹出会计科目设置窗口,如图 4-7 所示。

会计科目档案默认为空,需要自行新增或从模板引入。

(2)选择菜单【文件】→【从模板中引入科目】,弹出"科目模板"窗口,如图 4-8 所示。

(3)单击"行业"下拉按钮,可以自由选择所需的行业科目。单击"查看科目"按钮,可以查看该行业下已经预设的会计科目,如图 4-9 所示。

(4)选择"新会计准则科目",再单击"引入"按钮,弹出"引入科目"窗口,如图 4-10 所示。

第 4 章 账套初始化(一) 69

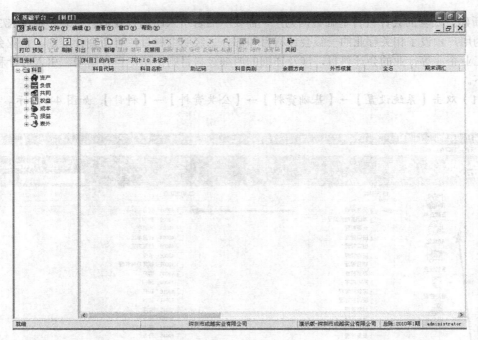

▶ 图 4-7

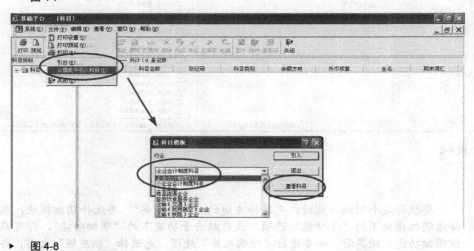

▶ 图 4-8

▶ 图 4-9

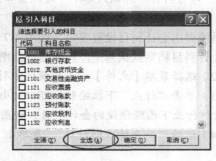

▶ 图 4-10

（5）单击"全选"按钮，再单击"确定"按钮，引入所有会计科目。稍后，系统弹出引入成功提示，单击"确定"按钮，返回会计科目窗口。引入成功的科目如图 4-11 所示。

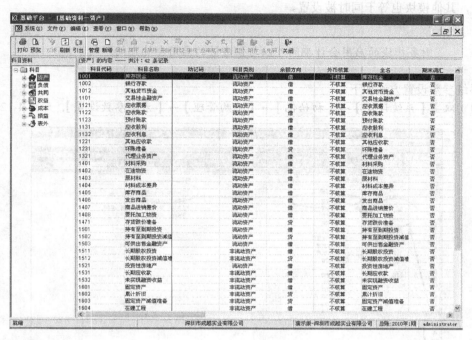

▶ 图 4-11

若屏幕上没有显示所引入的会计科目，单击工具栏上的"刷新"按钮后即可显示。

系统已将会计科目分为资产、负债、共同、权益、成本、损益、表外 7 大类，查看相应类别下的科目方法是单击该类别前的"+"。

小技巧

在图 4-10 所示的"引入科目"窗口，如果不需要引入所有科目，则可以单独选择自己所需的科目，方法是单击代码前的方框，方框打上勾表示引入。

4.4 系统设置

本节先练习生产制造和供应链系统的参数和选项设置。

4.4.1 系统参数设置

本小节重点讲述"启用会计期间"的设置以及对物料现存量的更新时点等参数进行设置。

"启用会计期间"在 ERP 系统设置时非常重要，因为系统中的初始数据就是由启用会计期间来决定的。如准备在 2010 年 1 月开始使用供应链和生产制造系统，则启用会计期间设置为 2010 年 1 月，则仓存中"物料"的初始库存应录入 2009 年底的结存数据；如果准备 2010 年

5月启用系统，则录入的初始库存是2010年4月末的结存数据。

生产制造和供应链的"系统参数设置"功能为同一功能，即在任意供应链模块中设置系统参数后，其他模块也等于同时被设置。

> **注** 财务模块的启用会计期间可以与供应链的启用会计期间不同步。

系统参数设置方法如下。

（1）双击【系统设置】→【初始化】→【采购管理】→【系统参数设置】，如图4-12所示。

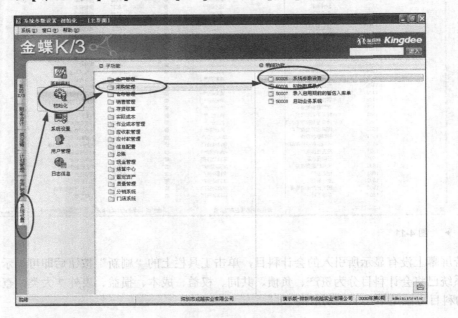

▶ 图4-12

（2）系统弹出"核算参数设置向导"窗口，单击"启用期间"下拉按钮，可以选择启用期间，如图4-13所示。

（3）启用期间选择"1"，单击"下一步"按钮，系统打开核算方式和库存更新控制设置窗口，如图4-14所示。

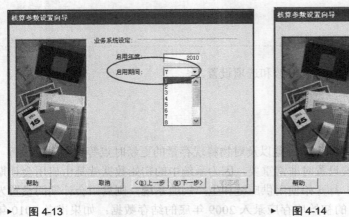

▶ 图4-13

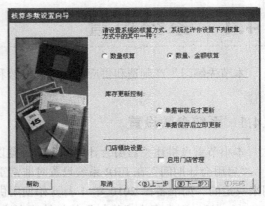

▶ 图4-14

- 核算方式:若选择"数量核算",系统只核算数量,不核算金额,所以显示的核算金额不会正确;若选择"数量、金额核算",则是对材料的数量和成本都核算。当账套与财务系统相互联系时,应选择"数量、金额核算"方式。
- 库存更新控制:针对物料的即时库存更新的设置。若选择"单据审核后才更新",库存类单据经审核后才能将其库存数量计算到即时库存中,并在反审核该库存单据后进行库存调整;若选择"单据保存后立即更新",则库存类单据被保存成功后就将其库存数量计算到即时库存中,并在修改、复制、删除、作废、反作废该库存单据时进行库存调整。为了保持数据的严肃性,建议选择"单据审核后才更新"选项。
- 门店模块设置:若选中"启用门店管理",则启用门店管理系统,系统会把门店管理系统和系统设置涉及门店管理之外的菜单屏蔽。

(4)库存更新控制选择"单据审核后才更新"方式,其他采用默认值。单击"下一步"按钮,打开下一窗口,如图4-15所示。

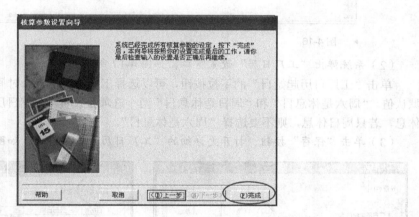

▶ 图4-15

(5)单击"完成"按钮,完成"系统参数设置"工作。

4.4.2 工厂日历

工厂日历是ERP系统特有的日历,它是在自然日历的基础上设置工厂休息日后的工作日历,它是计算主生产计划、物料需求计划等的基础资料,对系统运行结果有重大影响。

例如,有一产品从开工到完工需要7天的周期,如果要求2010年2月10日完工,理论上应该从2010年2月4日开工即可,但当系统考虑"工厂日历"时(假设有2个休息日,2010年2月6日和7日休息),则系统计算出来的建议开工日期是2010年2月2日。

> **注** 工厂日历的设置主要是针对计划系统,若不启用计划系统则可以不进行设置。

工厂日历设置方法如下。
(1)双击【系统设置】→【初始化】→【生产管理】→【工厂日历】,如图4-16所示。

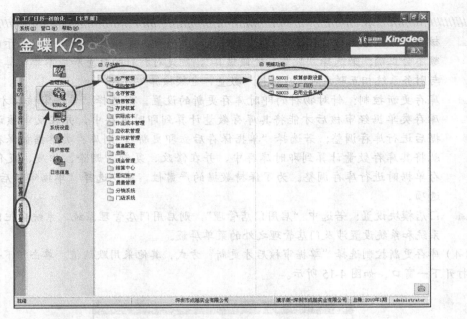

▶ 图 4-16

（2）系统弹出"工厂日历"设置窗口，如图 4-17 所示。

单击"工厂日历起始日"的下拉按钮，可以选择工厂日历从什么时间开始设置，在此保持默认值。"周六是休息日"和"周日是休息日"两个选项是设置"自然日历"的周六和周日是否休息，若只周日休息，则不要选择"周六是休息日"。

（3）单击"保存"按钮，打开更详细的"工厂日历"设置窗口，如图 4-18 所示。

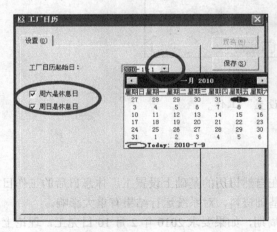
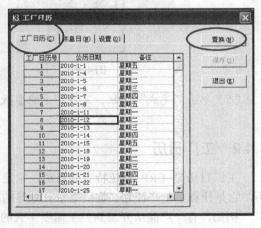

▶ 图 4-17 　　　　　　　　　　　　　　　　▶ 图 4-18

在如图 4-18 所示窗口中，可以单击工厂日历和休息日选项卡查看工厂日历的设置情况。

若碰到特殊情况，如 2010 年 1 月 15 日不是周六或周日，但是又必须休息、不算在工厂日历中，怎么办呢？方法很简单，只要选中该条"工厂日历"，单击"置换"按钮，即可将该条工厂日历设置为"休息日"。同理，工厂为赶活放弃 2010 年 1 月 16 日休息时怎么办呢？在"休息日"选项卡中选中该条日历，单击"置换"按钮即可。

工厂日历设置完成后，单击"保存"按钮，退出设置窗口。

> **注**
> 1. 工厂日历通常在进行"MRP 计算"前设置，这样在系统展开 MRP 计算时才能将正确设置的工厂日历因素考虑到计划订单中。
> 2. "置换"的工厂日历必须大于计算机系统日期，否则无法置换。

4.4.3 系统设置

系统设置是针对所需使用模块的控制，如业务单据的审核人与制单人能否为同一人，当仓库出现负库存时是否预警提示等。系统设置的方法如下。

（1）双击【系统设置】→【系统设置】→【采购管理】→【系统设置】，如图 4-19 所示。

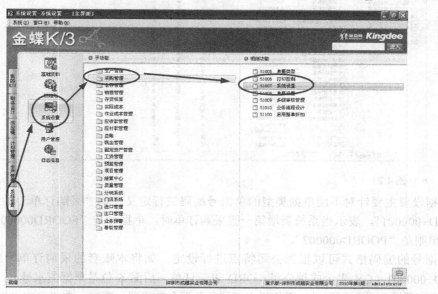

▶ 图 4-19

（2）系统弹出"系统参数维护"窗口，如图 4-20 所示。

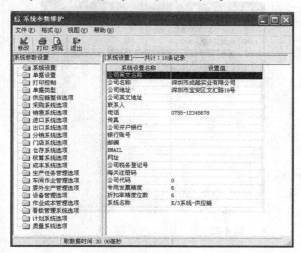

▶ 图 4-20

"系统设置"大项下主要显示账套的基本信息,如公司名称和电话信息等。

(3)单击"单据设置"项目,切换到"单据设置"窗口,如图 4-21 所示。

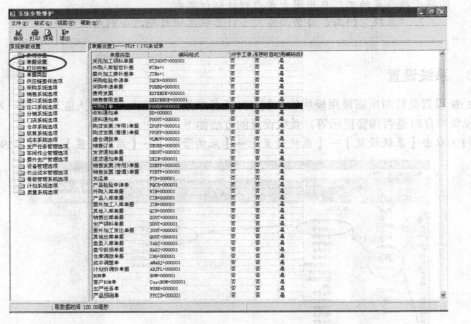

▶ 图 4-21

单据设置主要针对不同单据类型的单据号编码进行定义,如"采购订单"的编码格式是"POORD+000001",表示当系统新增第一张采购订单时,单据号是"POORD000001",第二张采购订单则是"POORD000002"。

单据号的编码格式可以根据公司特点进行设定,如将本账套的采购订单号编码定义为CYORD+000001(CY 表示成越公司,ORD 表示订单,后面 6 位是单据流水号),设置方法如下:双击"采购订单"行记录,系统弹出"修改单据参数设置"窗口,在"自定义"的"格式"处修改为"CYORD"即可,如图 4-22 所示。

▶ 图 4-22

单击"保存"按钮,保存设置。单击"退出"按钮,返回"系统参数维护"窗口,其中的

"采购订单"行记录已经被更改。

（4）单击"打印控制"项目，切换到"打印控制"参数设置窗口，如图 4-23 所示。

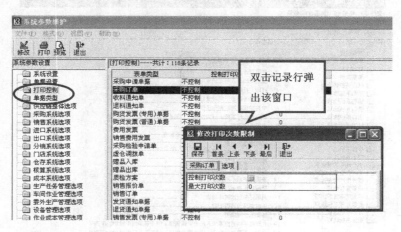

▶ 图 4-23

打印控制是对每个单据类型的打印次数进行限制的设置，是为避免单据重复多次打印，同时限制业务单据的处理范围的控制。双击要修改的打印单据，打开"修改打印次数限制"设置窗口，在"控制打印次数"处打勾，表示进行打印控制，并在"最大打印次数"处录入次数即可。在此暂不用设置。

（5）在"系统参数维护"窗口单击"单据类型"项目，切换到"单据类型"设置窗口，如图 4-24 所示。

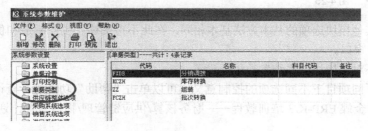

▶ 图 4-24

单据类型是为对业务单据进行细分类，以最大限度利用单据来实现实际工作中纷繁复杂的业务处理而设置的。单据类型主要应用于对其他入库单和其他出库单的分类管理。这是因为在企业实际业务中，不属于主要业务处理的货物入库、出库会使用其他入库单和其他出库单来完成。

（6）单击"供应链整体选项"项目，切换到"供应链整体选项"设置窗口，如图 4-25 所示。

供应链整体选项是对采购、销售、仓存和委外等模块具有共性的项目进行设置。

控制项目的设置方法是：如果"参数值"处是单选框则单击后选中，表示进行控制；如果可以直接录入数字，则可以直接修改数据；如果有下拉按钮，则单击下拉按钮进行选择设置即可。

由于不同模块具有不同的控制范围，金蝶 K/3 系统又针对不同模块设置了不同的设置项目。例如，要对"仓存模块"的控制项目进行设置，选择左侧的"仓存系统选项"切换到"仓存系统"参数维护窗口，即可进行设置。

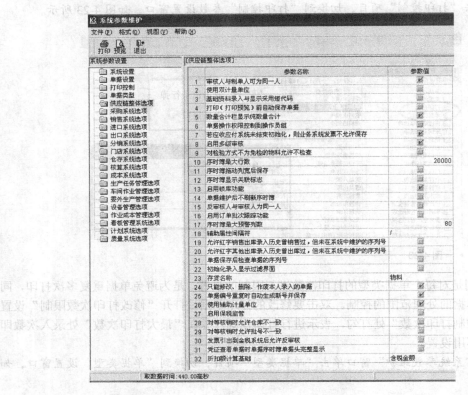

▶ 图 4-25

由于设置其他模块选项的基本方法基本相同，在此不再赘述。生产制造和供应链系统的系统设置在同一个窗口。

本账套暂不对各模块的系统参数进行设置。

若要了解不同项目下不同选项的控制意义，可以单击"帮助"功能进行查询，也可查询本书作者所著的《金蝶ERP-K/3培训教程——财务核算/供应链管理/物料需求计划》。

注

在以后的业务处理中，如果某些控制达不到要求，都要养成返回"系统设置"查看相关模块"系统参数"设置情况的习惯，并且可以对控制选项进行设置。

4.5 基础资料设置

金蝶K/3的系统多，囊括的内容多，因此将基础资料细分为两个大部分：公共资料和各个系统的基础数据。公共资料是管理多个系统都会使用的公共基础数据，如会计科目、客户、物料等信息资料；各个系统的基础数据，是公共资料不能满足业务需求时，还要进行设置的资料，如应收款下的信用管理、价格、折扣等资料。

本实例账套所涉及的基础数据请参阅第 2 章。

4.5.1 币别

币别是针对企业经营活动中涉及的外币进行管理，如港币、美元（注：外币在此是针对本位币人民币而言）。功能有新增、修改、删除、币别管理、禁用、禁用管理、相关属性、引出、打印、预览。将表 2-1 中的币别新增入账套，操作步骤如下。

（1）双击【系统设置】→【基础资料】→【公共资料】→【币别】，系统弹出币别管理窗口，如图 4-26 所示。

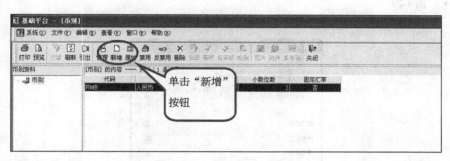

▶ 图 4-26

（2）单击工具栏上的"新增"按钮，弹出"新增"窗口，如图 4-27 所示。

（3）在"币别代码"处录入"HKD"，在"币别名称"处录入"港币"，在"记账汇率"处录入"0.86"，如图 4-28 所示。

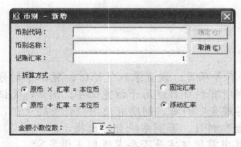

▶ 图 4-27

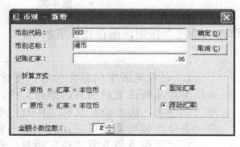

▶ 图 4-28

（4）单击"确定"按钮，保存设置。这时，在"币别"窗口可以看到已经新增的"港币"。

4.5.2 凭证字

凭证字是管理凭证处理时所需的凭证字类别，如收、付、转、记等。本实例账套使用"记"凭证字。新增表 2-2 中的数据，操作步骤如下。

（1）双击【系统设置】→【基础资料】→【公共资料】→【凭证字】，弹出凭证字管理窗口，如图 4-29 所示。

（2）单击工具栏上的"新增"按钮，弹出"新增"窗口；在凭证字处录入"记"，其他保持默认值，如图 4-30 所示。

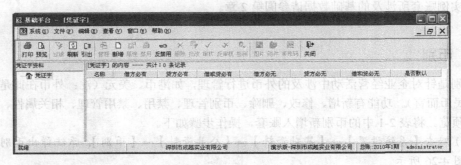

▶ 图 4-29

▶ 图 4-30

单击"确定"按钮,保存凭证字新增。

注

1. 科目范围下的借方必有、贷方必有等项目:设置录入凭证时,凭证中的分录必须要涉及所设置的项目,如为空值,则所有科目都适用于该凭证字。例如,凭证字为"记"字,借方必有获取"1001—库存现金"科目,则所有使用"记"的凭证,其中一条分录必须要使用"1001—库存现金"科目,否则系统会弹出提示。
2. "限制多借多贷凭证"项目:设置当前凭证字是否要求限制多借多贷。

4.5.3 计量单位

计量单位是在系统进行进销存模块、存货核算和固定资产资料录入时,为各不同的存货、固定资产设置的计量标准,如个、条、台等。新增表 2-3 中的数据,操作步骤如下。

(1) 双击【系统设置】→【基础资料】→【公共资料】→【计量单位】,弹出"计量单位"管理窗口,如图 4-31 所示。

初次使用"计量单位"功能时,需先进行单位分组,然后在各组别下新增计量单位。

(2) 选中左侧"计量单位资料"下的"计量单位",单击工具栏上的"新增"按钮,弹出"新增计量单位组"窗口,录入"数量组",如图 4-32 所示。

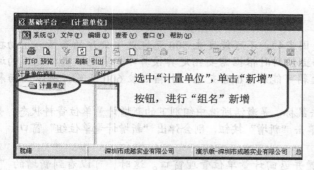

▶ 图 4-31

▶ 图 4-32

（3）单击"确定"按钮，保存设置并返回计量单位管理窗口。这时，可以看到左侧新增的计量单位组资料。

（4）重复步骤（2），新增"其他组"。

（5）选中左侧"计量单位"下的"数量组"，然后在右侧窗口任意处单击鼠标，再单击工具栏上的"新增"按钮，系统弹出"计量单位—新增"窗口；代码录入"11"，名称录入"PCS"，系数录入"1"，换算方式保持不变，如图 4-33 所示。

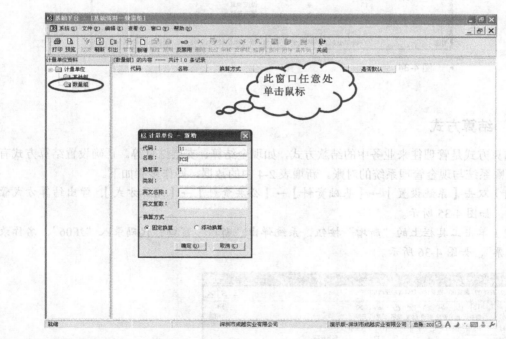

▶ 图 4-33

注

1. 换算率是与默认计量单位的换算系数。非默认计量单位与默认计量单位的系数换算为乘的关系，即 1（默认计量单位系数）× 非默认计量单位系数。一个单位组中只能有一个默认计量单位。换算率为 1 时表示它们之间呈无换算关系。

2. 换算方式：金蝶 K/3 提供了两种计量单位换算方式，即固定换算和浮动换算方式。固定换算方式是指当前的计量单位与默认计量单位间始终维持固定的换算比率，如克与公斤之间的换算是固定的，不可能发生 500 克也是 1 公斤的事情；浮动换算计量单位则可在物料、单据上使用时根据需要指定其换算率，实现了更加灵活的运用，如支与箱之间的换算，大箱可能装 1 000 支笔，小箱则装 600 支笔，所以支与箱之间的换算关系就是浮动的。

3. 在右侧窗口任意处单击鼠标，是激活所选中组别下的新增计量单位资料状态。如果光标激活状态在左侧窗口，单击"新增"按钮，则会弹出"新增计量单位组"窗口。

（6）单击"确定"按钮，保存设置并返回计量单位管理窗口。这时，可以看到新增的"计量单位"资料。

（7）重复步骤（5）的方法，将表中其他数据新增入账套。新增完成的窗口如图 4-34 所示。

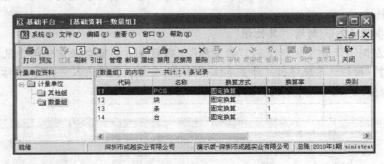

▶ 图 4-34

4.5.4 结算方式

结算方式是管理往来业务中的结款方式，如现金结算、支票结算等。正确设置结算方式有利于总账系统与现金管理系统的对账。新增表 2-4 中的数据，操作步骤如下。

（1）双击【系统设置】→【基础资料】→【公共资料】→【结算方式】，弹出结算方式管理窗口，如图 4-35 所示。

（2）单击工具栏上的"新增"按钮，系统弹出"新增"窗口；代码录入"JF06"，名称录入"支票"，如图 4-36 所示。

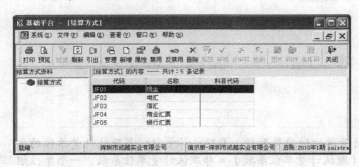

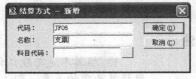

▶ 图 4-35　　　　　　　　　　　　　　　▶ 图 4-36

（3）单击"确定"按钮，保存设置并返回结算方式管理窗口。这时，可以看到窗口中已经新增的结算方式。

> **注**
> "新增"窗口中的"科目代码"是用来设置只有某个银行科目才能使用该种结算方式,如为空值则表示任意银行科目都可以使用。

4.5.5 会计科目设置

会计科目是填制会计凭证、登记会计账簿、编制会计报表的基础。会计科目是对会计对象具体内容分门别类进行核算所规定的项目。会计科目是一个完整的体系,它是区别于流水账的标志,是复式记账和分类核算的基础。会计科目设置的完整性影响着会计过程的顺利实施,会计科目设置的层次深度直接影响会计核算的详细、准确程度。除此之外,对于电算化系统,会计科目的设置是用户应用系统的基础,它是实施各个会计手段的前提。

会计科目的一级科目设置必须符合会计制度的规定,而对于明细科目,核算单位可以根据实际情况,在满足核算和管理要求及报表数据来源的基础上进行设置。

会计科目设置的重点是明细科目的设置和属性的设置。因前面已经引入"新会计准则科目"的科目,在该基础上增加相应的明细科目并进行相应属性设置。

1. 现金、银行类科目设置

在企业日常业务中,银行科目下可能会有多个银行账号需要管理,在此先练习现金和银行类会计科目的设置方法。现金、银行类科目设置的重点是选择核算的币别。将表 2-5 中的数据新增入账套,操作步骤如下。

(1) 双击【系统设置】→【基础资料】→【公共资料】→【科目】,打开会计科目管理窗口,如图 4-37 所示。

▶ 图 4-37

（2）单击窗口左侧的【科目】→【资产】→【流动资产】，这时系统将"流动资产"下的所有会计科目显示出来；在窗口右侧选中"库存现金"科目，单击工具栏上的"新增"按钮，弹出"会计科目—新增"窗口，如图4-38所示。

（3）科目代码录入"1001.01"，科目名称录入"人民币"，如图4-39所示。

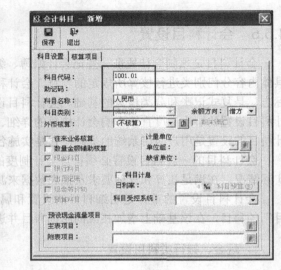

▶ 图 4-38   ▶ 图 4-39

（4）单击"保存"按钮，保存当前设置。

表中其他会计科目请自行录入，当新增"1001.02 港币"和"1002.02 人行东桥支行128"时，一定要注意"外币核算"的选择。新增完成的窗口如图4-40所示。

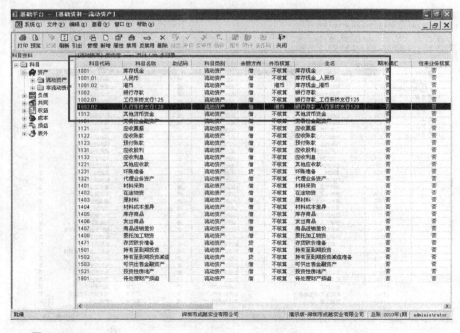

▶ 图 4-40

说明

选择菜单【查看】→【选项】，在弹出的"选项"设置窗口中，选中"显示级次"下的"显示所有明细"，有利于查看科目大类下的所有明细科目。

2. 往来科目设置

往来科目在此指的是应收账款和应付账款科目。在会计工作中，需要知道应收、应付下每一明细账户的发生额和余额，所以在软件中要能处理每一个往来单位、每一笔业务是十分必要的。往来类会计科目根据使用模块系统的不同，可以有不同的设置。

方式一：总账系统单独使用，采用增加二级明细科目的方式。如有客户 A，设置科目代码为"1131.01"，科目名称录入"A"。当录入凭证涉及 A 客户的业务时，在凭证录入界面会计科目获取"1131.01"即可完成 A 客户的核算。

方式二：总账系统单独使用，采用核算项目的方式。不用在应收账款下增加明细科目，直接修改"应收账款"的科目属性为有"核算项目"功能。在录入凭证时录入"应收账款"科目后，同时可录入要求"核算项目"信息，这样也能起到核算明细的功能。

方式三：总账系统与应收、应付系统联接使用，并且往来会计科目应控于应收或应付系统。在会计科目中可以不用设置明细科目，这样在总账系统中只能看到"应收账款"的总账数据。每一客户的明细账是在应收、应付系统下查询的，因为应收、应付系统提供了详细的业务处理功能，并且对每一笔业务都能详细查询。

本账套采用第二、三方式合用，即在总账中能查询到每一客户的往来情况，在应收或应付系统中也能查询到对应的业务单据情况。

以表 2-6 中的数据修改往来科目的科目属性，操作步骤如下。

（1）在会计科目管理窗口，选中"1122—应收账款"科目并双击，或者单击工具栏上的"属性"按钮，系统弹出"会计科目—修改"窗口，如图 4-41 所示。

（2）单击"科目受控系统"旁的下拉按钮，选择"应收应付"项目，如图 4-42 所示。

▶ 图 4-41

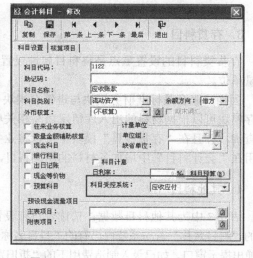

▶ 图 4-42

（3）单击"核算项目"选项卡中的"增加核算项目类别"按钮，弹出"核算项目类别"选择窗口，如图 4-43 所示。

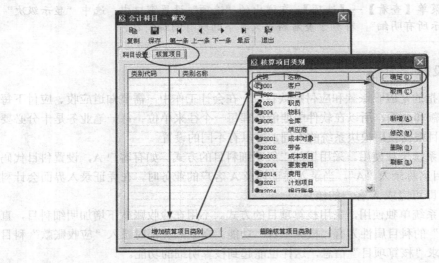

▶ 图 4-43

（4）在"核算项目类别"窗口，选中"客户"项，单击"确定"按钮；再单击"会计科目—修改"窗口中的"保存"按钮，保存设置。其余科目请读者自行设置。

说明

1. 若需知道某笔业务是哪个客户的，并且是哪个销售人员经手的，可以再增加一个"核算项目"，即"职员"。这样在录入凭证时涉及该科目时，系统会提示录入客户、职员信息，这样就起到了多核算的功能。
2. 若用户单独使用"总账"系统时，建议将"往来核算业务"选中，这样在录入涉及该科目的凭证时，系统会提示录入往来业务的编号，并且在"往来对账单"和"账龄分析表"中能使用到该业务号。
3. 该科目使用后，则不能再为该科目新增核算项目类别。

3．存货科目

存货类科目的设置重点是将科目属性设置为"数量金额辅助核算"，并选择核算时使用的计量单位。

因当前账套是标准财务模块与进销存模块（采购、销售、仓库、存货核算）连接使用，进销存模块可以根据材料的出入库情况填写相关单据，各种材料的明细账表也可以在进销存模块中查询；并且在"存货核算"模块中可以将业务单据生成凭证传递到"总账"系统，这样可以不用在"会计科目"中增加各材料的明细科目，也能起到材料核算效果。

4．其他科目

表 2-7 中为其他科目数据，请读者自行设置。当前录入的"科目名称"若与系统内已有的"科目名称"相同，则会弹出提示窗口。如已录入制造费用下的"折旧费"，在录入营业费用下的"折旧费"时，系统会弹出提示，如图 4-44 所示，根据实际情况选择即可。

▶ 图 4-44

> **注**
> 1. 企业在不断开展业务，在启用账套后，涉及新的科目可随时增加。
> 2. 在已发生业务的科目下，再增加一个子科目，系统会自动将父级科目的全部内容转移到新增的子科目，该项操作不可逆。例如，以前账套没有涉及外币，"现金"科目下的数据就是"本位币"数据，当企业由于业务需要涉及外币，在"现金"科目新增"人民币"子科目时，系统会自动将"现金"科目下已有的数据（所有发生额）转移到"人民币"下。

4.5.6 核算项目

在金蝶 K/3 中，核算项目是指一些具有相同操作、相似作用的一类基础数据的统称。将具有这些特征的数据统一归到核算项目中，这样管理起来比较方便，操作起来也比较容易。

核算项目的共同特点如下。

（1）具有相同的操作，如新增、删改、禁用、条形码管理、保存附件、审核等，并可以在业务单据中通过 F7 键获取调用等。

（2）核算项目是构成单据的必要信息，如录入单据时需要录入客户、供应商、商品、部门、职员等信息。

（3）本身可以包含多个数据，并且这些数据需要以层级关系保存和显示。

系统中已预设了多种核算项目类型，如客户、部门、职员、物料、仓库、供应商、成本对象、劳务、成本项目、要素费用、分支机构、工作中心、现金流量项目等。用户也可以根据需要自定义所需的核算项目类型。

双击【系统设置】→【基础资料】→【公共资料】→【核算项目管理】，打开"核算项目"管理窗口，如图 4-45 所示。

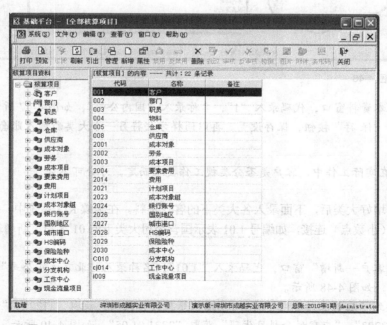

▶ 图 4-45

单击"核算项目"前的"+",可以层层查看相应项目下的内容。

1. 客户

客户是企业生产经营的对象,准确地设置客户信息,对往来账务管理非常有利。客户管理是销售管理的重要组成部分,同时也是应收款管理、信用管理、价格管理不可或缺的基本数据。新增表 2-8 和表 2-9 中的数据。

为方便管理,可以对客户进行分类,即先建立客户大类。参照表 2-8 新增客户大类,操作步骤如下。

(1)在核算项目窗口,单击【核算项目】→【客户】,在右侧"内容"窗口任意位置单击鼠标,再单击工具栏上的"新增"按钮,弹出"新增"窗口,如图 4-46 所示。

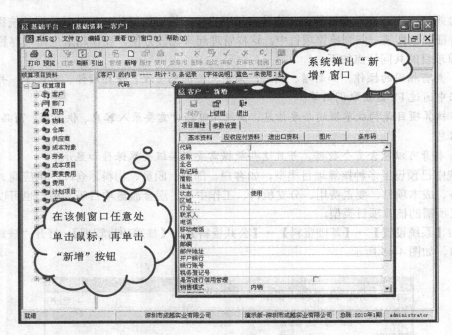

▶ 图 4-46

(2)在基本资料窗口,代码录入"1",名称录入"国内公司",如图 4-47 所示。
(3)单击"保存"按钮,保存设置。再以同样方法将另一个大类新增入账套。

注

在实际工作中,客户是否分类视工作要求而定,可分可不分。

对客户新增好大类后,下面录入各大类下的客户资料。在金蝶 K/3 系统中,上级与下级的编号以是"."(小数点)连接,如编号 1.01 表示国营公司大类下的 01 客户。新增表 2-9 中数据,操作步骤如下。

(1)在"客户—新增"窗口,代码录入"1.01",名称录入"北京远东公司",默认运输提前期录入"2",如图 4-48 所示。
(2)切换到"应收应付资料"窗口,"应收账款科目代码"获取"1122","预收账款科目代码"获取"2203","应交税金科目代码"获取"2221.01.05",如图 4-49 所示。

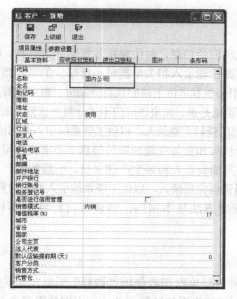
▶ 图 4-47

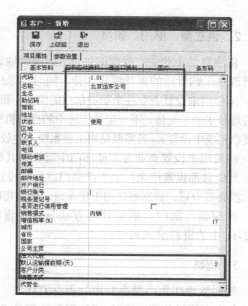
▶ 图 4-48

（3）单击"保存"按钮，保存资料录入。录入完成，单击"退出"按钮，返回"核算项目"窗口。新增完成的窗口如图4-50所示。

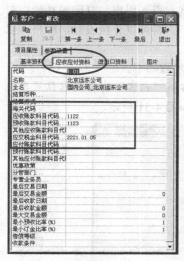
▶ 图 4-49

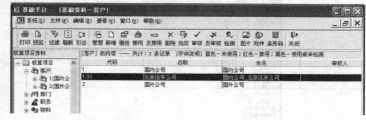
▶ 图 4-50

若要修改客户档案，选中后单击工具栏上的"属性"按钮，在弹出的客户档案修改窗口中，将要修改的项目修改正确后单击"保存"按钮即可。要对客户档案进行删除、禁用等操作，选中后单击工具栏上的相应按钮即可。

说明

企业地址、联系人和联系电话等项目是否需要录入视企业管理要求而定，用户可以自行录入。在客户档案中预先录入"会计科目"是为了方便在应收款模块生成凭证时系统自动获取该科目，以提高生成凭证的效率。

2. 供应商、部门、职员

供应商是企业生产经营的供货者，准确地设置供应商信息，对往来账务管理非常有利。供应商管理是采购管理的重要组成部分，同时也是应付款管理录入相关单据时不可缺少的基本数据。

部门用来设置企业各个职能部门的信息。部门指某核算单位下辖的具有分别进行财务核算或业务管理要求的单元体，不一定是实际中的部门机构（也就是说，如果该部门不进行财务核算，则没有必要在系统中设置）。若需要使用工资系统，建议将部门资料完整录入，以供工资系统引入部门信息。

职员用来设置企业各职能部门中需要对其进行核算和业务管理的职员信息。不需将公司所有的职员信息都设置进来，如生产部门就只需设置生产部负责人和各生产部文员，一般的生产人员在此没必要设置。若需要使用工资系统，建议将职员资料完整录入，以供工资系统引入职员信息。

供应商、部门、职员管理方法与客户资料管理方法基本相同，请读者自行将表 2-10 和表 2-11 中的资料录入系统。

3. 物料

物料管理在生产型企业中处于重要环节，各种材料单据都要使用"物料"资料，如采购入库单和生产领料单等。同时，"物料"管理是"计划管理"系统计算相关计划周期的重要参考值，如其中原材料 A 的提前期为 3 天，而生产需在 2010-1-15 使用该原料，并且没有多余的该原料，则系统展开 MRP 运算时会自动计算出该物料应该在 2010-1-12 下达采购订单和采购数量，这样才能保证生产的正常进行。系统还提供了最高库存、最低库存控制。

物料设置提供增加、修改、删除、复制、自定义属性、查询、引入引出、打印等功能，对企业所使用的物料进行集中、分级管理。同其他核算项目一样，物料可以分级设置，用户可以从第一级到最明细级逐级设置。

新增表 2-12 中数据，介绍"物料"资料的新增方法，操作步骤如下。

（1）在核算项目窗口，单击【核算项目】→【物料】，在右侧"内容"窗口任意位置单击鼠标，再单击工具栏上的"新增"按钮，弹出"新增"窗口，如图 4-51 所示。

▶ 图 4-51

（2）先进行物料类别设置。单击"新增"窗口工具栏上的"上级组"按钮，切换到"上级组"设置窗口，代码录入"1"，名称录入"原材料"，如图4-52所示。单击"保存"按钮，保存设置。

用同样方法将其他类别新增入账套，单击"退出"按钮，退出新增窗口返回物料窗口。类别新增完成的窗口如图4-53所示。

▶ 图4-52

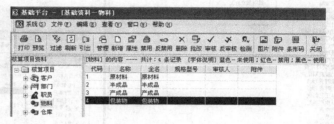

▶ 图4-53

（3）增加物料明细资料。单击工具栏上的"新增"按钮，弹出"新增"窗口，在"基本资料"标签页窗口，代码录入"1.01"，名称录入"笔芯"，规格型号录入"蓝色"，物料属性选择"外购"，计量单位组选择"数量组"，基本计量单位选择"PCS"，其他项目保持默认值，如图4-54所示。

（4）切换到"物流资料"选项卡，采购单价录入"1"，计价方法选择"加权平均法"，存货科目代码选择"1403"，销售收入科目代码选择"6001"，销售成本科目代码选择"6401"，如图4-55所示。

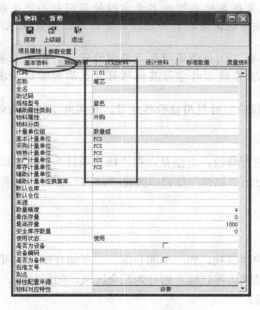

▶ 图4-54

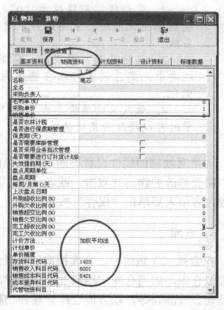

▶ 图4-55

（5）切换到"计划资料"选项卡，固定提前期录入"3"，变动提前期录入"0"，其他项目保持默认值，如图4-56所示。

（6）单击"保存"按钮，保存资料录入。其他物料资料请自行录入。录入完成的窗口如图4-57所示。

4 Day

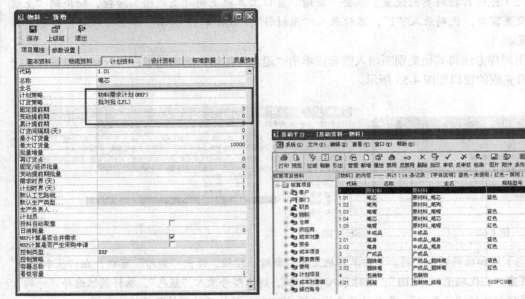

▶ 图 4-56　　　　　　　　　　▶ 图 4-57

注

1. 明细资料与上级资料的代码联系以"."（小数点）连接。
2. 变动提前期修改为"0"，也就是说本账套暂时不考虑因批量问题而产生的提前期变化问题，主要是为了使各位读者能快速、容易地理解并熟练操作金蝶 K/3 系统。
3. 其他项目，如最高、最低库存和默认仓库等项目是否需要设置，由企业管理要求而定。读者可以在熟练操作 K/3 系统后再学习其他项目设置后的管理要求变化。
4. 录入采购单价是为了在"模拟报价"时引用该价格练习，在实际下达采购订单时可以修改为正确的单价。

如果对物料的属性设置不满意，可以随时进行修改，方法是：在"核算项目"管理窗口，选中需要修改的物料并双击，或者单击工具栏上的"属性"按钮，弹出"修改"窗口，将所需修改内容录入后单击"保存"按钮即可。

4. 仓库

在金蝶 K/3 系统中，仓库档案既可以是实物建筑物，如一车间仓库、二车间仓库，也可以是虚拟仓库，如当仓库实地只一个仓库时，可以默认将该地方划分为几个区域，如原材仓、半成品仓、成品仓等，以方便仓库管理和物料管理。

金蝶 K/3 系统对仓库档案提供新增、修改和删除功能。以新增表 2-13 中的数据为例，介绍"仓库"档案的新增方法，操作步骤如下。

（1）在核算项目窗口，单击【核算项目】→【仓库】，在右侧"内容"窗口任意位置单击鼠标，再单击工具栏上的"新增"按钮，系统弹出"新增"窗口，如图 4-58 所示。

（2）代码录入"01"，名称录入"原材仓"，其他项目保持默认值，如图 4-59 所示。

▶ 图 4-58

▶ 图 4-59

（3）单击"保存"按钮，保存设置，其他仓库档案请读者自行录入。新增完成的仓库档案如图 4-60 所示。

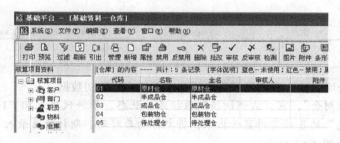
▶ 图 4-60

涉及业务模块和生产制造模块的系统设置和基础资料设置基本完成，若读者还需更详细地练习其他功能设置，如采购价格管理、信用管理等，请读者自行练习，或者参考本书作者所著的《金蝶 ERP-K/3 培训教程——财务核算/供应链管理/物料需求计划》。

4.6　业务初始数据录入

为保证数据有效地与上一期间衔接，并保证日后的财务核算，必须录入初始数据，如期初库存等。

启用业务系统必须录入的初始数据有如下几种。

（1）仓库期初数据，指仓库中各种物料的期初数据和期初金额，若是年中启用业务系统，必须录入累计入库数量、入库金额、累计出库数量和出库金额。本账套需要录入表 2-14 中的期初数据。

（2）录入启用期前的未核销销售出库单，指在账套启用期间前已销售发货，但是未开具销售发票的出库单，需要作为期初数据录入。

（3）录入启用期前的暂估入库单，指在账套启用期间前因采购业务发生的外购入库，货已到但是发票未到的暂估入库单据。

（4）录入启用期前的未核销委外加工出库单。录入账套启用期前已因委外业务发生的委外发出材料，但是还没有委外加工入库的物料数量。

（5）录入启用期的暂估委外加工入库单，指在账套启用期间前因委外业务发生的委外加工入库，货已到但是发票未到的暂估委外加工入库单据。

以上期初数据录入功能位于【系统设置】→【初始化】→【仓存管理】下的明细功能中。

以表 2-14 中数据作为物料的期初数据录入，操作步骤如下。

（1）双击【系统设置】→【初始化】→【仓存管理】→【初始数据录入】，打开初始数据录入窗口，如图 4-61 所示。

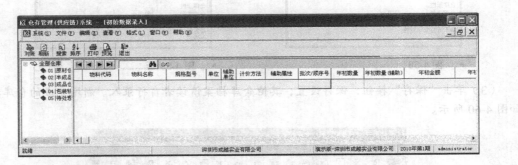

▶ 图 4-61

窗口左侧是仓库名称，右侧显示所选择仓库下包含的期初数据。

（2）单击"原材仓"，窗口右侧切换到数据录入状态，物料代码录入"1.01"，系统自动将"1.01—笔芯—蓝色"的基础资料显示出来；将光标向后移动，期初数量录入"300"，期初金额录入"300.00"，如图 4-62 所示。

▶ 图 4-62

（3）单击"新增"按钮，继续录入该仓库下的第二条期初数据，完成后单击"保存"按钮即可。录入另一仓库的期初数据的方法是：在窗口左侧选择对应的仓库名称，然后再到窗口右侧录入期初数据。请读者自行录入表 2-14 中的期初数据，录入完成的窗口如图 4-63 所示。

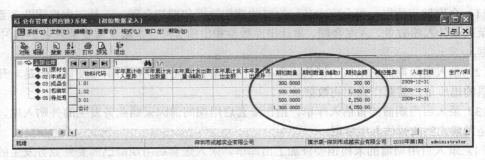

▶ 图 4-63

注

1. 在录入物料代码时，可以手工录入，也可以单击工具栏上的"查看"按钮，或按 F7 功能键获取物料基础档案。
2. 由于期初数量和期初金额位于录入窗口的右侧，如果看不到时，可以单击滚动条向右移动。
3. 为了预防数据丢失，在实际应用中，建议每录入 10 条期初数据就保存，之后再进行新增处理。
4. 初始录入完成后，一定要检查数据是否正确，待业务系统启用后再进行数据调整就会非常麻烦。

4.7 启用业务系统

基础资料录入完成和初始数据录入正确后，可以启用业务系统。启用业务系统后才能进行业务模块日常业务处理，如外购入库和生产领料等业务操作。

双击【系统设置】→【初始化】→【仓存管理】→【启用业务系统】，弹出提示窗口，如图 4-64 所示。

在实际操作过程中，一定要注意窗口上的提示语。在此单击"是"按钮，稍后系统提示重新登录，录入用户名和密码，单击"确定"按钮；再查询【系统设置】→【初始化】→【仓存管理】，当只显示"反初始化"功能时，表示启用成功。

图 4-64

若要修改期初数据，可以单击反初始化按钮，再重新进入期初数据录入窗口进行期初数据录入。

Day 5 第5章
用户管理

学习重点
- 用户设置
- 权限设置

用户管理是对使用本账套的操作员进行管理，对操作员使用账套的权限进行控制，可以控制操作员只能登录指定的账套，指定操作只能对账套的什么子系统、什么模块有使用或管理的权限等，如某操作员只能录单不能修改单据，则只授予其录单权限，不授予其修改权限。

用户管理有两种设置方法，一种是在"账套管理"窗口，选中要进行用户管理的账套，单击工具栏上的"用户"，在弹出的"用户管理"窗口中可以进行用户的新增、修改和删除等工作；另一种是以"Administrator"身份登录账套后，在【系统设置】→【用户管理】→【用户管理】→【用户管理】中进行用户设置。本实例账套采用第2种方法。

系统中已经预设有6个用户和3个用户组，将表2-15中的用户新增入账套，并进行相应授权。

5.1 用户组新增

为方便管理用户信息，可以将具有类似权限的用户进行分组管理。以表 2-15 所示数据进行组别的新增操作，步骤如下。

（1）以"Administrator"身份登录"深圳市成越实业有限公司"账套，双击【系统设置】→【用户管理】，弹出"用户管理"窗口，如图5-1所示。

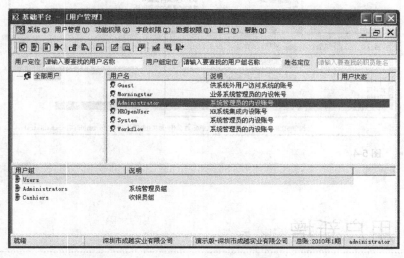

▶ 图 5-1

（2）单击菜单【用户管理】→【新建用户组】，弹出"新增用户组"窗口，如图5-2所示。

（3）"用户组名"录入"财务组"，"说明"录入"总账、应收、应付、存货核算"，如图5-3所示。

（4）设置完成单击"确定"按钮，保存录入。以同样方法新增其他用户组并保存，新增成功的窗口如图5-4所示。

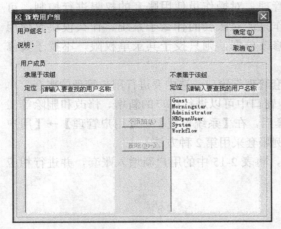
▶ 图 5-2

▶ 图 5-3

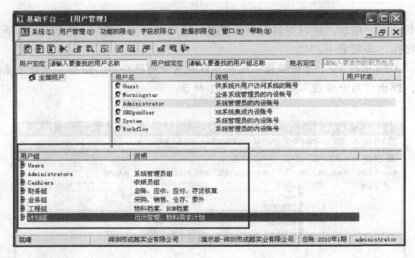
▶ 图 5-4

5.2 用户新增

以新增"陈静"用户为例讲述用户新增操作，步骤如下。

（1）单击菜单【用户管理】→【新建用户】，弹出"新增用户"窗口，如图 5-5 所示。

（2）获取用户名。在用户姓名处单击"▦（获取）"按钮，弹出"核算项目—职员"窗口，如图 5-6 所示。

（3）双击"陈静"记录行，系统自动返回新增用户名窗口，并将"陈静"用户名获取到窗口中。单击"认证方式"选项卡切换到"认证方式"设置窗口，选择"密码认证"选项，密码为空值，留由用户自行修改，如图 5-7 所示。

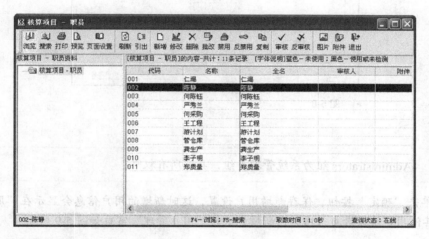

▶ 图 5-5

▶ 图 5-6

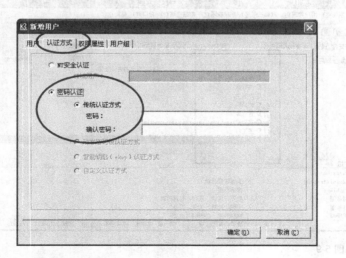

▶ 图 5-7

第 5 章 用户管理

注

用户姓名若不使用获取方法，也可以手工录入。

（4）单击"用户组"选项卡，选中"不隶属于"下的"Administrators"，单击"添加"按钮，将"陈静"隶属于"Administrators"，如图5-8所示。

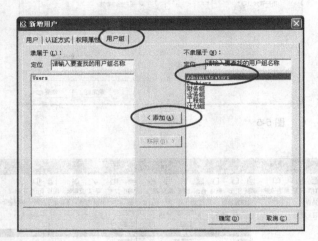

▶ 图 5-8

说明

Administrators 组为系统管理员组，具有所有权限。

（5）单击"确定"按钮，保存新增用户设置，这时新增的用户信息会显示在"用户管理"窗口中。其他用户请读者自行增加，新增完成的"用户管理"窗口如图5-9所示。

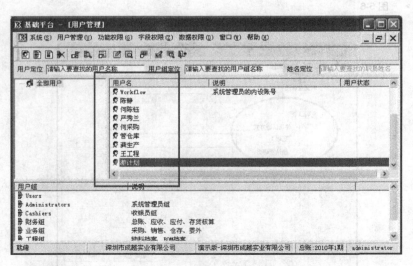

▶ 图 5-9

5.3 权限设置

权限能有效地控制操作员不能使用超出自身业务范围的功能，如管理销售业务的操作员不能进行采购订单的管理。

下面以设置"管仓库"的权限为例介绍简单权限设置方法，操作步骤如下。

（1）在"用户管理"窗口，选中"管仓库"用户，单击菜单【功能权限】→【功能权限管理】，弹出"权限管理"窗口，如图 5-10 所示。

（2）在"权限管理"窗口，选中"基础资料"下的"查询权"，再向下移动滚动条选择"仓存管理系统"下的"查询权"和"管理权"，如图 5-11 所示。

▶ 图 5-10

▶ 图 5-11

（3）单击"授权"按钮，保存权限设置。

以设置"游计划"的权限为例，介绍高级权限设置方法。操作步骤如下。

（1）若"游计划"操作员在简单权限设置方法下，只有一个"生产管理系统"可选择，则设置的权限太多，不利于权限控制。在"用户管理"窗口，可选中"游计划"用户，单击菜单【功能权限】→【功能权限管理】，弹出"权限管理"窗口，先选择"基础资料"下的"查询权"，再单击窗口右侧的"高级"按钮，打开"用户权限"的高级设置窗口，如图 5-12 所示。

在"用户权限"窗口可以详细设置用户的权限功能，先选择左侧的权限列表，再到右侧的对应功能上打勾表示选中。单击"授权"按钮对所选中的功能进行授权，单击"关闭"按钮返回"权限管理"窗口。

（2）在窗口左侧向下滚动选择"生产管理—生产数据管理"，系统自动将该功能具有的明细权限列出，选择"工厂日历"项，窗口右侧将该功能下具有的对应权限控制列出，选中"修改"和"查看"，如图 5-13 所示。

（3）单击"授权"按钮，稍后按钮变为灰色，表示授予权限成功。光标移至左侧"系统对象"，选择"生产管理—物料需求计划"下的"MRP 计算"再授予权限，只要是"物料需求计划"下的权限都要一一设置;选中"生产管理—计划公用设置"下的所有权限,选中"供应链物流单据(不包含库存单据)"下的"采购申请单"的新增权限,请读者自行设置。

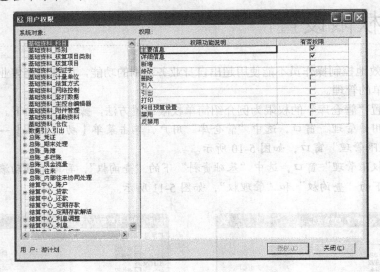

▶ 图 5-12

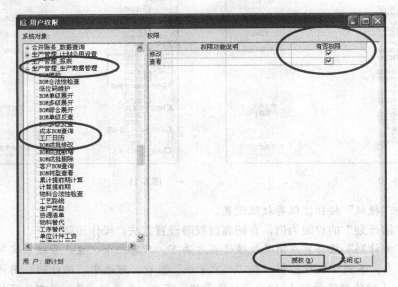

▶ 图 5-13

陈静因属于"系统管理员组",具有所有权限,所以不用再设置权限。其余用户的权限请读者自行设置。

提示

1. 在设置每一位操作员的权限时,请在"高级"权限设置窗口中,将"基础资料—主控台编辑器"选中,这样可以设置每一位操作员的操作界面;然后以每一位操作员登录账套后,在主控台编辑器中只选中本操作员需要使用的功能,这样可使主控台界面更简单直观。

2. 为了不影响练习进度,建议权限设置后,将所有用户设置隶属于"Administrators"组。

5.4 用户属性、用户删除

用户属性是设置该用户的信息,如更改名称、认证方式等。用户删除是将未用本账套的用户从系统中删除,已发生业务的用户不能删除,但可利用"用户属性"功能,选中"此账号禁止使用"项,则以后该用户的账号不能再登录本账套。

单击菜单【用户管理】→【属性】功能,弹出"用户属性"窗口,如图 5-14 所示。

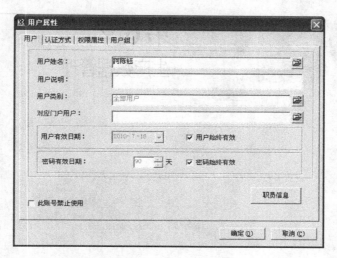

▶ 图 5-14

在"用户属性"窗口,可以修改该用户的名称、密码和隶属于的组别,以及是否禁用。

当某些用户未使用该账套时,为了方便管理可以从系统中将该用户删除,方法是在"用户管理"窗口选中要删除的用户,单击菜单【用户】→【删除】功能即可。

Day 6

第6章
生产数据管理

学习重点
- BOM 档案的建立、审核、使用和修改
- BOM 档案的正向查询、反向查询
- 工厂日历修改

6.1 BOM 管理

BOM（Bill Of Material）：物料清单，是指物料（通常是成品或半成品）的组成情况，如一台计算机由几个 CPU、几根内存条、多少块硬盘、多少颗螺丝等物料组装而成，也叫做产品结构清单或物料配方。正确设置 BOM 档案是金蝶 K/3 系统 MRP（物料需求计划）计算的基本要求。

一个完整的 BOM 档案应该包括以下几项内容。

（1）物料关系，即一个成品或半成品由什么物料组成，如"实例 2-1"图 2-1 中的 BOM 档案，可以知道蓝色圆珠笔由蓝色笔帽、蓝色笔身和纸箱组成，得到蓝色笔身的前提是要将蓝色笔芯和笔壳外发加工好后才可以得到成品圆珠笔。

（2）数量关系，即一个成品或半成品由多少数量的物料组成，如"实例 2-1"图 2-1 中的 BOM 档案，1PCS 蓝色圆珠笔由 1PCS 笔帽等物料组成，但是纸箱只使用了 0.002PCS。

（3）时间关系，通常是指周期时间，外购件是指采购提前期，自制件是指加工提前期，委外件是指委外加工的提前期。物料周期时间在"基础资料"中设置，如表 2-12 中的"固定提前期"。

通过 BOM 档案的以上 3 项要点，在 MRP 展开计算时，可以正确地根据需求计算需要什么物料、需要多少数量、什么时间需要，真正做到"适时、适量"的计划原则。

> **注**
> 本书实例账套的启用期间是 2010 年 1 月，为了更好地学习本书中的实例操作，练习本实例账套时请将"计算机的日期"修改为 2010 年 1 月 1 日。

6.1.1 BOM 档案的录入

BOM 档案的录入方法是每一个层级录入一个清单，以"实例 2-1"为例练习 BOM 档案的录入方法。

"实例 2-1"的 BOM 档案有 2 个层级，先录入"蓝色—笔身"的 BOM 档案，操作步骤如下。

（1）以"王工程"身份登录"深圳市成越实业有限公司"账套。双击桌面"金蝶 K/3 主控台"图标，系统弹出"金蝶 K/3 系统登录"窗口；账套选择"002 深圳市成越实业有限公司"，用户名录入"王工程"，如图 6-1 所示。

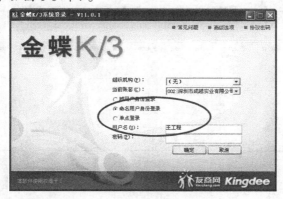

▶ 图 6-1

（2）单击"确定"按钮，系统打开"流程图"模式窗口，单击菜单【系统】→【K/3 主界面】，切换到主界面模式；再选择菜单【系统】→【设置】→【主控台编辑】功能，将王工程不使用的功能模块隐藏，隐藏后的界面如图 6-2 所示。

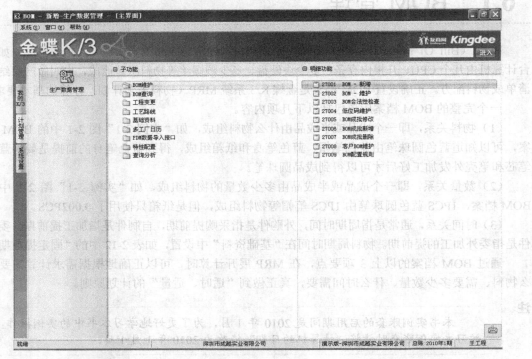

▶ 图 6-2

（3）双击【生产管理】→【生产数据管理】→【BOM 维护】→【BOM 新增】，弹出 BOM 单录入窗口，如图 6-3 所示。

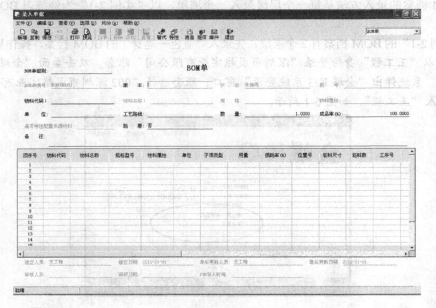

▶ 图 6-3

106] 金蝶 ERP-K/3 模拟实战——财务/供应链/生产制造（第 2 版）

窗体上部称为表头，主要是录入母件的产品信息，如物料代码、数量等。窗体中部表格称为表体，主要是录入子件信息，如一个母件由什么物料组成等。

（4）为方便 BOM 档案管理，可以将 BOM 档案进行组别设置，将不同物料类型的 BOM 档案放置在不同的组别下。第一次使用生产数据管理中的 BOM 录入功能时，必须先建立组别。以"实例 2-2"为例建立 BOM 组别，将光标移至"BOM 单组别"项目上，然后单击工具栏上的"查看"按钮（或者按 F7 功能键），弹出"BOM 组别选择"窗口，如图 6-4 所示。

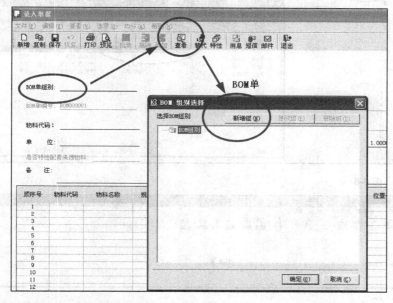

▶ 图 6-4

在"BOM 组别选择"窗口中，可以进行 BOM 组别的新增、修改和删除等操作。单击"新增组"按钮，弹出"新增组"窗口，代码录入"01"，名称录入"圆珠笔组"，如图 6-5 所示。

单击"确定"按钮，保存设置。单击"关闭"按钮返回"BOM 组别选择"窗口，选中刚才新增成功的"圆珠笔组"，单击"确定"按钮返回"BOM 单"录入窗口，可以看到获取成功的"BOM 单组别"项目。

▶ 图 6-5

（5）版本录入"V1.0"，将光标移至"物料代码"处，单击工具栏上的"查看"按钮，弹出物料档案窗口，如图 6-6 所示。

（6）在物料档案窗口双击"2.01—蓝色—笔身"档案，系统自动将该物料信息获取到"BOM 单"录入窗口，数量录入"1"，如图 6-7 所示。

（7）母件信息录入完成，接下来要录入子件信息。将光标移至表体第 1 行的"物料代码"处，单击工具栏上的"查看"按钮，弹出物料档案窗口，如图 6-8 所示。

（8）双击"1.01—蓝色—笔芯"物料档案，并返回"BOM 单"录入窗口，可以看到获取物料信息成功，在数量处录入"1"。

（9）将光标移至第 2 行"物料代码"处，单击"查看"按钮，弹出物料档案窗口；双击"1.02—笔壳"档案，返回到"BOM 单"录入窗口，在数量处录入"1"，单击"保存"按钮保存"BOM 单"的录入。保存成功的窗口如图 6-9 所示。

第 6 章 生产数据管理

6 Day

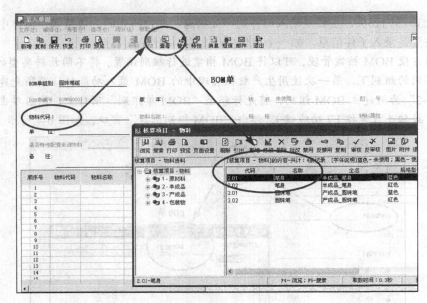

▶ 图 6-6

▶ 图 6-7

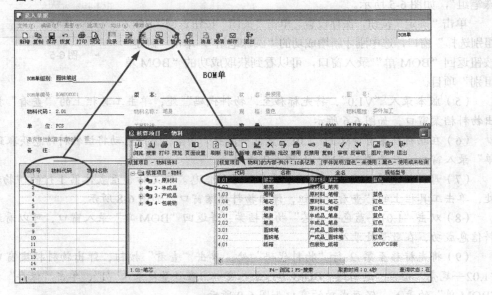

▶ 图 6-8

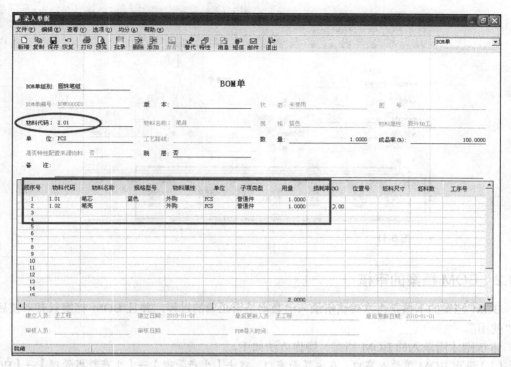

▶ 图 6-9

录入完成"蓝色—笔身"的 BOM 档案后,再录入"蓝色—圆珠笔"的 BOM 档案,操作步骤如下。

(1)在 BOM 单录入窗口,单击工具栏上的"新增"按钮,弹出一空白单据窗口;在表头项目 BOM 单组别获取"圆珠笔组",版本录入"V1.0",物料代码获取"3.01 圆珠笔"档案,数量录入"1",如图 6-10 所示。

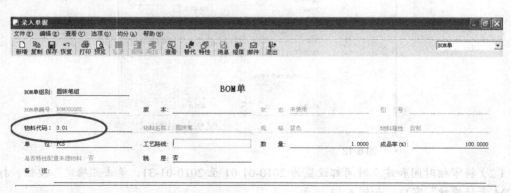

▶ 图 6-10

(2)在表体中分别获取"1.03—蓝色—笔帽"、"2.01—蓝色—笔身"和"4.01—纸箱"物料档案,数量分别录入 1、1、0.002,单击"保存"按钮保存录入。保存成功的 BOM 单如图 6-11 所示。

请读者自行录入"实例 2-3"的 BOM 档案,录入该档案的重点是要选择正确的物料档案,防止录入错误,如果 BOM 档案错误,将会导致 MRP 计算错误,所以一定要注意。

第 6 章 生产数据管理

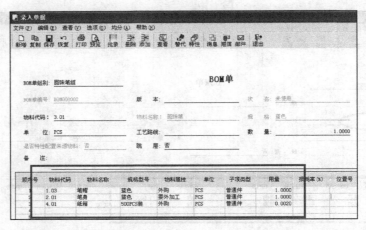

▶ 图 6-11

6.1.2 BOM 档案的审核

BOM 档案的审核是再次确认所录入的数据是否正确的过程,并且 BOM 档案只有审核后才能"使用"。

审核刚才所录入的 BOM 档案,操作方法如下。

(1)退出 BOM 单录入窗口。在主界面窗口,双击【生产管理】→【生产数据管理】→【BOM 维护】→【BOM 维护】,弹出"BOM 维护过滤界面",如图 6-12 所示。

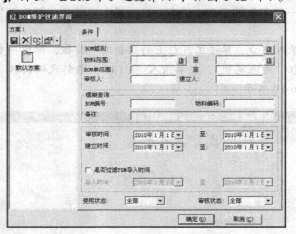

▶ 图 6-12

(2)将审核时间和建立时间都设置为 2010-01-01 至 2010-01-31,单击"确定"按钮,打开"BOM 资料维护"窗口,如图 6-13 所示。

窗口左上部显示账套所有的"BOM 组别",左下部显示所选择组别下的 BOM 单,窗口右上部显示所选中的 BOM 单的"母件"信息,右下部显示该 BOM 单的"子件"信息。在本窗口中可以进行 BOM 单的修改、删除和审核等操作,操作方法是先选中窗口左下部的 BOM 单记录,然后单击对应按钮即可。

(3)选中窗口左下部的"2.01—蓝色—笔身"记录,单击工具栏上的"审核"按钮,稍后系统弹出审核成功提示,窗口右上部的"审核"状态栏显示"已审核"字样,表示审核成功,如图 6-14 所示。

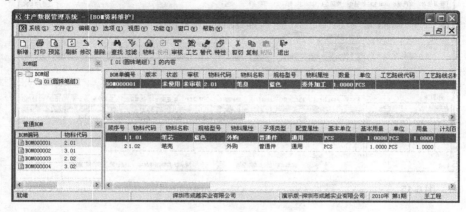

▶ 图 6-13

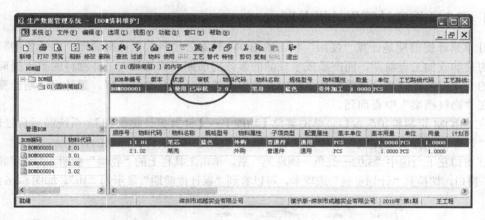

▶ 图 6-14

请读者自行将其他 BOM 单进行审核操作。

若修改或删除已经审核后的 BOM 单，必须先将该 BOM 单"反审核"。BOM 单的"反审核"方法是：在"BOM 维护资料"窗口中选择该 BOM 单记录后，单击菜单【功能】→【反审核】即可。

6.1.3 BOM 档案的使用

BOM 档案审核后并不能在"物料需求计划"模块中进行 MRP 计算时所引用，必须要将 BOM 单设置为"使用"状态后才能被引用。

使用刚才所审核的 BOM 档案，操作方法如下。

在"BOM 资料维护"窗口，选中要"使用"的 BOM 单记录，再单击工具栏上的"使用"按钮即可。在窗口左下部选中"2.01—蓝色—笔身"记录，单击工具栏上的"使用"按钮，稍后系统弹出"使用成功"提示，单击"确定"按钮，可以看到窗口右上部"状态"项目下显示"使用"字样，表示使用成功，如图 6-15 所示。

请读者将其他 BOM 单进行"使用"操作。

BOM 单的"反使用"方法是：在"BOM 维护资料"窗口中选择该 BOM 单记录后，单击菜单【功能】→【未使用】即可。

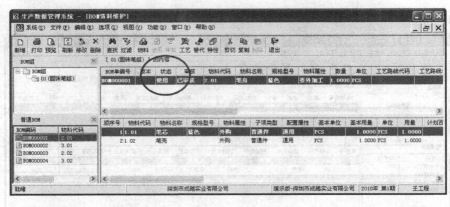

▶ 图 6-15

6.1.4 BOM 档案计算累计提前期

计算累计提前期是计算"使用"状态的 BOM 档案各物料的累计提前期。由于各物料都有自己的采购或加工提前期，而产品或半成品的累计提前期应该是最大子件物料的累计提前期加自身的变动提前期。累计提前期是 MRP 计算出正确的计划时间的依据。累计提前期计算后，可以在"物料档案"中查询到。

在"BOM 资料维护"窗口，单击菜单【功能】→【计算累计提前期】，系统经后台处理后，显示"计算累计提前期完成"字样，单击"确定"按钮完成累计提前期的计算。

在窗口左下角选中"3.02—红色—圆珠笔"后，单击工具栏上的"物料"按钮，弹出"物料—修改"窗口，切换到"计划资料"选项卡，可以看到"累计提前期"显示为"10"，如图 6-16 所示。

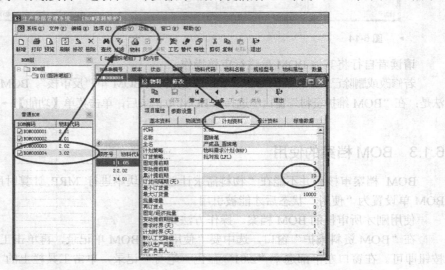

▶ 图 6-16

6.1.5 BOM 档案的查询

在"BOM 资料维护"窗口，虽然可以查4 询到所有的 BOM 单数据，但是不能有效地表达层级关系，也不知道 BOM 单的结构是否正确。金蝶 ERP-K/3 系统中提供 BOM 单多级查询、单级查询、反查询等功能，通过查询可以正确地理解 BOM 单信息。

先进行"BOM 多级展开"查询功能，操作方法如下。

（1）在主界面窗口，双击【生产管理】→【生产数据管理】→【BOM 查询】→【BOM 多级展开】，弹出"过滤"窗口，如图 6-17 所示。

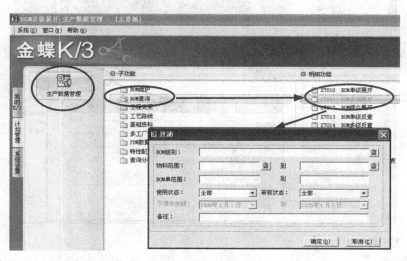

▶ 图 6-17

（2）过滤条件保持默认值，单击"确定"按钮，打开"BOM 多级展开"窗口，单击"圆珠笔组"下的"BOM000002"记录，窗口右侧上部显示对应的母件信息，右侧下部显示该 BOM 单的多级结构情况，如图 6-18 所示。

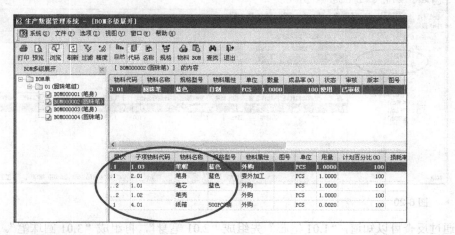

▶ 图 6-18

层次显示".1"表示该物料是母件的一级子件，显示"..2"表示该物料是该母件的二级子件。

通过查询窗口可以看到，如果需要"3.01 蓝色圆珠笔"产品，必须先委外加工回"2.01 蓝色笔身"后，再与蓝色笔帽和纸箱组装成品"3.01 蓝色圆珠笔"。

单击左侧"BOM000001 笔身"记录，则系统将该母件下的所有子件列出。

通过实例操作，可以知道"BOM 多级展开"功能就是将该母件下的所有子件和层级显示出来。

第 6 章 生产数据管理 | 113

由于工作需要,可能要查询某个原材物料使用到哪个 BOM 单中,这就需要使用"反查"功能进行查询。在主界面窗口,双击【生产管理】→【生产数据管理】→【BOM 查询】→【BOM 多级反查】,弹出"过滤"窗口,如图 6-19 所示。

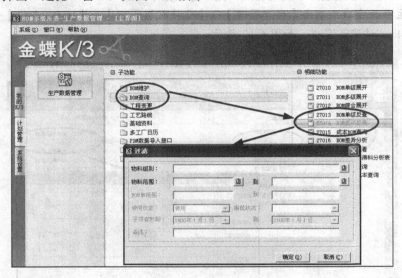

▶ 图 6-19

过滤条件保持默认值,单击"确定"按钮,打开"BOM 多级反查"窗口。选择"原材料"类别下的"1.01 笔芯",窗口右上部显示该物料信息,窗口右下部显示该物料使用在哪个 BOM 清单中,如图 6-20 所示。

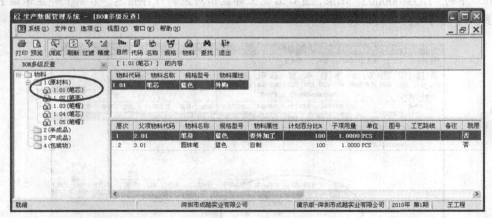

▶ 图 6-20

通过反查可以知道,"1.01 笔芯"先组成"2.01 笔身",再组成"3.01 圆珠笔"。

6.2 工厂日历

工厂日历也称为生产日历,是用于编制计划的特殊形式的日历。它是由普通日历除去每周双休日、节假日、停工和其他不生产的日期形成的，是 MRP 展开计划的依据之一。系统在生成计划时，由于非工作日不能安排生产任务，因此遇到非工作日时可以自动跳过。

金蝶 K/3 系统提供工厂日历的查看和修改功能。通常，"工厂日历"交由计划员使用。

以"实例 2-4"为例，练习工厂日历的查看和修改方法，操作方法如下。

（1）以"游计划"的身份登录本实例账套，双击【计划管理】→【生产数据管理】→【多工厂日历】→【多工厂日历—维护】，打开"多工厂日历设置"窗口，如图 6-21 所示。

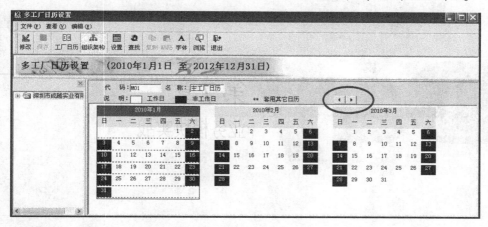

▶ 图 6-21

单击"设置"按钮，可以同时显示多个月份的日历，单击"向左"、"向右"方向可以切换到不同的月份。

（2）单击"修改"按钮使日历呈修改状态，然后再单击 2010 年 1 月中的 1 日、4~7 日，系统自动将该日期置换为"蓝色"，如图 6-22 所示。

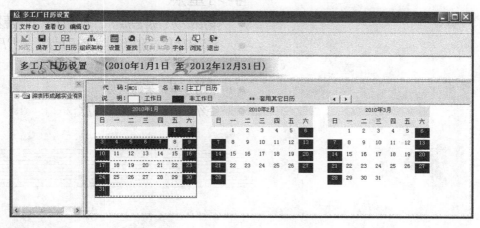

▶ 图 6-22

（3）单击"保存"按钮，保存日历设置。

若要将非工作日设置为工作日，方法是：单击"修改"按钮后，首先选中要修改的日期，再单击一次鼠标，系统将该日期置换为"白色"后，即表示修改为工作日，然后单击"保存"按钮即可。

第 6 章 生产数据管理 115

1 Day

第7章
业务模块实战

学习重点
- 模拟报价、销售报价、销售订单、销售发货
- MRP计算方案设置、MRP计算、MRP计划单据下达
- 采购订单、采购到货
- 委外订单、委外加工到货

本章要完成的实例与第 2 章的实例一一对应。

7.1 模拟报价、销售报价单处理

7.1.1 模拟报价处理

模拟报价是指通过建立模拟报价 BOM，或者复制相似 BOM，然后加上费用，并乘以利润率，计算出产品的价格。

下面以"实例 2-5"为例，对"3.01—蓝色圆珠笔"练习模拟报价单的处理方法，操作方法如下。

（1）以"严秀兰"身份登录本实例账套。修改模拟报价单的一级审核人。由于系统默认模拟报价有启用多级审核功能，所以需要进行设置，设置一级审核人为"严秀兰"即可。修改方法如下：双击【系统设置】→【系统设置】→【销售管理】→【新单多级审核管理】，系统打开"多级审核工作流"窗口，选中左侧窗口的"模拟报价单"，再单击窗口下部的"用户设置"标签页，切换到用户设置窗口，选中左侧列表中的"严秀兰"，单击"   →   "（移动）按钮，将"严秀兰"用户名移动到右侧列表中，表示模拟报价单的审核人只能是"严秀兰"用户，如图 7-1 所示。设置完成后，单击"■（保存）"按钮，保存当前设置。以同样方法将"销售报价"多级审核用户设置为"严秀兰"。

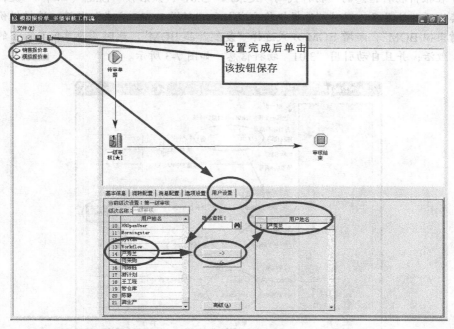

▶ 图 7-1

（2）退出多级审核工作流设置窗口，选择【供应链】→【销售管理】→【模拟报价】→【模拟报价】，双击系统弹出"模拟报价向导"窗口，如图 7-2 所示。

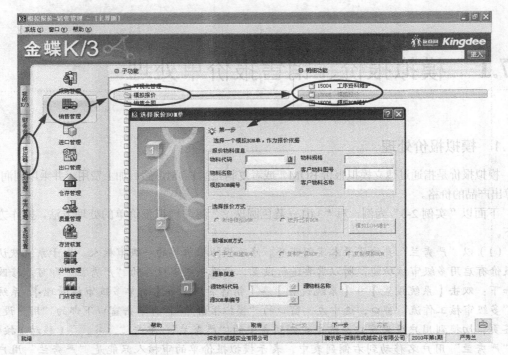

▶ 图 7-2

（3）在报价物料信息的"物料代码"处录入"3.01"，然后按"Enter（回车）"键，系统将物料在其他项目处显示，同时"选择报价方式"和"新增 BOM 方式"激活。选择报价方式选择"新增模拟 BOM"，新增 BOM 方式选择"复制产品 BOM"，此时"源单信息"下的"源物料代码"激活，并且自动引用"3.01"物料信息，如图 7-3 所示。

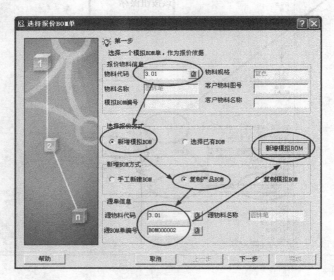

▶ 图 7-3

注

1. 选择报价方式下的"选择已有 BOM"是指选择已经建立好的模拟 BOM 单。
2. 新增 BOM 方式下的"手工新建 BOM"是指重新建立一个模拟 BOM;"复制模拟 BOM"是指从已经建立好的模拟 BOM 单。
3. 当选择"复制产品 BOM"或"复制模拟 BOM"时,源物料代码处,若对应的所报价的物料代码已有 BOM,自动引入,若无 BOM 单,则手工选择要参考的 BOM 单。

(4)单击"新增模拟 BOM"按钮,系统打开"模拟 BOM 维护"窗口,如图 7-4 所示。窗口左上部是"模拟 BOM 列表"窗口,左下部是所选中的 BOM 的结构情况,右上表显示模拟 BOM 单据信息,右下表显示子件的组成情况,可以修改子件后,再保存。

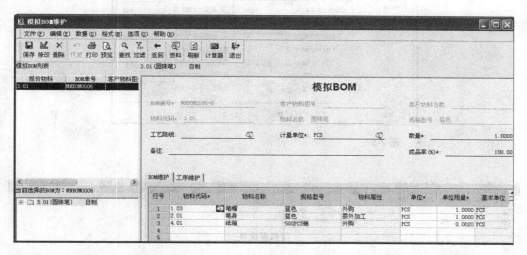

▶ 图 7-4

(5)单击"保存"按钮后,再单击"返回"按钮,返回报价向导窗口,系统会将模拟 BOM 单引用到报价窗口。

注　此处只是单击"返回"按钮,不能单击"退出"按钮。

(6)在报价向导窗口,单击"下一步"按钮,系统打开"第二步"窗口,在第二步窗口可以选择材料的单价取自什么数据,以成本上浮多少,还要加上多少成本费用等。"材料单价取数"选择"采购单价",成本价上浮率录入"100%",如图 7-5 所示。

注

1. 由于该账套才刚开始使用,所以材料单价取数选择"采购单价",因在物料基础资料中已经录入。若账套已经正常使用几个月后,用户可以选择材料单价是取最新入库价,还是本期平均入库单价等。
2. 成本价上浮率录入 100%是含有所有费用估算和利润在内。若用户想看到各项目的详细数据,可以按照实际数据录入成本上浮率和各项费用等数据。

(7)单击"下一步"按钮,系统开始计算模拟报价,稍后自动打开"模拟报价单"修改窗口，如图 7-6 所示。窗口上部显示报价单来源信息，如什么物料、使用何种取价方式等。窗口中部表格是该报价物料计算出的各种费用显示，然后建议的无税单价和含税单价。窗口下部表格是报价物料 BOM 子件材料成本情况。

▶ 图 7-5

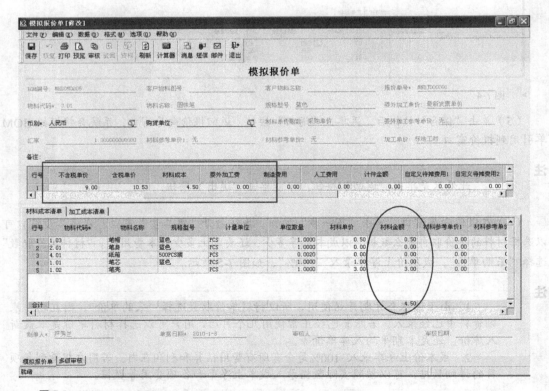

▶ 图 7-6

(8)单击"保存"按钮,保存当前报价单信息,单击"审核"按钮,审核当前模拟报价单,以备后面销售报价单使用。单击"退出"按钮,返回报价向导"第三步"窗口,如图7-7所示。在窗口中,单击"查看报价单"按钮,可以查询到对应的报价单信息,单击"例外信息"按钮,可以查询到报价单的其他信息,单击"完成"按钮,结束模拟报价操作。

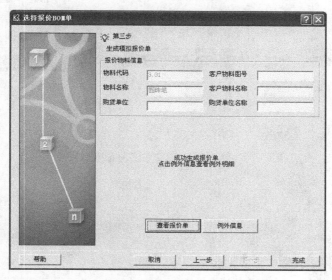

▶ 图 7-7

当模拟报价向导结束后,想查询系统中已保存的报价单信息的方法是:双击【供应链】→【销售管理】→【模拟报价】→【模拟报价单查询】,系统弹出过滤窗口,录入正确的过滤条件后,即可看到模拟报价单信息。

7.1.2 销售报价处理

销售报价单类似销售合同,审核后的销售报价单可以被销售订单引用。销售报价单可以按不同数量段进行报价,在被销售订单引用时,系统根据录入的销售数量获取销售报价的价格资料。

销售报价单录入账套中,主要是为在以后时间里查询到某个客户在某个时间段购买某个产品的价格情况,这样方便在即时材料成本下重新核算最新的、适当的报价方案。

继续以"实例2-5"为例,练习销售报价单的处理方法,操作方法如下。

(1)双击【供应链】→【销售管理】→【销售报价】→【销售报价单—新增】,打开销售报价单录入窗口,如图7-8所示。

销售报价单可以手工录入,也可以参照模拟报价单录入销售报价单,方法是:在"源单类型"处选择类型后,源单编号自动激活后,单击"资料"按钮,选择要参照的源单据。

(2)币别保持默认值,将光标移至"购货单位"处,单击" "(查看)"按钮,系统弹出客户档案列表,如图7-9所示。

第7章 业务模块实战 121

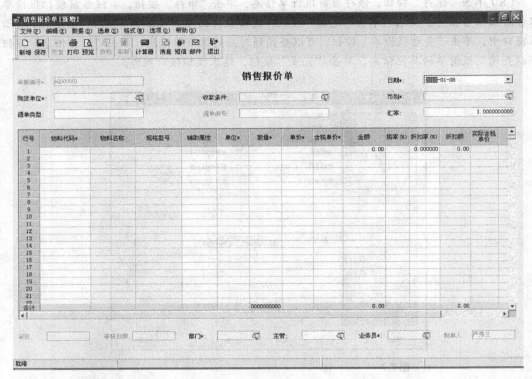

▶ 图 7-8

▶ 图 7-9

> **注**
>
> 在有"(查看)"按钮的项目处,既可以单击弹出列表,同时可以在项目处录入代码进行模糊查询,以达到快速查询的目的;或者单击工具栏的"资料"按钮,系统会弹出档案列表,以供选择。

(3)客户档案选择"1.01 北京远东公司",其他项目保持默认值,将光标移至第 1 行"物料代码"处,录入"3.01",按下回车键,系统自动将物料信息显示,数量录入"5 000",含税单价录入"9.50",如图 7-10 所示。

(4)将光标移至第 2 行,产品代码获取"3.02",数量录入"5 000",含税单价录入"9.80",将光标移至窗口下部的"部门"项目,单击"查看"按钮,选择"销售部","业务员"选择"001 仁渴",录入完成,单击"保存"按钮保存,保存成功的单据如图 7-11 所示。

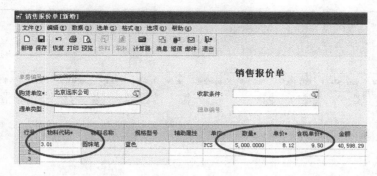

▶ 图 7-10

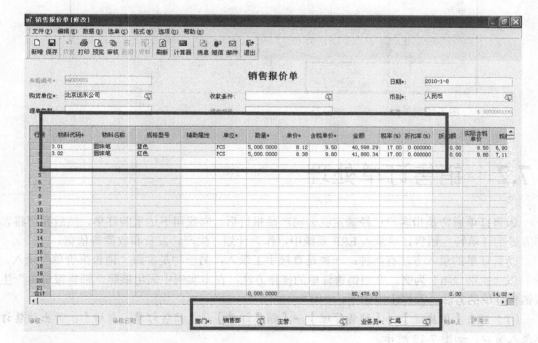

▶ 图 7-11

若要修改某个项目，方法是：直接修改后，单击"保存"按钮。若不需要某行记录，将光标移至该行后，单击"删除"按钮即可。要录入下一张"销售报价单"，则单击"新增"按钮，系统弹出一张空白销售报价单。

只有审核后的"销售报价单"才能在后面的业务处理时被引用，在此单击"审核"按钮审核"AQ000001"号报价单。审核成功后的窗口如图 7-12 所示。

注 在正规的企业实际操作中，为预防单据错误，最好审核人与制单人不是同一人，这样能达到审核人再次确认单据是否正确的目的。在本账套中暂不要求此功能，所以"严秀兰"审核即可。

当录入系统的报价单数据较多时，可以选择【供应链】→【销售管理】→【报价】→【销售报价单—维护】，查询所需的单据后再进行修改、删除或审核等操作。

第 7 章 业务模块实战 | 123

▶ 图 7-12

7.2 销售订单处理

销售订单通常是指客户已经确定我公司产品报价后,向我司下达采购订单,然后我司将客户方采购订单转为销售订单录入 ERP 系统中,作为计划、生产、发货和收款等依据。

销售订单的录入方法有两种:一种是直接手工录入,另一种是参照"销售报价单"录入。

以"实例 2-6"为例,介绍销售订单的操作方法。在本实例中采用参照"销售报价单"生成销售订单的方法。操作步骤如下。

(1)双击【供应链】→【销售管理】→【销售订单】→【销售订单—新增】,弹出销售订单录入窗口,如图 7-13 所示。

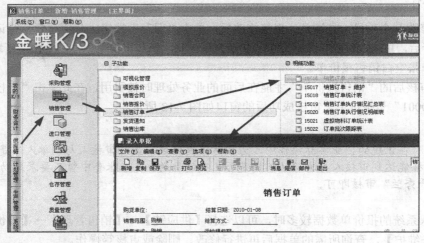

▶ 图 7-13

(2)源单类型处选择"销售报价单",将光标移至"选单号"上,再单击"查看"按钮,或者按F7功能键,弹出"销售报价单序时簿"窗口,如图7-14所示。

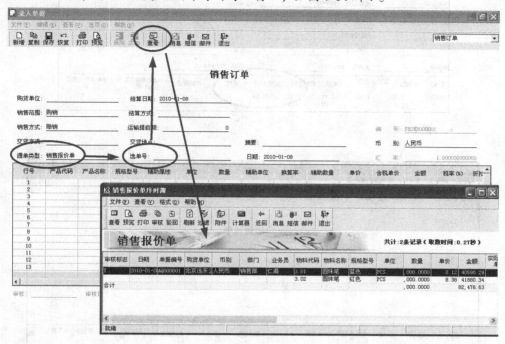

▶ 图 7-14

(3)因本次销售的产品是"3.01—圆珠笔—蓝色",数量是"8 000",所以在"销售报价单序时簿"窗口,选中第1行记录后,双击返回到"销售订单"窗口,请注意销售订单窗口的变化,数量录入"8 000",如图7-15所示。

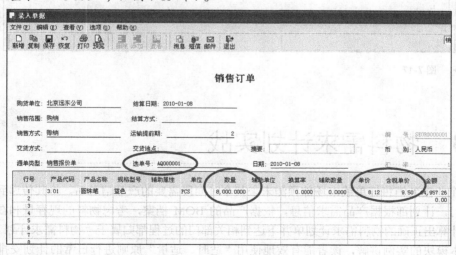

▶ 图 7-15

(4)将光标在表体向右移动到"交货日期"项上,修改日期为"2010-01-29",如图7-16所示。
(5)单击"保存"按钮,保存当前单据。单击"审核"按钮,审核当前单据,审核成功的销售订单如图7-17所示。

第7章 业务模块实战 125

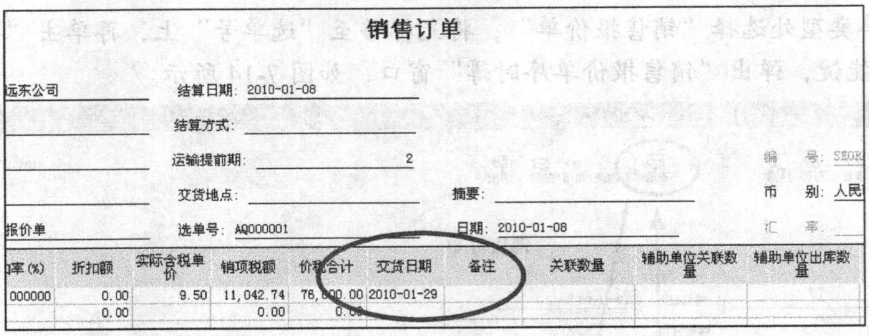

▶ 图 7-16

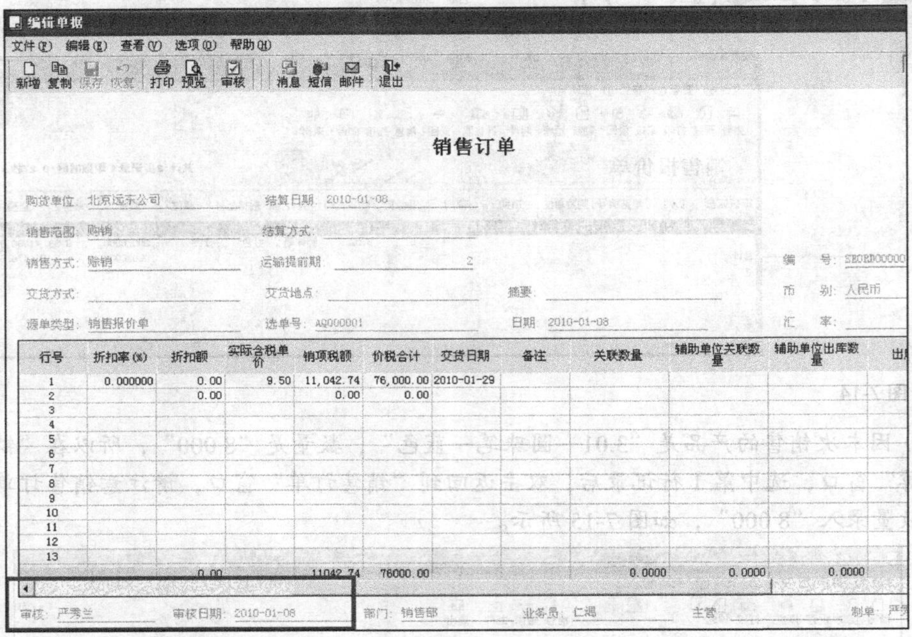

▶ 图 7-17

7.3 物料需求计划实战

当企业接到销售订单或市场部预测未来某个时间段需要的产品信息后,将其传递到"计划部"部门,计划部根据产品需求信息,依据产品的 BOM 档案,考虑物料的现存量和在途量等信息,计算出正确的物料需求计划单并下达到相关部门的过程都归属于"物料需求计划"模块。通过对本模块的实例讲解,读者能有效地使用"适时、适量"原则进行日常的计划安排。

7.3.1 MRP 计划方案维护处理

MRP 计划方案是金蝶 K/3 系统展开 MRP(物料需求计划)计算的基本要求之一。金蝶 K/3 提供了可建立多个计划方案的功能,如 A 方案要以销售订单和产品预测单作为需求展开 MRP 计算,而 B 方案只以销售订单为需求展开 MRP 计算,实际 MRP 计算时只要选择正确方案进行计算即可。

系统中已经预设 4 种计划方案,用户可以在此基础上进行修改后即可使用。下面以"实例 2-7"为例,介绍 MRP 计划方案维护的操作方法。操作步骤如下。

(1)以"游计划"身份登录账套。双击【计划管理】→【物料需求计划】→【系统设置】→【MRP 计划方案维护】,弹出"计划方案维护"窗口,如图 7-18 所示。

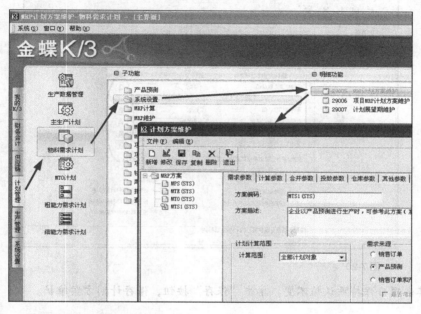

▶ 图 7-18

(2)选中"MTO(SYS)"方案,单击"修改"按钮,切换到"计算参数"选项卡,选中"考虑损耗率"项目,如图 7-19 所示。

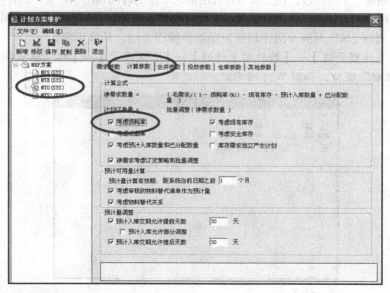

▶ 图 7-19

第 7 章 业务模块实战 127

(3)切换到"投放参数"选项卡,将光标置于"采购申请人默认值"项目,按 F7 功能键获取"何采购";同理,"采购部门默认值"获取"采购部","自制件默认生产类型"获取"普通订单","自制件默认生产部门"获取"生产部","委外加工默认生产类型"获取"委外加工",如图 7-20 所示。

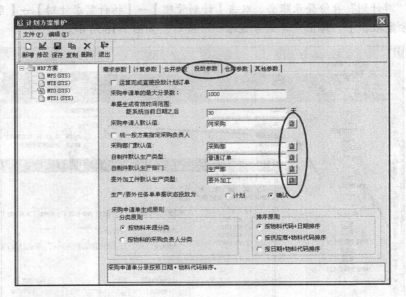

▶ 图 7-20

(4)其他项目保持默认值不变,单击"保存"按钮,保存计划方案维护。

7.3.2 计划展望期维护处理

计划展望期是一个时间段,决定参与计算的需求单据的时间范围和产生计划订单的时间范围,并可用于实现对 MPS/MRP 运算结果直观灵活地汇总显示及销售订单与产品预测间的关系界定。

下面以"实例 2-8"为例介绍计划展望期维护操作方法。具体步骤如下。

(1)双击【计划管理】→【物料需求计划】→【系统设置】→【计划展望期维护】,弹出"计划展望期维护"窗口,如图 7-21 所示。

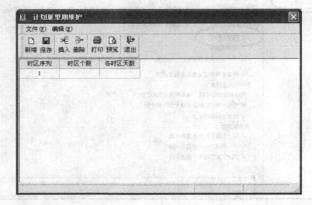

▶ 图 7-21

（2）在第 1 行记录，时区个数录入"4"，各时区天数录入"90"，如图 7-22 所示。

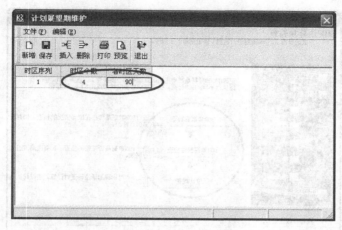

▶ 图 7-22

（3）单击"保存"按钮，保存展望期的维护。

7.3.3 MRP 计算处理

MRP 计算是系统根据计划方案考虑因素，以 MRP 计算公式为原理展开计算出需求单据所要的计划单据的过程。由于系统计算高效、准确、可考虑参数任意设置，与手工展开 MRP 计算的效率和准确性相比功能强大许多，所以说"MRP 计算"是 ERP 系统中的核心功能之一。

MTO（SYS）计划方案的需求单据是"销售订单"，并且在销售管理中刚好有一张销售订单（实例 2-6 销售订单）需要展开 MRP 计算。下面以"实例 2-9"为例进行 MRP 计算。具体步骤如下。

（1）双击【计划管理】→【物料需求计划】→【MRP 计算】→【MRP 计算】，系统弹出"MRP 运算向导"窗口，如图 7-23 所示。

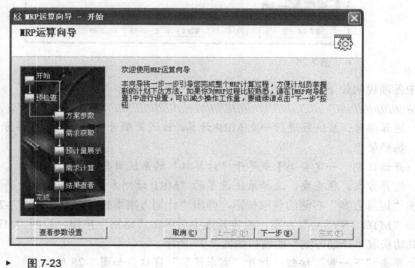

▶ 图 7-23

（2）单击"下一步"按钮，打开"预检查"窗口，如图7-24所示。

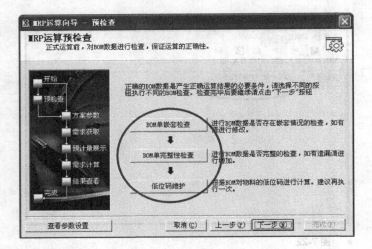

▶ 图 7-24

本步骤可以省略。在此依次单击窗口中的3个按钮进行相关数据的检查。

（3）检查完相关数据后，单击"下一步"按钮，打开"方案参数"设置窗口，如图7-25所示。

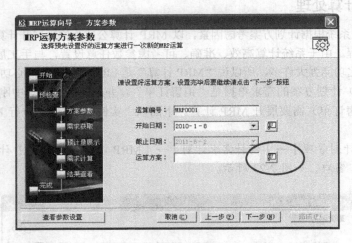

▶ 图 7-25

其中各项说明如下。

- 运算编号：系统每进行一次MRP计算，该运算编号自动累计，这样方便MRP计划单据的管理。
- 开始日期：一定要小于或等于"计算机"的系统日期。
- 运算方案：很重要，选择系统设置的"MRP计划方案"。

单击"运算方案"右侧的获取按钮，弹出"计划方案维护"窗口，如图7-26所示。

双击"MTO（SYS）"方案，或将其选中后单击"返回"按钮，返回"MRP 运算向导"窗口，成功获取"计划方案"的窗口如图7-27所示。

（4）单击"下一步"按钮，打开"需求获取"窗口，如图7-28所示。

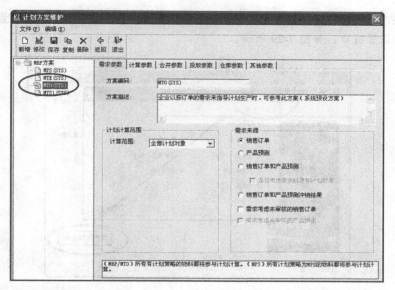

▶ 图 7-26

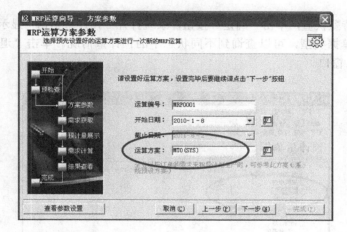

▶ 图 7-27

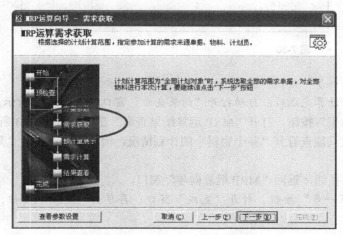

▶ 图 7-28

（5）单击"下一步"按钮，打开"预计量展示"窗口，单击右侧"显示预计量单据"按钮，弹出"过滤"设置窗口，如图 7-29 所示。

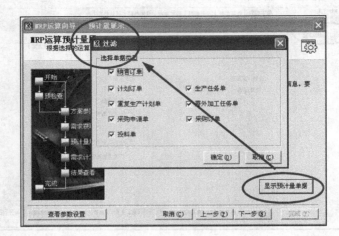

▶ 图 7-29

单据类型保持默认值，单击"确定"按钮，系统打开"预计量单据"显示窗口，如图 7-30 所示。选择左侧单据类型，可以查询到不同状态下的预计量情况。单击"退出"按钮，返回"MRP 运算向导"窗口。

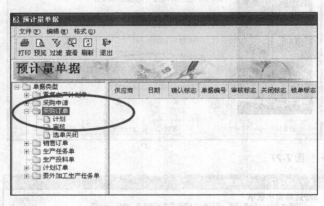

▶ 图 7-30

（6）单击"下一步"按钮，系统开始"需求计算"，如图 7-31 所示。

（7）系统后台计算完成后，自动打开"结果查看"窗口，如图 7-32 所示。

单击"查看结果"按钮，打开"MRP 运算结果查询"窗口，如图 7-33 所示。

在此窗口一次只能查看到"某个物料"的计划情况，而不能一次查看"某一销售订单号"的所有计划情况。

单击"退出"按钮，返回"MRP 运算向导"窗口。

（8）单击"下一步"按钮，打开"完成"窗口；再单击"完成"按钮，结束 MRP 计算工作。

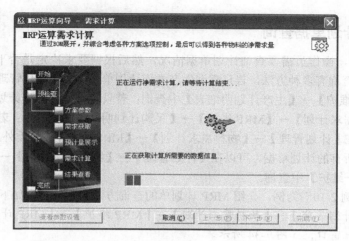

▶ 图 7-31

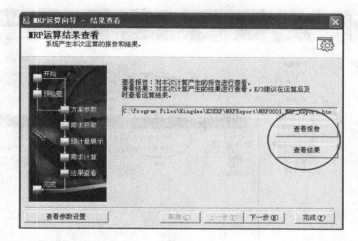

▶ 图 7-32

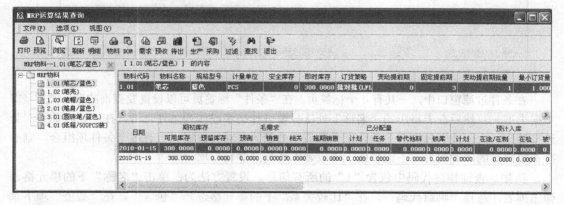

▶ 图 7-33

第 7 章 业务模块实战

7.3.4 MRP 计划单据查询

MRP 计算后,操作员需要查询计划单据情况,然后根据要求决定是否下达该计划单据。

计划单据的查询有多种方法,若只查询生产类型计划单,可在【计划管理】→【物料需求计划】→【MRP 维护】→【生产计划明细表】中查询;若只查询采购类型计划单,可在【计划管理】→【物料需求计划】→【MRP 维护】→【采购计划明细表】中查询;若只查询委外加工类型计划单,可在【计划管理】→【物料需求计划】→【MRP 维护】→【委外加工计划明细表】中查询;若查询所有的计划单据,可以在【计划管理】→【物料需求计划】→【MRP 维护】→【MRP 计划订单—维护】中查询。

下面以"实例 2-10"为例,介绍 MRP 计划单的查询方法。具体步骤如下。

(1)双击【计划管理】→【物料需求计划】→【MRP 维护】→【MRP 计划订单—维护】,弹出"条件过滤"窗口,如图 7-34 所示。

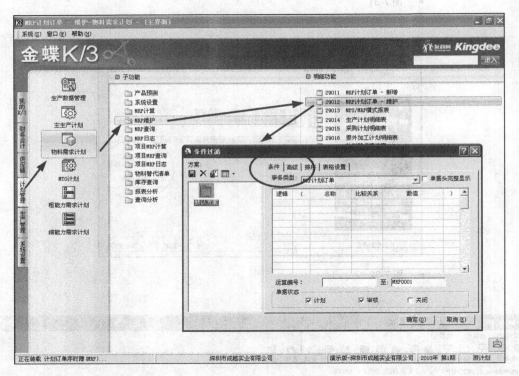

▶ 图 7-34

在条件过滤窗口中,一共有 4 个标签页。在"条件"标签页可以设置要查询的事务类型(即单据类型),然后在表格中的"名称"处选择要以什么字段作为条件查询,在"比较关系"处选择等于、大于或者包含等条件,在"数值"处录入要对比数据。若有多个条件项组合,则必须在第二行的"逻辑"项下选择属于"或者"还是"并且"项。

例如,查询物料代码中包含"1"的所有信息。设置方法为:单击"名称"下的单元格,弹出列表,选择"物料代码",在"比较关系"下的单元格选择"包含",在"数值"项下录入"1",如图 7-35 所示。

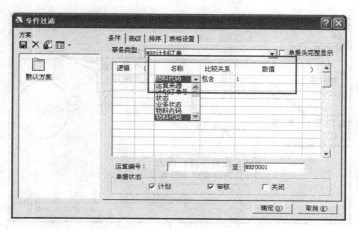

▶ 图 7-35

在"高级"标签页可以设置更详细的过滤条件，通常是在条件窗口使用过滤还不能满足的情况下使用。方法是：先选择第一个过滤字段，然后选择逻辑值"且"或者"或"字，再选择第二个字段，然后选择逻辑值，再选择第三个字段，选择完成后，再到单元格下对应处录入比较值，如图 7-36 所示。

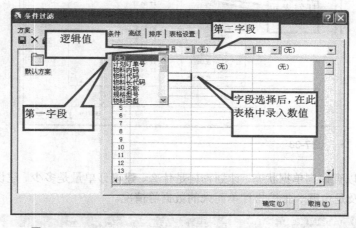

▶ 图 7-36

"排序"标签页是设置查询计划单时，以什么字段排序，是升序还是降序排列。操作方法是：在"排序"标签页上部选择要排序的字段，然后单击"添加"按钮，系统将设置显示在窗口下部，然后再设置是升序还降序排列，若为多个字段时，可以单击上移、下移按钮进行谁先谁后的设置。例如，以"计划订单号"升序显示，设置方法为：首先选择"计划订单号"，再单击"添加"按钮，此时在窗口下部显示"计划订单号"，再选择是升序或降序即可，如图 7-37 所示。

在"表格设置"标签页可以设置查询出的数据所要求显示的项目，在"显示"项下打勾表示显示，若对列宽有异议，可以直接在宽度处录入列宽，同时可以选择"对齐方式"，如图 7-38 所示。

（2）在此不用设置各种条件，单击"取消"按钮取消设置，再双击"MRP 计划订单—维护"，保持默认条件。单击"确定"按钮，打开"MRP 计划订单"查询窗口，如图 7-39 所示。

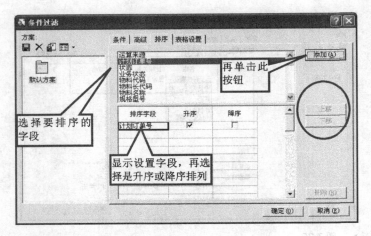

▶ 图 7-37

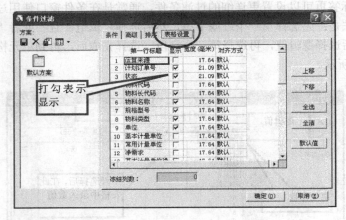

▶ 图 7-38

在窗口中可以查询到单据状态、计划物料是什么、建议订单量是多少、建议什么时候开工、什么时候完工以及是由哪一张销售订单而来的数据等情况。

▶ 图 7-39

在本窗口中，同时可以进行计划单据的审核、合并、拆分和投放等操作。双击计划单，进入计划订单编辑窗口，如图 7-40 所示。

在编辑窗口可以进行计划订单的数据修改、审核和投放等操作。

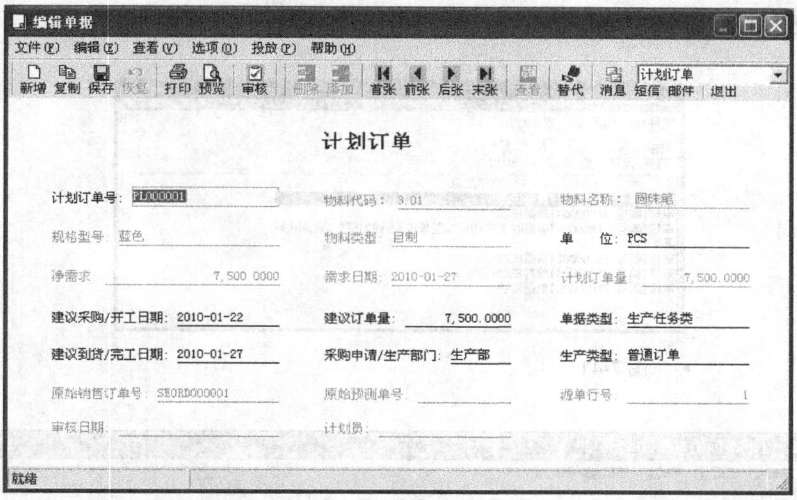

▶ 图 7-40

7.3.5　MRP 计划单审核和投放

计划单审核：是对计划单数据的再次确认，只有审核后的计划单才能向下投放到各业务模块中。对于有异议的计划单据，可以双击进入计划单编辑窗口，编辑后再审核（或者不用审核该计划单）。

计划单投放：是对审核后的计划单据投放至各业务系统的过程，投放依据是由"单据类型"决定的。

采购申请类：投放到"采购管理"系统，生成的单据是"采购申请单"；待实际需要采购该物料时，采购员在"采购订单"中参照该"采购申请单"生成即可。

生产任务类：投放到"生产任务管理"系统，生成的单据是"生产任务单"；待实际需要生产物料时，生产管理员在"生产任务单"中"下达"该生产任务单，表示接受该生产任务，并开始着手安排生成。

委外加工类：投放到"委外加工管理"系统，生成的单据是"委外加工生产任务单"；待实际需要采购该物料时，外协业务员在"委外加工生产任务单"中"下达"该任务单，表示接受该委外加工任务指令。

下面以"实例 2-11"为例，介绍 MRP 计划单的审核和投放操作方法。先对计划单进行审核操作，操作步骤如下。

（1）在如图 7-39 所示窗口，选中第一行记录，再按住 Shift 键并选中最后一行记录，即选中所有记录。选中的记录变成"深色"，单击"审核"按钮，稍后系统弹出提示窗口，如图 7-41 所示。

在提示窗口可以查看到计划单据的审核情况，第 2 号计划单未审核成功。单击"退出"按钮，返回"MRP 计划订单"窗口，可以看到第 2 号计划单的"状态"为"计划"状态，表示该单据未审核成功，如图 7-42 所示。

（2）第 2 号单据是"委外加工类"，所以需要指定"委外加工单位"后才能审核。双击第

3号计划单,打开"计划订单"编辑窗口,将光标置于"加工单位"处,再单击"查看"按钮,弹出"供应商"档案窗口,如图7-43所示。

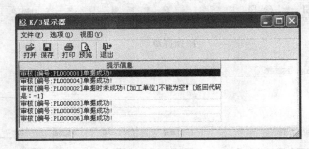

▶ 图7-41

▶ 图7-42

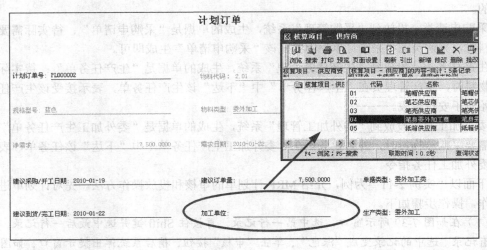

▶ 图7-43

(3)双击获取"04笔身委外加工商"记录并返回"计划订单"编辑窗口。单击"审核"按钮,审核该计划单,如图7-44所示。

审核成功后,单击"退出"按钮,返回"MRP计划订单"窗口。

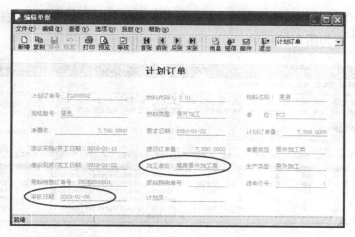

▶ 图 7-44

计划单据审核后,进行单据投放处理,操作步骤如下。

(1)在"MRP 计划订单"窗口(如图 7-39 所示),使用 Shift 键选中所有记录,再单击工具栏上的"投放"按钮,系统弹出提示窗口,如图 7-45 所示。

(2)单击"是"按钮,系统弹出投放信息窗口,如图 7-46 所示。

▶ 图 7-45

▶ 图 7-46

从信息窗口得知,有 1 条记录生成了一张生产任务单,有 1 条记录生成了一张委外生产任务单,有 4 条记录生成了 1 张采购申请单。稍后查询生成的对应单据情况。

(3)关闭信息窗口,返回"MRP 计划订单"窗口,系统将投放成功的单据隐藏。单击"过滤"按钮,弹出"条件过滤"窗口,如图 7-47 所示。

▶ 图 7-47

选中"关闭",单击"确定"按钮,重新进入"MRP 计划订单"窗口,计划单据的状态栏全部显示"关闭",如图 7-48 所示。

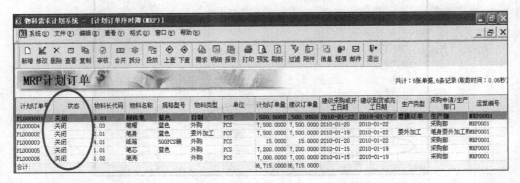

▶ 图 7-48

"关闭"状态表示该单据已经投放成功。

(4)查询生成的"采购申请单"情况。退出"MRP 计划订单"窗口,双击【供应链】→【采购管理】→【采购申请】→【采购申请单—维护】,系统弹出"条件过滤"窗口,如图 7-49 所示。

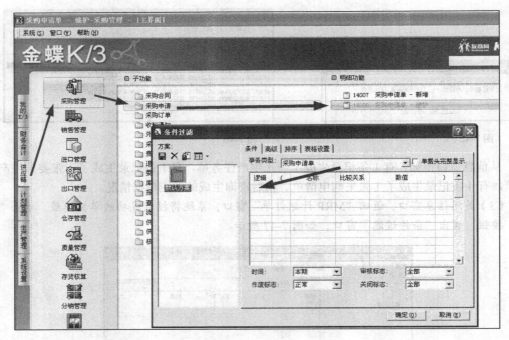

▶ 图 7-49

过滤条件保持默认值,单击"确定"按钮,打开"采购申请单序时簿"窗口,如图 7-50 所示。这就是刚才由"采购申请类"计划单据投放成功的采购申请单。

(5)查询生成的"生产任务单"情况。退出"采购申请单序时簿"窗口,双击【生产管理】→【生产任务管理】→【生产任务】→【生产任务单—维护】,弹出"条件过滤"窗口,如图 7-51 所示。

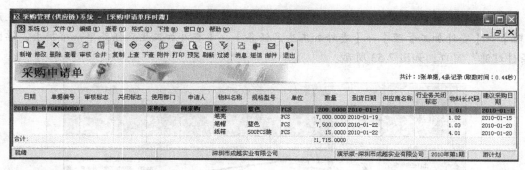

▶ 图 7-50

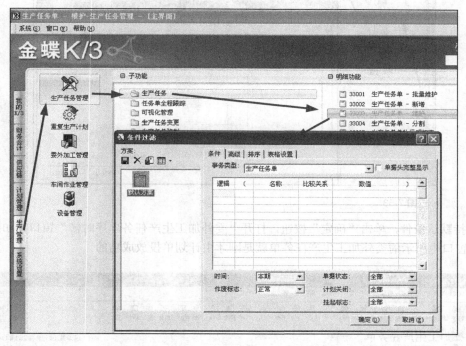

▶ 图 7-51

过滤条件保持默认值,单击"确定"按钮,打开"生产任务单序时簿"窗口,如图 7-52 所示。窗口中的生产任务单即是刚才由计划单据投放成功的。

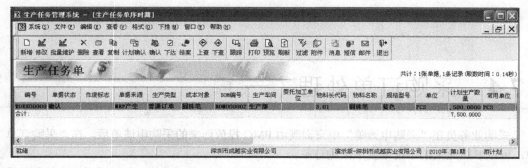

▶ 图 7-52

（6）查询生成的"委外生产任务单"情况。退出"生产任务单序时簿"窗口，双击【生产管理】→【委外加工管理】→【委外加工生产任务】→【委外加工生产任务单—维护】，弹出"条件过滤"窗口，如图7-53所示。

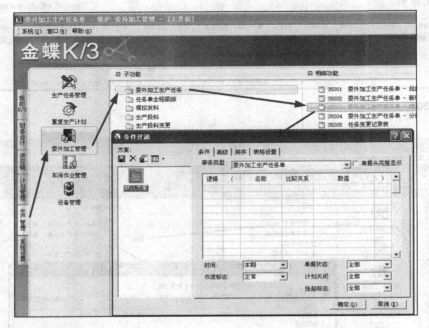

▶ 图 7-53

保持默认条件，单击"确定"按钮，打开"委外加工生产任务单序时簿"窗口，如图7-54所示。窗口中所示的委外加工生产任务单就是刚才由计划单投放成功的。

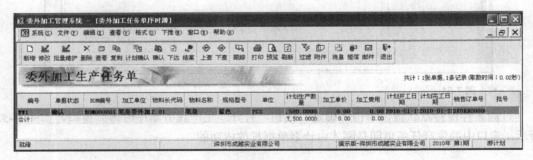

▶ 图 7-54

7.4 采购订单处理（一）

采购业务员在"采购申请单"中查询到由PMC投放而来的采购申请单后，在"采购订单"中，可以参照此采购申请单生成采购订单。

以"何采购"身份登录本实例账套，双击【供应链】→【采购管理】→【采购申请】→【采购申请单—维护】,系统弹出"条件过滤"窗口,切换到"表格设置"窗口,选中"关联数量"项目,如图 7-55 所示。

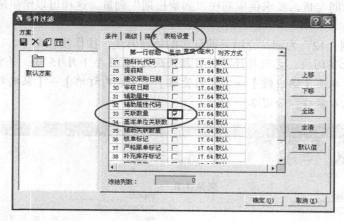

▶ 图 7-55

其他保持默认值条件,单击"确定"按钮,打开"采购申请单序时簿"窗口,如图 7-56 所示。

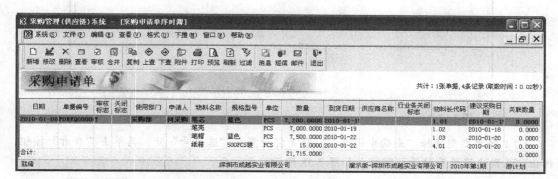

▶ 图 7-56

采购业务员需重点看以下几项内容。

- 关闭标志:未显示,表示该张采购申请单未完全下达采购订单;显示"Y",表示按照采购申请单已经下达采购订单。
- 到货日期:这是计划员根据销售订单要求的送货日期,以 MRP 公式计算出来的每一物料要求的"到货日期"。采购业务员必须跟踪好采购订单执行情况,以保证所采购物料在此时间到货,这也是采购业务员的基本工作要求。如果采购的物料不能按照"到货日期"到货,过早到货则会造成仓库物料过多、存放成问题且物料资金积压;过晚到货,则会造成物料到货时间不统一,无法将物料发送到生产线组装,从而拖延客户的交货日期,由于其他物料过早到货,造成仓库存放困难及材料资金积压。
- 建议采购日期:这是系统根据该物料要求的"到货日期"减去该物料的采购提前期而得到的,如果采购提前期有变动,采购员可以根据实际情况变动下达采购订单。
- 关联数量:是查看该笔采购申请单有多少数量被关联生成采购订单。当申请数量减去

关联数量,就是该申请单未完成采购订单的数量。

由采购申请单生成采购订单时,通常是根据采购申请单上的"建议采购日期"开始定货,也有采购员统一时间定货,要求供应商在"到货日期"到货,这样可以给供应商多一些时间安排生产。

下面以"实例2-12"为例,介绍采购订单的处理方法,操作步骤如下。

(1)在练习此实例前,建议将计算机日期修改为2010年1月15日,并重新以"何采购"身份登录本账套。双击【供应链】→【采购管理】→【采购订单】→【采购订单—新增】,打开"采购订单"录入窗口,如图7-57所示。

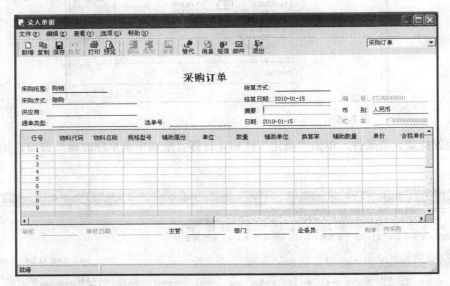

▶ 图 7-57

(2)源单类型选择"采购申请单",将光标放置在"选单号"处,再单击"查看"按钮,弹出"采购申请单序时簿"窗口,如图7-58所示。

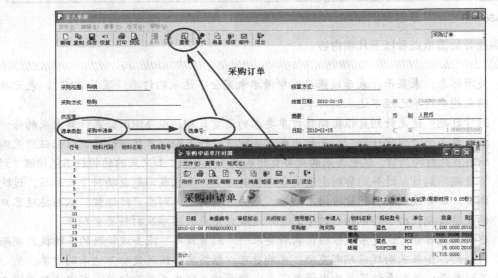

▶ 图 7-58

（3）选中第1行"笔芯"记录，单击"返回"按钮，返回采购订单录入窗口，系统将该条记录信息获取到"采购订单"中。将光标置于"供应商"处，单击"查看"按钮，获取"02笔芯供应商"，"数量"保持不变，"含税单价"录入"1.17"，"主管"获取"何采购"，"部门"获取"采购部"，"业务员"获取"何采购"。录入成功的窗口如图7-59所示。

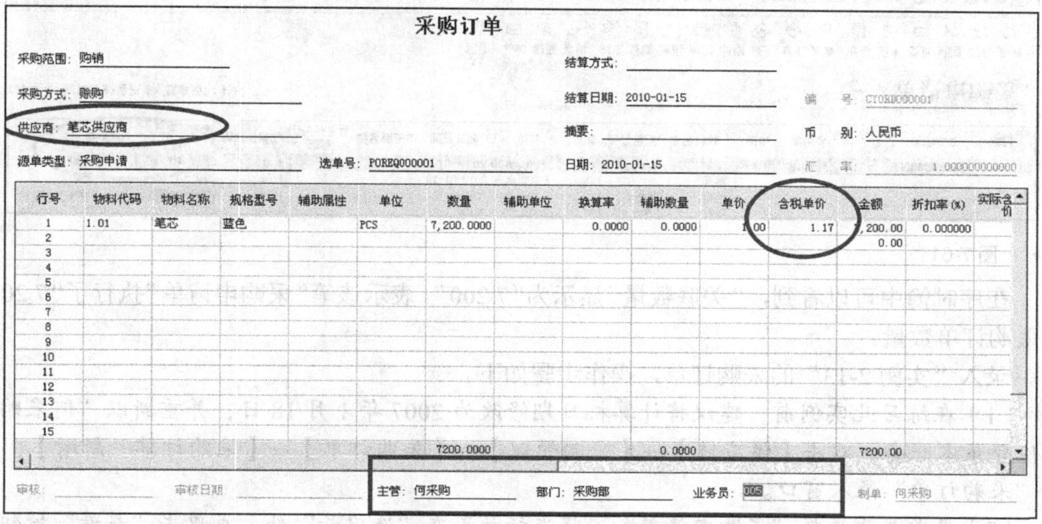

▶ 图 7-59

（4）单击"保存"按钮，保存当前采购订单。单击"审核"按钮，审核当前采购订单，审核成功的采购订单如图7-60所示。

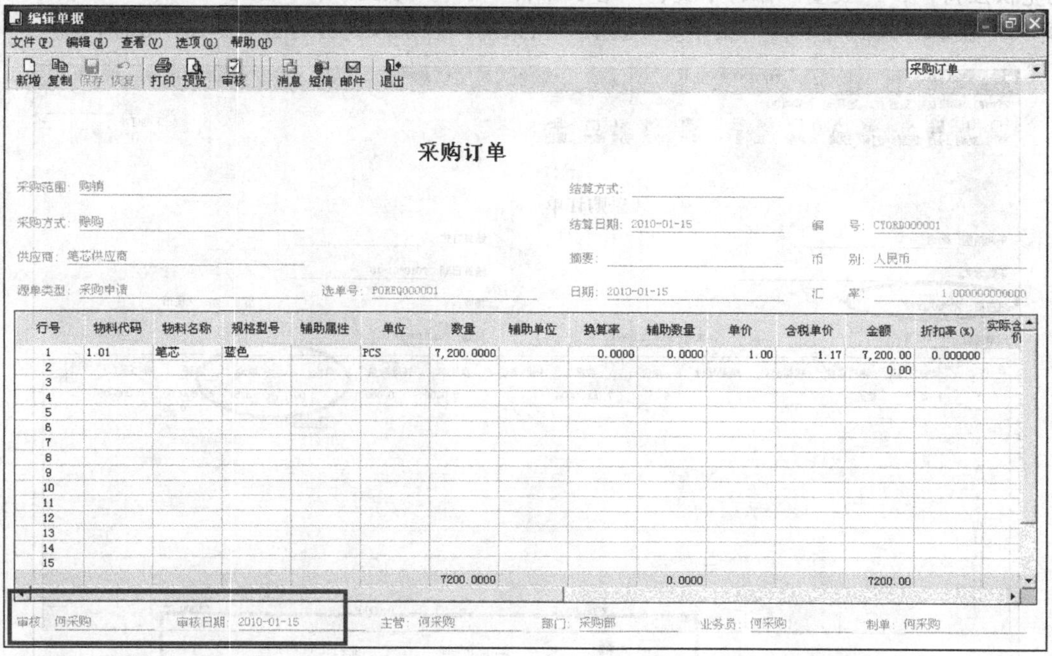

▶ 图 7-60

第7章 业务模块实战 145

如果现在想查看"采购申请单"的执行情况,可双击【供应链】→【采购管理】→【采购申请】→【采购申请单—维护】,系统弹出"过滤"窗口,在"表格设置"中选中"关联数量",单击"确定"按钮,打开"采购申请单序时簿"窗口,如图7-61所示。

▶ 图7-61

在序时簿中可以看到,"关联数量"显示为"7 200",表示该笔"采购申请单"执行了"7 200"的采购订单数量。

录入"实例2-13"的采购订单,操作步骤如下。

(1)在练习此实例前,建议将计算机日期修改为2007年1月18日,并重新以"何采购"身份登录本账套。双击【供应链】→【采购管理】→【采购订单】→【采购订单—新增】,打开"采购订单"录入窗口。

(2)源单类型选择"采购申请单",将光标放置在"选单号"处,再单击"查看"按钮,弹出"采购申请单序时簿"窗口;选中"笔壳"记录,请注意此时弹出的"采购申请单序时簿"的行数,已将投单完成的记录自动隐藏;单击"返回"按钮,返回采购订单录入窗口,系统将该条记录信息获取到"采购订单"中;将光标放置于"供应商"处,单击"查看"按钮获取"03笔壳供应商","数量"保持不变,"含税单价"录入"3.51","主管"获取"何采购","部门"获取"采购部","业务员"获取"何采购"。录入成功的窗口如图7-62所示。

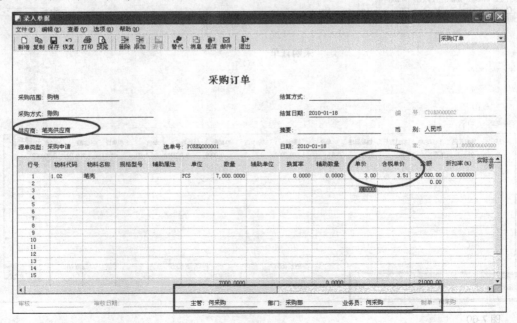

▶ 图7-62

（3）单击"保存"按钮，保存当前采购订单，单击"审核"按钮审核当前采购订单。

> **注** 实例2-12与实例2-13各生成一张采购订单，因为它们的供应商不同。

7.5 外购入库处理（一）

外购入库单是处理所有由"采购"行为产生的材料入库动作，最大的特征是有"应付账款"产生。该单据主要是由"仓管员"处理，在录入外购入库单时即可参照"采购订单"入库，这样在查询"采购订单执行明细表"时，可以有效地查询到每一款物料、每一张采购订单的执行情况，同时系统也提供"无源单"新增。

下面以"实例2-14"为例，介绍外购入库单的处理方法，操作步骤如下。

（1）计算机系统日期修改为2010年1月19日，以"管仓库"身份登录本实例账套。双击【供应链】→【仓存管理】→【验收入库】→【外购入库单—新增】，系统弹出"外购入库单"录入单据窗口，如图7-63所示。

▶ 图7-63

（2）"源单类型"选择"采购订单"，将光标置于"选单号"处，再单击"查看"按钮，弹出"采购订单序时簿"窗口，如图7-64所示。

（3）选中"CYORD000001"号采购订单，单击"返回"按钮，返回"外购入库单"窗口，获取成功的信息将显示出来。将光标置于"收料仓库"处，再单击"查看"按钮，弹出"仓库"档案窗口，如图7-65所示。

第7章 业务模块实战

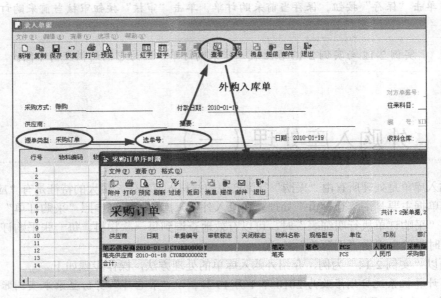

▶ 图 7-64

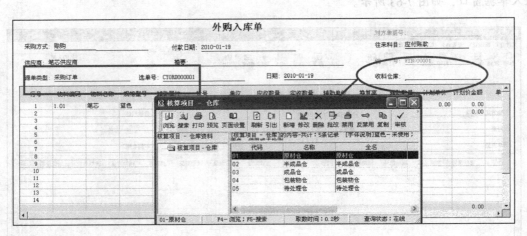

▶ 图 7-65

（4）双击"01原材仓"，返回外购入库单窗口，获取成功的信息将会显示；"实收数量"录入"7 200"，"保管"获取"管仓库"，"验收"获取"郑质量"，如图7-66所示。

（5）单击"保存"按钮，保存单据录入。单击"审核"按钮审核当前单据，审核成功的单据如图7-67所示。

录入"实例2-15"外购入库单，操作步骤如下。

单击"新增"按钮，弹出一空白"外购入库单"；"源单类型"选择"采购订单"，"选单号"获取"CYORD000002"号采购订单，单击"返回"按钮，返回"外购入库单"窗口，获取成功的信息将显示出来；"收料仓库"获取"01原材仓"，"实收数量"保持不变，"保管"获取"管仓库"，"验收"获取"郑质量"，单击"保存"按钮，保存单据录入。单击"审核"按钮，审核当前单据，审核成功的单据如图7-68所示。

▶ 图 7-66

▶ 图 7-67

▶ 图 7-68

外购入库完成后，作为"采购员"可能需要即时了解采购订单的执行情况，可以通过查询"采购订单执行明细表"看到执行信息。以"何采购"身份登录本账套，双击【供应链】→【采购管理】→【采购订单】→【采购订单执行情况明细表】，系统弹出"过滤"窗口，如图 7-69 所示。

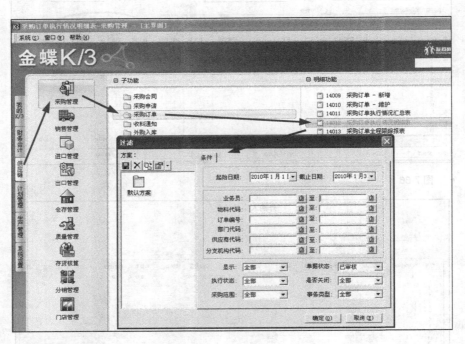

▶ 图 7-69

在过滤条件窗口，日期范围修改为 2010-01-01 至 2010-01-31，其他条件保持默认值，单击"确定"按钮，打开"采购订单执行情况明细表"窗口，如图 7-70 所示。

▶ 图 7-70

在"采购订单执行情况明细表"中可以详细查询到每一张采购订单的物料信息、数量信息、入库信息和未入库信息，能大大提高"采购员"日常跟单效率。

7.6　委外加工任务单处理

委外加工任务是指本公司提供物料、由外协公司加工成一定产品的任务。本实例账套"委外加工管理"对口部门为"采购部"。

当采购部查询到有委外加工任务单投放时，下达（即为同意该委外加工任务单）该委外加工任务单，然后通知仓库备料外发到委外加工商处。

下面以"实例 2-16"为例练习委外加工任务单的下达，操作步骤如下。

（1）计算机日期修改为 2007 年 1 月 19 日，以"何采购"身份登录本账套。双击【生产管理】→【委外加工管理】→【委外加工生产任务】→【委外加工生产任务单—维护】，系统弹出"条件过滤"窗口，如图 7-71 所示。

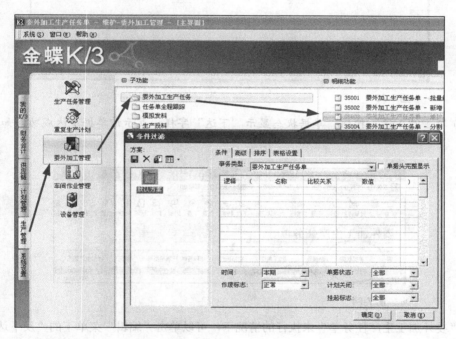

▶　图 7-71

（2）保持默认条件，单击"确定"按钮，打开"委外加工任务单序时簿"窗口，如图 7-72 所示。

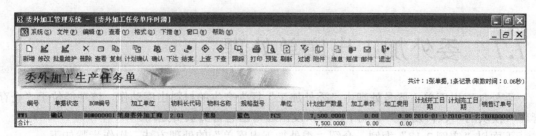

▶　图 7-72

在序时簿窗口可以同时进行委外加工生产任务单的新增、修改、下达和结案等操作。

双击"WW1"号委外加工生产任务单,打开"委外加工生产任务单"编辑单据窗口,如图7-73所示。

▶ 图 7-73

(3)单击"下达"按钮,单据状态显示"下达"字样,表示该单据下达成功,如图 7-74 所示。

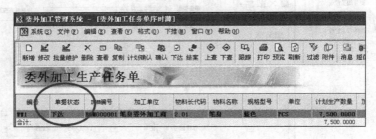

▶ 图 7-74

在"委外加工生产任务单"未执行的情况下,可以单击"编辑"菜单下的"反下达"功能取消下达,再单击"反确认"功能取消确认后,双击进入"委外加工生产任务单"编辑窗口中修改委外加工生产任务数据。

7.7 委外加工出库单处理

委外加工出库单主要是处理由"委外加工"行为产生的材料出库动作,该功能位于"仓存管理"模块的"领料发货"功能下,材料发出通常由仓管员负责处理。

下面以"实例2-17"为例,介绍"委外加工出库单"的处理方法,操作步骤如下。

（1）以"管仓库"身份登录账套，双击【供应链】→【仓存管理】→【领料发货】→【委外加工出库—新增】，打开"委外加工出库单"录入单据窗口，如图7-75所示。

▶ 图7-75

（2）源单类型选择"委外加工生产任务单"，将光标放置在"选单号"处，再单击"查看"按钮，弹出"生产投料单序时簿"窗口，如图7-76所示。

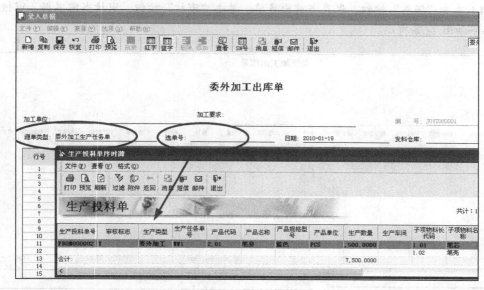

▶ 图7-76

在"生产投料单序时簿"窗口中，系统自动将每一笔"委外加工"业务单产品对应的"BOM"档案展开所需要的物料和数量，这样可以有效地提高工程、采购、仓库之间的沟通效率，并提高物料发放的准确性。

（3）按住Shift键，同时选中窗口中的两条记录，单击"返回"按钮，返回"委外加工出库单"录入窗口，获取成功的信息将会显示在窗口中；参照"应发数量"录入数量7 500，发料仓库通过单击"查看"按钮获取"原材仓"，领料获取"何采购"，发料获取"管仓库"，如图7-77所示。

第7章 业务模块实战 [153

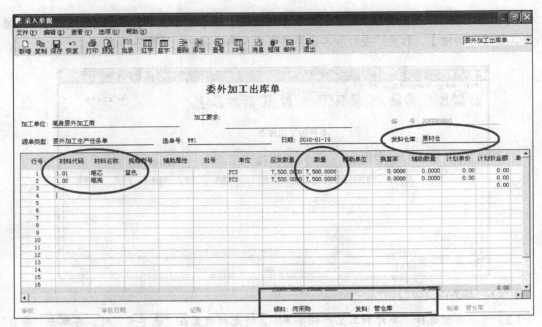

▶ 图 7-77

（4）单击"保存"按钮，保存当前出库单。单击"审核"按钮，审核当前单据，审核成功的出库单如图 7-78 所示。

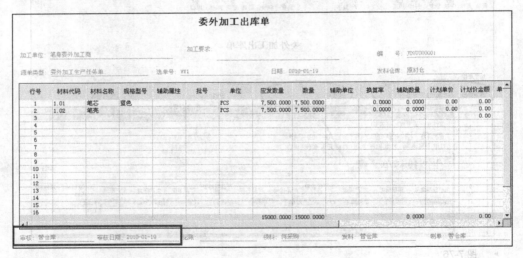

▶ 图 7-78

当采购部或 PMC 得知仓库已经发出材料，但是想确切地知道仓库针对本委外加工任务单的出库数量是多少时，可以在"委外加工管理"下的"生产任务单领料差异分析"中查询。

以"何采购"身份登录本账套，双击【生产管理】→【委外加工管理】→【生产投料】→【生产任务单领料差异分析】，系统弹出过滤条件窗口，如图 7-79 所示。

下达日期范围设置为 2010-01-01 至 2010-01-31，其他保持默认值，单击"确定"按钮，打开"领料差异分析表"窗口，如图 7-80 所示。

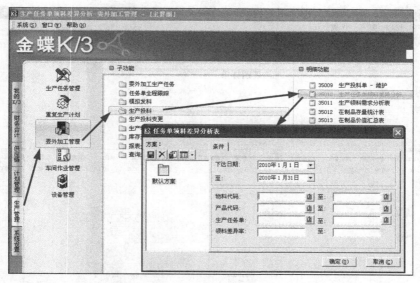

▶ 图 7-79

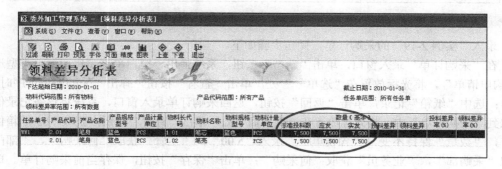

▶ 图 7-80

在该窗口中可以查询到委外加工订单号、委外加工产品、标准投料数、应发数量和实发数量等情况。

7.8 采购订单处理（二）

录入"实例 2-18"的采购订单，操作步骤如下。

以"何采购"身份登录本账套。在练习此实例前，请将计算机日期修改为 2010 年 1 月 20 日。双击【供应链】→【采购管理】→【采购订单】→【采购订单—新增】，打开"采购订单"录入窗口；源单类型选择"采购申请单"，将光标放置在"选单号"处，单击"查看"按钮，弹出"采购申请单序时簿"窗口；选中"笔帽"记录，单击"返回"按钮，返回采购订单录入窗口，系统将该条记录信息获取到"采购订单"中；将光标放置在"供应商"处，单击"查看"按钮，获取"01 笔帽供应商"，"数量"保持不变，"含税单价"录入"0.59"，"主管"获取"何采购"，"部门"获取"采购部"，"业务员"获取"何采购"；单击"保存"按钮，保存当前采购订单。单击"审核"按钮，审核当前采购订单，审核成功的采购订单如图 7-81 所示。

第 7 章 业务模块实战 | 155

▶ 图 7-81

录入"实例 2-19"的采购订单,操作步骤如下。

在"采购订单"录入窗口,单击"新增"按钮,系统弹出一空白单据窗口;源单类型选择"采购申请单",将光标放置在"选单号"处,单击"查看"按钮,弹出"采购申请单序时簿"窗口;选中"纸箱"记录,单击"返回"按钮,返回采购订单录入窗口,系统将该条记录信息获取到"采购订单"中;将光标放置在"供应商"处,单击"查看"按钮,获取"05 纸箱供应商","数量"保持不变,"含税单价"录入"5.00","主管"获取"何采购","部门"获取"采购部","业务员"获取"何采购";单击"保存"按钮,保存当前采购订单。单击"审核"按钮,审核当前采购订单,审核成功的窗口如图 7-82 所示。

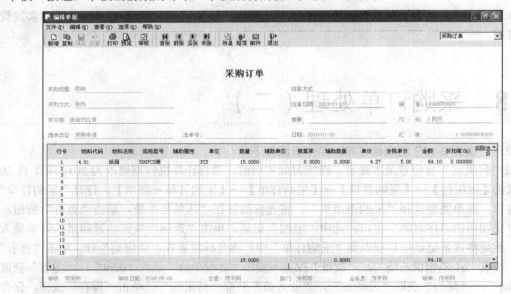

▶ 图 7-82

7.9 外购入库处理（二）

录入"实例 2-20"的外购入库单，操作步骤如下。

计算机系统日期修改为 2010 年 1 月 22 日，以"管仓库"身份登录本实例账套。双击【供应链】→【仓存管理】→【验收入库】→【外购入库单—新增】，系统弹出"外购入库单"录入单据窗口；"源单类型"选择"采购订单"，将光标放置在"选单号"处，单击"查看"按钮，系统弹出"采购订单序时簿"窗口；选中"CYORD000003"号采购订单，单击"返回"按钮，返回"外购入库单"窗口，系统将获取成功的信息显示出来；将光标放置在"收料仓库"处，单击"查看"按钮，系统弹出"仓库"档案窗口，双击"01 原材仓"，返回外购入库单窗口，系统将获取成功的信息显示出来；"实收数量"录入"7 500"，"保管"获取"管仓库"，"验收"获取"郑质量"；单击"保存"按钮，保存单据录入。单击"审核"按钮，审核当前单据，审核成功的单据如图 7-83 所示。

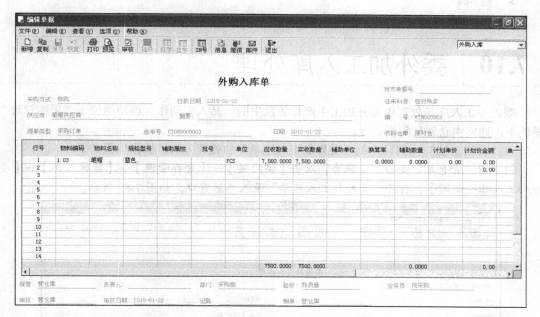

▶ 图 7-83

录入"实例 2-21"的外购入库单，操作步骤如下。

单击"新增"按钮，系统弹出一空白"外购入库单"录入窗口，"源单类型"选择"采购订单"，将光标放置在"选单号"处，单击"查看"按钮，弹出"采购订单序时簿"窗口；选中"CYORD000004"号采购订单，单击"返回"按钮，返回"外购入库单"窗口，获取成功的信息将会显示出来；将光标放置在"收料仓库"处，单击"查看"按钮，弹出"仓库"档案窗口；双击"04 包装物仓"，返回外购入库单窗口并显示获取成功的信息，"实收数量"录入"15"，"保管"获取"管仓库"，"验收"获取"郑质量"；单击"保存"按钮，保存单据录入。单击"审核"按钮，审核当前单据，审核成功的单据如图 7-84 所示。

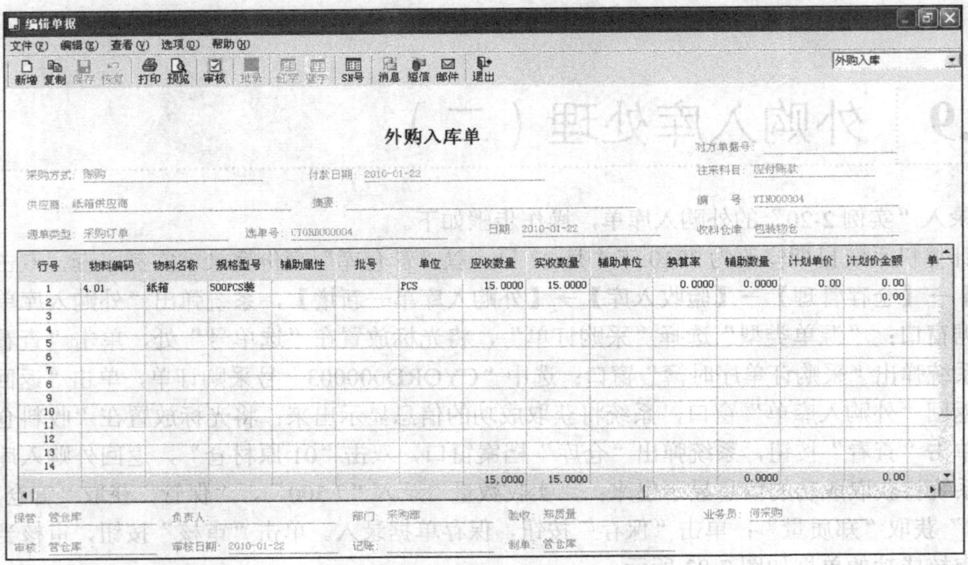

▶ 图 7-84

7.10 委外加工入库处理

委外加工入库是处理由委外加工生产任务发生的产品入库动作。该功能位于"采购管理"模块下,通常由仓管员负责处理。

以"实例 2-22"为例,介绍"委外加工入库单"的处理方法,操作步骤如下。

(1)以"管仓库"身份登录账套,双击【供应链】→【仓存管理】→【验收入库】→【委外加工入库—新增】,打开"委外加工入库单"录入单据窗口,如图 7-85 所示。

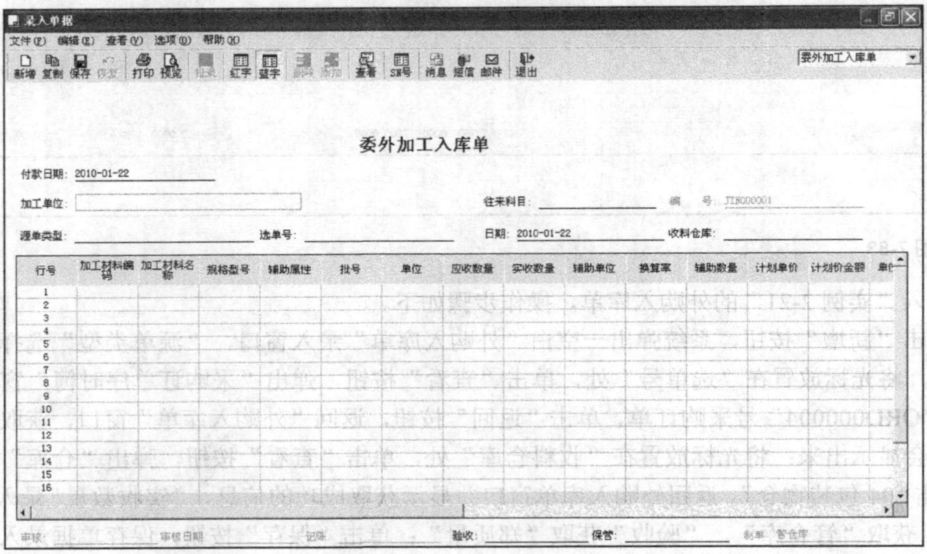

▶ 图 7-85

（2）源单类型选择"委外加工生产任务单"，将光标放置在"选单号"处，再单击"查看"按钮，弹出"委外加工生产任务单序时簿"窗口，如图7-86所示。

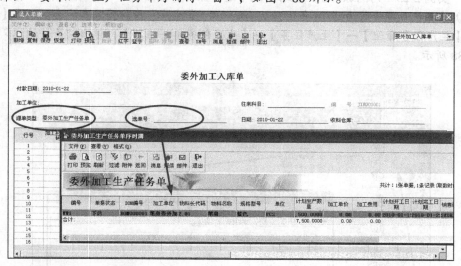

▶ 图7-86

（3）选中"WW1"号委外加工生产任务单，单击"返回"按钮，返回"委外加工入库单"录入窗口，获取成功的信息将显示在窗口中；"实收数量"录入数量7 500，收料仓库单击"查看"按钮获取"半成品仓"，验收获取"郑质量"，保管获取"管仓库"，如图7-87所示。

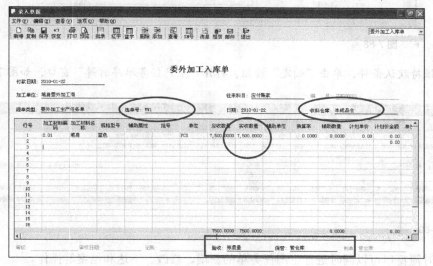

▶ 图7-87

（4）单击"保存"按钮，保存当前单据。单击"审核"按钮，审核当前单据。

7.11 生产任务单处理

生产任务是指由本公司自行加工成产品的任务。生产部查询到有生产任务单投放，下达（即为同意该生产任务单）该生产任务单，然后通知仓库备料外发到生产部加工。

以"实例 2-23"为例练习生产任务单的下达，操作步骤如下。

（1）计算机日期修改为 2010 年 1 月 22 日，以"龚生产"身份登录本账套。双击【生产管理】→【生产任务管理】→【生产任务】→【生产任务单—维护】，弹出"条件过滤"窗口，如图 7-88 所示。

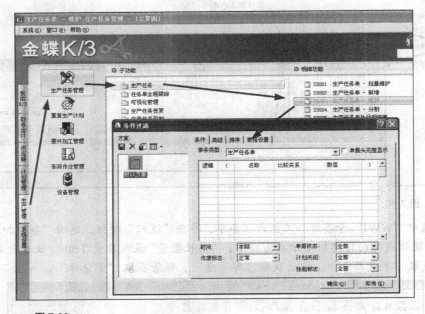

▶ 图 7-88

（2）保持默认条件，单击"确定"按钮，打开"生产任务单序时簿"窗口，如图 7-89 所示。

▶ 图 7-89

在序时簿窗口可以同时进行生产任务单的新增、修改、下达和结案等操作。

双击"WORK000001"号生产任务单，打开"生产任务单"编辑单据窗口，如图 7-90 所示。

（3）单击"下达"按钮，单据状态显示"下达"字样，表示该单据下达成功，如图 7-91 所示。

在"生产任务单"未执行的情况下，可以单击"编辑"下的"反下达"功能取消下达，再单击"反确认"功能取消确认后，双击进入"生产任务单"编辑窗口中修改生产任务单数据。

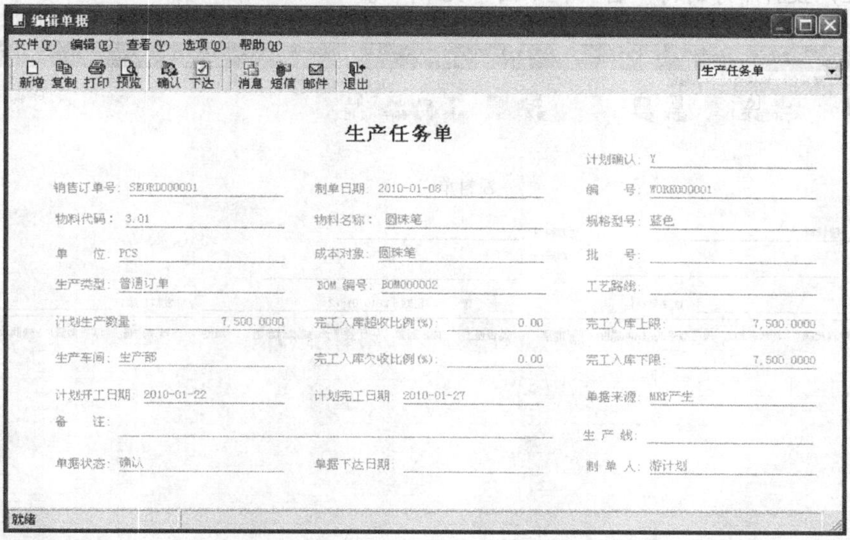

▶ 图 7-90

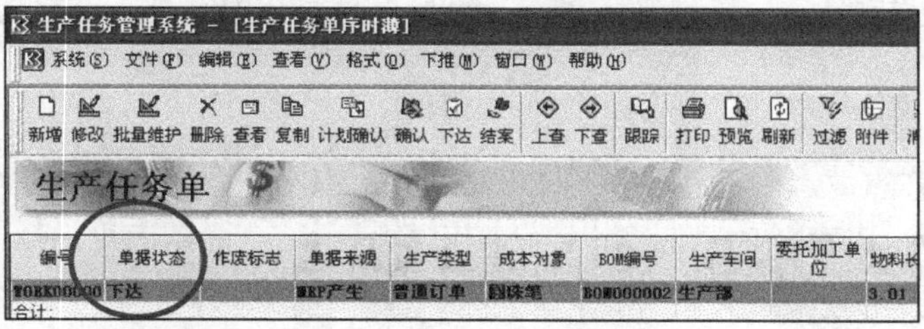

▶ 图 7-91

7.12　生产领料单处理

　　生产领料出库单主要是处理由"生产加工"行为产生的材料出库动作,该功能位于"仓存管理"模块下,生产领料通常由仓管员负责处理。

　　金蝶 K/3 系统中有两种生产领料的仓库的处理方式:一种是当不同的物料存放在不同仓库时,建议将一个仓库物料的出库录在一张单据上,如"实例 2-24"是生产圆珠笔,通过 BOM 档案展开得知需要笔帽(存放在原材仓)、笔身(存放在半成品仓)和纸箱(存放在包装物仓)3 种物料,因为它们的存放仓库不同,可以录入 3 张领料单;另一种是直接在单据录入时,在表体项目中选择该物料正确的出库仓库即可。本实例采用第 2 种方式。

　　以"实例 2-24"为例,介绍"生产领料单"的处理方法,操作步骤如下。

　　(1)以"管仓库"身份登录账套,双击【供应链】→【仓存管理】→【领料发货】→【生产领料—新增】,打开"领料单"录入单据窗口,如图 7-92 所示。

　　(2)源单类型选择"生产任务单",将光标放置在"选单号"处,单击"查看"按钮,系

第 7 章　业务模块实战　161

统弹出"生产投料单序时簿"窗口，如图 7-93 所示。

▶ 图 7-92

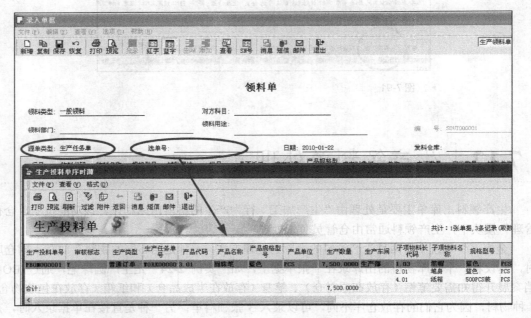

▶ 图 7-93

在"生产投料单序时簿"窗口中，系统自动将每一笔"生产任务"业务单产品对应的"BOM"档案展开所需要的物料和数量，这样可以有效地提高工程、生产、仓库之间的沟通效率，并提高物料发放的准确性。

（3）按住 Shift 键，同时选中窗口中的 3 条记录，单击"返回"按钮，返回"领料单"录入窗口，获取成功的信息将显示在窗口中；参照"应发数量"分别录入笔帽 7 500PCS、笔身 7 500PCS、纸箱 15PCS，如图 7-94 所示。

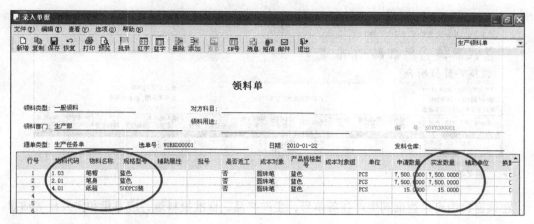

▶ 图 7-94

（4）在表体上将光标向右移动放置在"发料仓库"处，单击"查看"按钮，获取仓库信息，笔帽获取"原材仓"，笔身获取"半成品仓"，纸箱获取"包装物仓"，领料获取"龚生产"，发料获取"管仓库"，如图 7-95 所示。

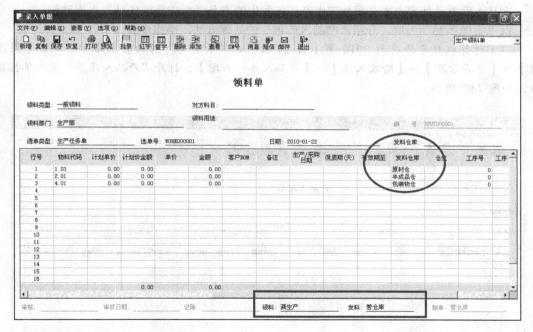

▶ 图 7-95

（5）单击"保存"按钮，保存当前单据。单击"审核"按钮，审核当前单据。

当生产部或 PMC 得知仓库已经发出材料，但是想确切地知道仓库针对本生产任务单的出库数量是多少时，可以在"生产任务管理"下的"生产任务单领料差异分析"中查询。

以"龚生产"身份登录本账套，双击【生产管理】→【生产任务管理】→【生产投料】→【生

产任务单领料差异分析】，系统弹出过滤条件窗口，日期范围设置为 2010-01-01 至 2010-01-31，其他保持默认值，单击"确定"按钮，打开"领料差异分析表"窗口，如图 7-96 所示。

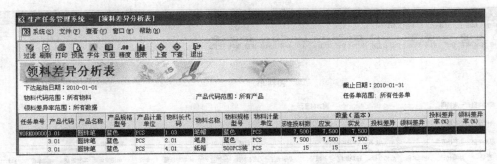

▶ 图 7-96

在该窗口中可以查询到生产任务单号、生产产品、标准投料量、应发量和实发量等信息。

7.13 产品入库单处理

产品入库单是处理由本公司加工生产任务发生的产品（半成品或成品）入库动作。

以"实例 2-25"为例，介绍"产品入库单"的处理方法，操作步骤如下。

（1）计算机日期修改为 2010 年 1 月 27 日，以"管仓库"身份登录账套。双击【供应链】→【仓存管理】→【验收入库】→【产品入库—新增】，打开"产品入库单"录入单据窗口，如图 7-97 所示。

▶ 图 7-97

（2）源单类型选择"生产任务单"，将光标放置在"选单号"处，单击"查看"按钮，弹出"生产任务单序时簿"窗口，如图7-98所示。

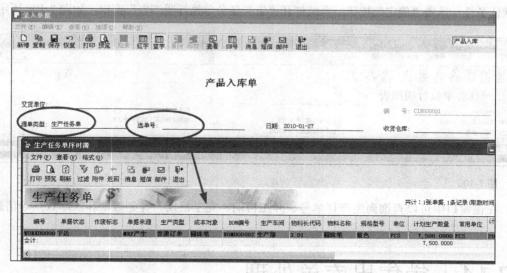

▶ 图7-98

（3）选中"WORK000001"号生产任务单，单击"返回"按钮，返回"产品入库单"录入窗口，获取成功的信息将会显示在窗口中；"实收数量"录入数量7 500，收料仓库单击"查看"按钮获取"成品仓"，验收获取"郑质量"，保管获取"管仓库"，如图7-99所示。

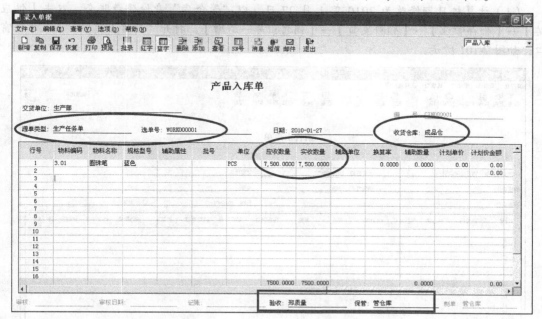

▶ 图7-99

（4）单击"保存"按钮，保存当前单据。单击"审核"按钮，审核当前单据。

生产部和计划部可能随时需要查询每笔生产任务单的进度情况，可以通过"生产任务管理"下的"生产任务单执行明细表"查询到。

以"龚生产"身份登录本账套,双击【生产管理】→【生产任务管理】→【生产任务】→【生产任务单执行明细表】,弹出过滤条件窗口,日期范围设置为 2010-01-01 至 2010-01-31,其他保持默认条件,单击"确定"按钮,系统打开"生产任务单执行明细表"窗口,如图 7-100 所示。

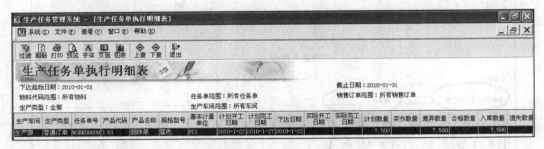

▶ 图 7-100

在该窗口中可以查询到生产订单号、开工日期、完工日期、计划数量和入库数量等信息。

7.14 销售出库单处理

销售出库单是处理由销售行为产生的产品出库动作。

下面以"实例 2-26"为例,介绍"销售出库单"的处理方法,操作步骤如下。

(1)计算机日期修改为 2010 年 1 月 27 日,以"管仓库"身份登录账套。双击【供应链】→【仓存管理】→【领料发货】→【销售出库—新增】,打开"销售出库单"录入单据窗口,如图 7-101 所示。

▶ 图 7-101

（2）源单类型选择"销售订单"，将光标放置在"选单号"处，单击"查看"按钮，系统弹出"销售订单序时簿"窗口，如图 7-102 所示。

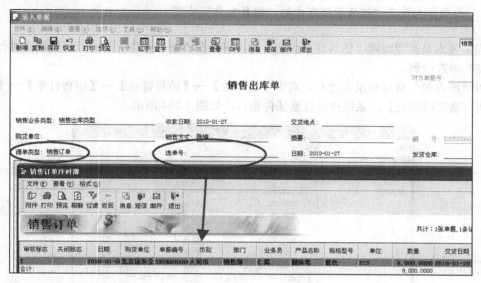

▶ 图 7-102

（3）选中"SEORD000001"记录，单击"返回"按钮，返回"销售出库单"录入窗口，获取成功的信息将显示在窗口中；"实发数量"录入笔帽 8 000，将光标放置在"发货仓库"处，单击"查看"按钮，获取"成品仓"，发货获取"严秀兰"，保管获取"管仓库"，如图 7-103 所示。

▶ 图 7-103

（4）单击"保存"按钮，保存当前出库单。单击"审核"按钮，审核当前单据。

> **注** 在销售出库单中,通常不用录入"销售价格",该笔销售发货单的实际收货金额由财务人员在"销售管理"中的"销售发票"处理。

当销售人员需要跟踪"销售订单进度"时,可以在"销售管理"下的"销售订单执行情况明细表"中查询到。

以"严秀兰"身份登录本账套,双击【供应链】→【销售管理】→【销售订单】→【销售订单执行情况明细表】,系统弹出过滤条件窗口,如图 7-104 所示。

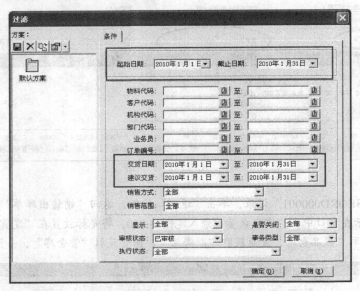

▶ 图 7-104

窗口中的 3 个日期范围都设置为 2010-01-01 至 2010-01-31,其他条件保持默认值,单击"确定"按钮,打开"销售订单执行情况明细表"窗口,如图 7-105 所示。

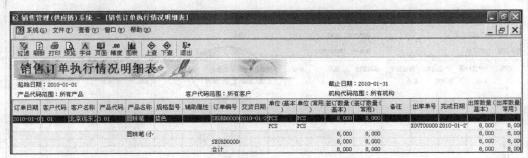

▶ 图 7-105

在该窗口中可以查询到每一张销售订单的数量和每次销售出库的情况。

至此,本账套的"业务数据"已经操作完成,涉及发票和金额的单据将在后面"财务实战"中讲述。

业务单据录入完成后,操作员可能会随时查询、汇总各种数据,金蝶 K/3 为用户提供了丰富的报表查询功能,都可以在对应的模块下查询到。使用报表查询时的重点是日期范围一定正确。

Day 8

第8章
账套初始化(二)

学习重点
- 系统设置、基础设置
- 应收款、应付款和总账系统初始化数据录入
- 应收款、应付款和总账系统启用

本章是第 4 章"账套初始化（一）"的延续。本章的初始化工作是以"Administrator（系统管理员）"身份登录"深圳市成越实业有限公司"账套，并对账套进行系统设置。

8.1 系统参数设置

本实例账套财务部分主要涉及总账系统、应收款系统、应付款系统和存货核算系统，本章主要讲述如何对这些模块的参数进行相应设置。

> **注**
> 在以后的业务处理中，如果某些控制达不到要求，都要养成返回"系统设置"查看相关模块"系统参数"设置情况的习惯。如想现金类和银行类科目出现赤字时要求报警（即弹出提示），可选择【系统设置】→【系统设置】→【总账】→【系统参数】，在弹出的"系统参数"窗口中查看"现金银行存款赤字报警"选项是否选中。

8.1.1 总账系统参数

总账系统参数是针对"总账"系统模块的设置，如系统是否要求凭证过账前审核，出现现金赤字是否要求提示等控制。

本实例账套需要对以下几项总账系统参数进行设置。

- 设定"本年利润"科目和"利润分配"科目。当"本年利润"科目设定后，在每期期末处理时进行"结转损益"操作，系统会自动将"损益类"科目下的余额转入到所设定的"本年利润"科目。"本年利润"科目设定为"4103 本年利润"，"利润分配"科目设定为"4104 利润分配"。
- 凭证过账前必须审核。为保证录入"凭证"的正确性，凭证过账（即登账）前必须审核，否则不能过账。

总账系统参数设置步骤如下。

（1）以"Administrator"身份登录本实例账套。双击【系统设置】→【系统设置】→【总账】→【系统参数】，弹出"系统参数"设置窗口，如图 8-1 所示。

"系统参数"窗口共有 3 个选项卡。系统选项卡管理当前账套的基本信息，有公司名称、地址、电话信息；总账选项卡设置整个"总账"系统的参数，有基本信息、凭证、预算和往来传递 4 个子选项卡；会计期间选项卡查看当前账套采用的会计期间方法，以及业务已经处理的会计期间。

（2）选择"总账"选项卡中的"基本信息"选项卡，在本年利润科目处单击" （获取）"按钮或按 F7 功能键，系统弹出"会计科目"窗口，选择"4 权益"类下的"4103—本年利润"科目，再单击"确定"按钮，如图 8-2 所示。

▶ 图 8-1

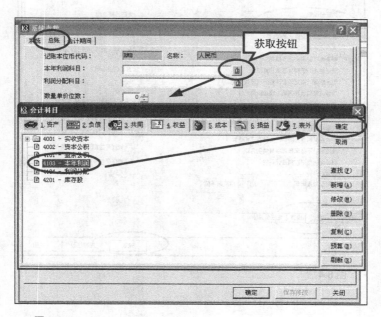

▶ 图 8-2

返回"系统参数"设置窗口,这时在"本年利润科目"处显示"4103",表示获取科目成功,同样获取"利润分配科目"为"4104 利润分配",如图 8-3 所示。

(3)切换到"凭证"参数设置窗口,选中"凭证过账前必需审核"选项,如图 8-4 所示。

(4)单击"确定"按钮,保存设置。

第 8 章 账套初始化(二) 171

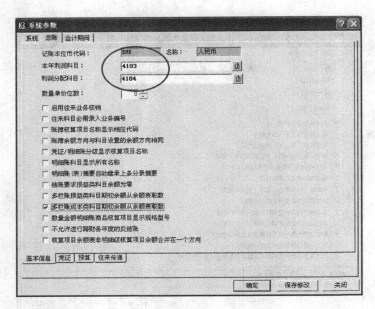

▶ 图 8-3

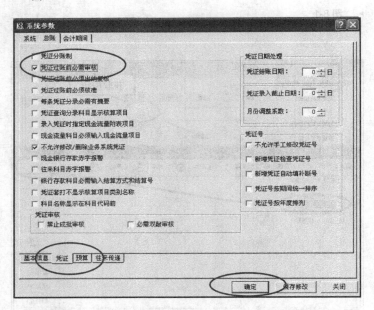

▶ 图 8-4

8.1.2 应收账款系统参数

应收账款系统参数是针对"应收款管理"系统模块的设置,如"应收款管理"系统的启用会计期间设置,客户是否需要进行信用控制等设置。

本实例账套需要对以下几项应收系统参数进行设置。

//

▲ 应收款系统的启用会计年度、会计期间,设置为 2010 年 1 期。应收模块的启用期间

可以与总账不同期间，如总账是 2010 年 1 期启用，应收款可以在 2010 年 2 期启用。
- 坏账计提方法"备抵法"中的"应收账款百分比法"。
- 应收账款、预收账款、应收票据、应交税金的会计科目。
- 结账与总账期间同步。选中该项，表示只有应收模块的数据结转到下一期后，总账模块才能进行结账。

应收账款系统参数设置步骤如下。

（1）双击【系统设置】→【系统设置】→【应收账款管理】→【系统参数】，弹出"系统参数"设置窗口，启用期间设为 2010 年 1 期，如图 8-5 所示。

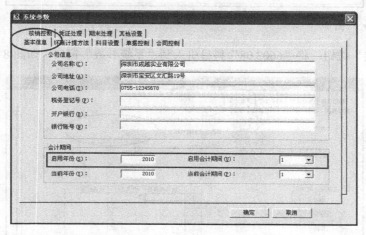

▶ 图 8-5

（2）单击"坏账计提方法"选项卡，选择"备抵法"中的"应收账款百分比法"，如图 8-6 所示。

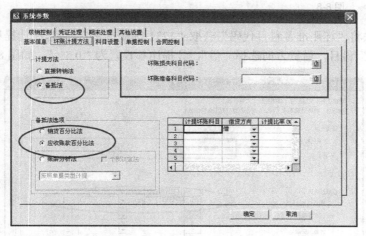

▶ 图 8-6

设置当计提坏账损失时，生成的凭证中的坏账损失科目。将光标移到"坏账损失科目代码"处，按 F7 功能键，弹出"会计科目"窗口，选中"损益"中的"6602.08—坏账损失"科目，如图 8-7 所示。

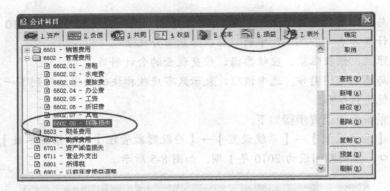

▶ 图 8-7

单击"确定"按钮,将"6602.08"科目引入到"系统参数"窗口,如图 8-8 所示。

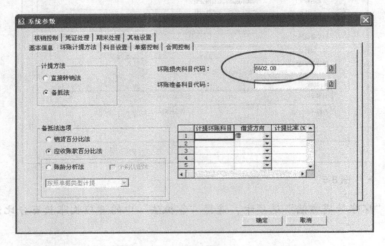

▶ 图 8-8

以同样方法将"坏账准备科目代码"获取"1231 坏账准备"科目,"计提坏账科目"获取"1122 应收账款"科目,借贷方向选择"借",计提比率设置为"0.5%",如图 8-9 所示。

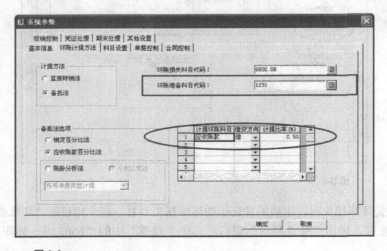

▶ 图 8-9

备抵法选项介绍

▰ 销货百分比法：若选中，系统提示录入销售收入科目代码、坏账损失百分比（%）；计提坏账时，系统按计提时点的已过账销售收入科目余额×坏账损失百分比（%）计算坏账准备。

▰ 账龄分析法：若选中，系统提示输入相应的账龄分组，不用输入计提比例，在计提坏账准备时再录入相应的计提比例计算坏账准备。

▰ 应收账款百分比法：若选中，系统提示录入计提坏账科目、科目的借贷方向、计提比率（%）。科目方向可选择借或贷，允许不选，如果不选，则取计提坏账科目的余额数；如果选择借，则表示取该科目所有余额方向为借方的明细汇总数；如果选择贷，则表示取该科目所有余额方向为贷方的明细汇总数。如果计提坏账的科目存在明细科目，并且余额存在借方和贷方余额时，将存在贷方余额的明细科目剔除，只对借方余额的明细科目计提坏账。

（3）设置应收账款、预收账款、应收票据、应交税金的会计科目。切换到"科目设置"选项卡，如图 8-10 所示。

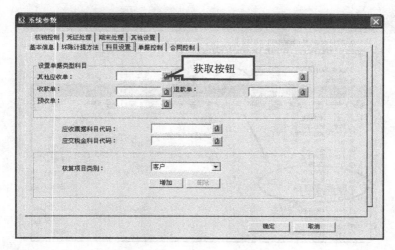

▶ 图 8-10

该窗口主要是设置生成凭证时的相应会计科目和核算项目，如果不采用凭证模板的方式生成凭证，则凭证处理时系统会根据此处设置的会计科目自动填充生成凭证。

"其他应收单"获取"1221 其他应收款"科目，"收款单"获取"1122 应收账款"科目，"预收单"获取"2203 预收账款"科目，"销售发票"获取"1122 应收账款"科目，"退款单"获取"1122 应收账款"科目，"应收票据科目代码"获取"1121 应收票据"科目，"应交税金科目代码"获取"2221.01.05 销项税"科目，如图 8-11 所示。

说明

"设置单据类型科目"处所设置的科目必须为"应收应付"受控属性，否则设置不成功。由于"1221 其他应收款"未设置为"受控"属性，所以要进行科目属性的修改，操作方法为：单击"其他应收单"旁的"获取"按钮，打开"会计科目"管理窗口，如图 8-12 所示。选中"1221—其他应收款"科目，单击"修改"按钮，系统弹出"会计科目—修改"窗口，在窗口下方选中科目受控系统为"应收应付"，如图 8-13 所示。修改成功后单击"保存"按钮，再单击"关闭"按钮，返回会计科目管理窗口。

第 8 章 账套初始化（二） 175

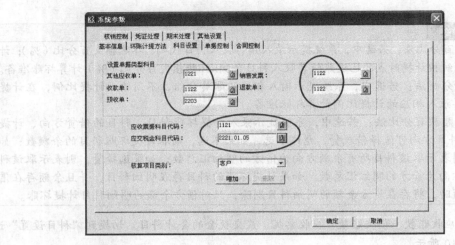

▶ 图 8-11

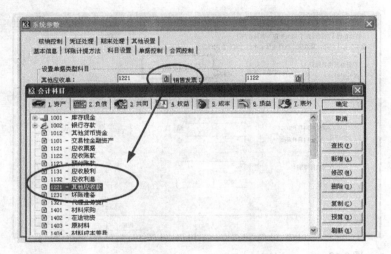

▶ 图 8-12

▶ 图 8-13

（4）设置结账与总账期间同步。切换到"期末处理"选项卡，选中"结账与总账期间同步"，如图 8-14 所示。

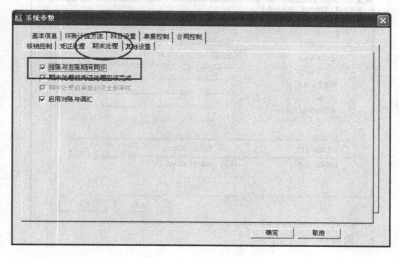

▶ 图 8-14

（5）单击"确定"按钮，保存参数设置。

8.1.3 应付账款系统参数

应付账款系统参数是针对"应付款管理"系统的设置，如"应付款管理"系统的启用会计期间等设置。

本实例账套需要对以下几项应付系统参数进行设置。

- 应付模块的启用会计年度、会计期间，设置为 2010 年 1 期。
- 应付账款、预付账款、应付票据、应交税金的会计科目。
- 结账与总账期间同步，表示只有应付模块结账后总账模块才能进行结账。
- 取消"期末处理前凭证处理应该完成"。

设置步骤如下。

（1）双击【系统设置】→【系统设置】→【应付账款管理】→【系统参数】，弹出"系统参数"设置窗口，如图 8-15 所示。

启用年份录入"2010"，启用会计期间选择"1"。

（2）切换到"科目设置"选项卡，"其他应付单"获取"2241"科目，"付款单"获取"2202"科目，"预付单"获取"1123"科目，"采购发票"获取"2202"科目，"退款单"获取"2202"科目，"应付票据科目代码"获取"2201"科目，"应交税金科目代码"获取"2221.01.01"科目，如图 8-16 所示。

说明

"2241 其他应付款"科目要修改为"应收应付"受控科目。

（3）切换到"期末处理"选项卡，取消"期末处理前凭证处理应该完成"，选中"结账与

总账期间同步",如图 8-17 所示。

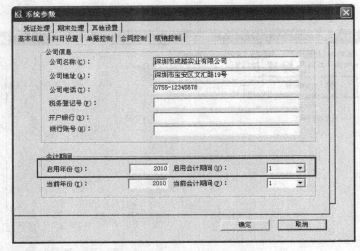

▶ 图 8-15

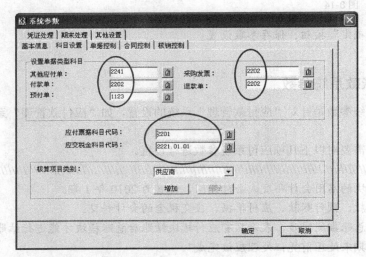

▶ 图 8-16

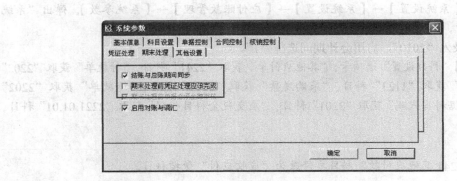

▶ 图 8-17

不选中"期末处理前凭证处理应该完成",是因为后期有一张委外加发票,将"委外加工入库单"生成凭证即可,取消是为了应付模块可以期末结账处理。

(4)单击"确定"按钮,保存设置。

8.1.4 存货核算系统设置

存货核算系统设置是针对"存货核算"模块的参数进行设置,如暂估冲回凭证生成方式等。

将"存货核算系统"交由财务处理主要是考虑到该模块是进行材料成本处理和凭证处理,与财务核算关联非常重要。另外,"存货核算系统"要启用时,本模块的启用期间和初始数据是与"供应链"同步的。

本实例账套需要对以下几项存货核算系统参数进行设置。

- 选中"期末结账时检查未记账的单据"。
- 设置"暂估冲回凭证生成方式"为"单到冲回"方式。

设置步骤如下。

(1)双击【系统设置】→【系统设置】→【存货核算】→【系统设置】,弹出"系统参数维护"设置窗口,如图8-18所示。

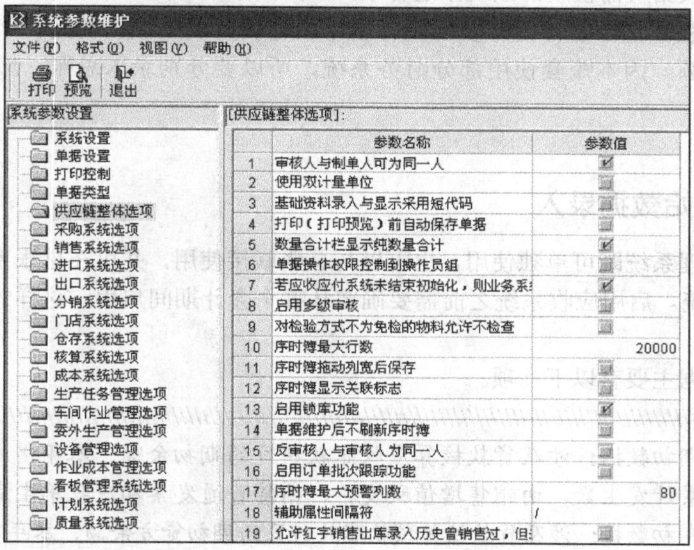

▶ 图 8-18

(2)选中左侧"核算系统选项",在窗口右侧,选中第1个选项"期末结账时检查未记账的单据",再单击第2个选项"暂估冲回凭证生成方式"右侧的下拉按钮,选择"单到冲回"方式,如图8-19所示。

(3)设置完成,单击"退出"按钮,系统自动保存设置。

8 Day

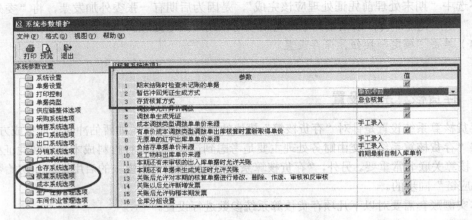

▶ 图 8-19

8.2 初始数据录入

初始数据是根据所需使用的系统来进行录入。如只购买总账、报表系统，则只需录入各会计科目的期初余额、本年累计借方发生额、本年累计贷方发生额；若是在年初启用账套，则只需录入年初余额。因本账套使用部分财务系统，所以要分别录入总账、应收款和应付款初始数据。

8.2.1 应收初始数据录入

应收账款管理系统既可单独使用，也可以与总账联接使用，并可在总账系统应用一段时间后再使用应收系统。启用应收系统之前需要确定从哪个会计期间启用，这样才能正确地确认期初数据。

应收初始数据主要有以下几项。

- 应收款期初数据：涉及货款核算应收账款科目的期初余额、本年借方累计发生数、本年贷方累计发生数，由销售增值税发票、销售普通发票和应收单生成。
- 预收款期初数据：涉及货款核算预收账款科目的期初贷方余额、本年贷方累计发生数，由预收单生成。如果预收账款的期初余额为借方余额，建议进行调账处理，把预收账款调入应收账款科目中。
- 应收票据期初数据：指还没有进行票据处理的应收票据，不包括已经背书、贴现、转出或已收款的应收票据。
- 期初坏账数据：指以后有可能收回的坏账。

在主界面窗口，双击【系统设置】→【初始化】→【应收款管理】，应收初始数据包括应收账款、应收票据、期初坏账 3 个选项，如图 8-20 所示，在录入期初时选择相应选项。

选择相应的期初单据类型，打开"期初数据录入"窗口，在该窗口中录入期初数据即可。

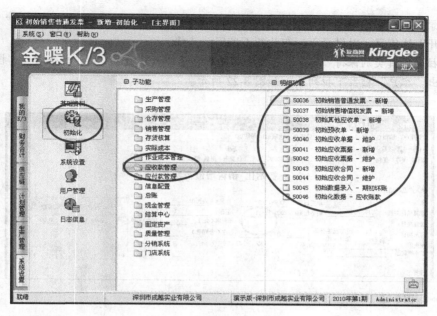

▶ 图 8-20

1. 初始数据录入

以录入表 2-16 中的数据为例,介绍应收款期初数据的处理方法,操作步骤如下。

(1)表 2-16 中是一张销售增值税发票,所以该数据需要在"初始销售增值税发票"中处理。双击【系统设置】→【初始化】→【应收款管理】→【初始销售增值税发票—新增】,打开"初始化—销售增值税发票【新增】"窗口,如图 8-21 所示。

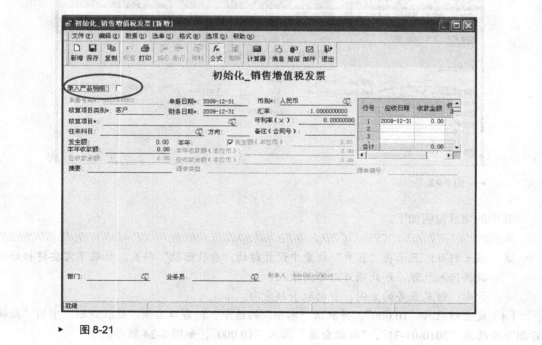

▶ 图 8-21

第 8 章 账套初始化(二) 181

若要录入本"销售增值税发票"所涉及的产品信息,可以选中"录入产品明细"选项,则系统会打开表体信息,以供录入。在此暂不使用此选项。

(2)核算项目类别保持"客户"不变,将光标移至"核算项目"处,单击右侧"模糊查询"按钮,弹出"客户"档案下拉列表,如图8-22所示。

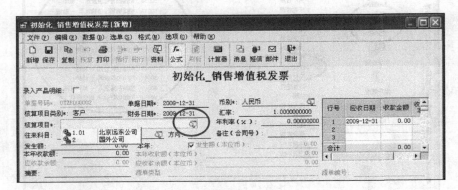

▶ 图 8-22

小技巧

如果用户知道该客户代码的前几位,可在核算项目录入第1位,此时系统即可将满足条件的显示出来,起到模糊查询的功能。

(3)选择"1.01 北京远东公司",系统自动将客户信息显示出来,如图8-23所示。

▶ 图 8-23

其中的项目说明如下。

//

- 往来科目:显示在"客户"档案中设置时的"应收账款"科目。如果不需要将初始化数据传入总账,则此项可以不用录入。
- 方向:该笔业务的方向,自动取余额方向。

(4)发生额录入"10 000",并取消"本年"的选中,把窗口右侧"收款计划"中的"应收日期"修改为"2010-01-31","收款金额"录入"10 000",如图8-24所示。

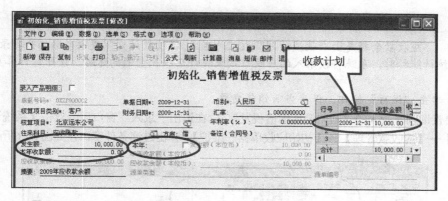

▶ 图 8-24

说明

为快速完成初始化，可以把每个往来单位的所有单据资料汇总成一张业务编号的单据录入，这样可以提高工作效率；但缺点是初始化时的所有单据只能在一张单据中进行处理，不利于对初始化的单据进行明细管理。如客户有 3 张发票未收到钱，可以汇总成一张发票录入，只要总金额不变就行。

单据资料不是很多时，可以按明细单据逐笔录入，这样做的缺点是工作量大，但结束初始化后便于对初始化单据进行跟踪处理。

发生额：是录入本笔（批）发票的发生额，如 100 000。

收款金额：是录入本笔（批）发票的余额，录入此数据时，请注意"应收款余额"的变化。

（5）摘要录入"2009 年应收款余额"，部门和业务员按 F7 功能键分别获取"销售部"和"仁渴"，如图 8-25 所示。

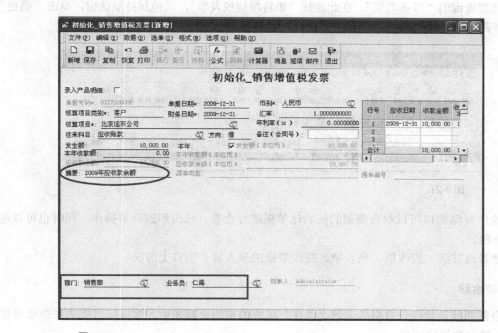

▶ 图 8-25

> **注**
> 应收款余额是由"收款计划"表汇总生成。"收款计划"提供余额的分期录入,在统计账龄时,系统将按录入的应收日期来统计应收款金额的账龄,使账龄计算更精确。

(6)单击"保存"按钮,保存当前销售发票。

若要查询刚才录入的"初始销售增值税发票",在退出"录入"窗口后,双击【系统设置】→【初始化】→【应收款管理】→【初始应收单据—维护】,弹出过滤条件窗口,如图 8-26 所示。

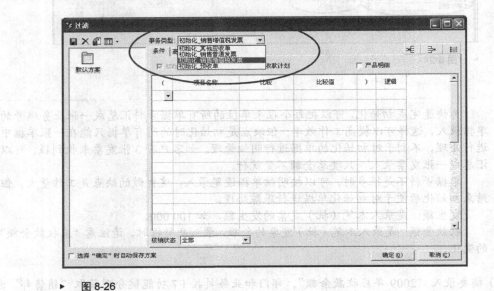

▶ 图 8-26

选择要查询的"事务类型"。在此选择"销售增值税发票",其他保持默认值,单击"确定"按钮,打开"销售增值税发票序时簿"窗口,如图 8-27 所示。

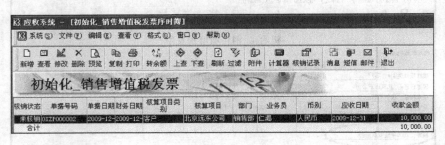

▶ 图 8-27

在该序时簿窗口可以对查询到的初始化单据进行查看、修改和删除等操作,同时也可以进行新增处理。

销售普通发票、应收单、预收单、应收票据的录入可参照以上方法。

2. 转余额

转余额功能是将往来数据传递到"总账"模块的初始余额表中,这样可以省去在总账系统重复录入往来数据的麻烦。

在"初始化—销售增值税发票序时簿"窗口,单击工具栏上的"转余额"按钮,弹出提示窗口,如图 8-28 所示。

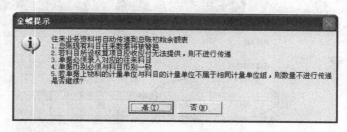

▶ 图 8-28

在此单击"是"按钮,稍后弹出转余额成功提示,单击"确定"按钮,完成转余额工作。

查看转余额是否成功的方法是:双击【系统设置】→【初始化】→【总账】→【科目初始数据录入】,打开"科目初始余额录入"窗口,查看"1122 应收账款"下的数据是否与"应收账款"中的初始数据相同。

3.结束初始化

应收款期初数据录入完整、正确才能结束初始化,结束初始化后应收系统才能进行日常的业务处理工作。初始化结束功能位于【财务会计】→【应收款管理】→【初始化】,如图 8-29 所示。

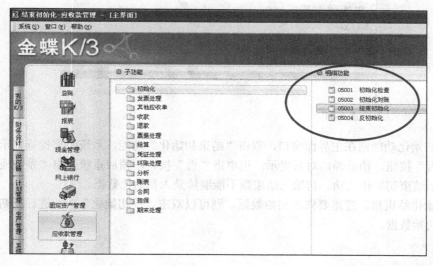

▶ 图 8-29

金蝶 K/3 系统在初始化工作中提供了初始化检查、初始化对账和反初始化功能。

双击"初始化检查"功能,系统将对初始化进行检查,并弹出相应的提示信息。

双击"初始化对账"功能,弹出"过滤条件"窗口,在科目代码处录入需要进行对账的会计科目,在此按 F7 功能键获取"1122 应收账款"科目,并选中"显示核算项目明细",如图 8-30 所示。

单击"确定"按钮,打开"初始化对账"窗口,如图 8-31 所示。在对账窗口可以查询到同

一客户下"应收系统"和"总账系统"之间的余额对账。

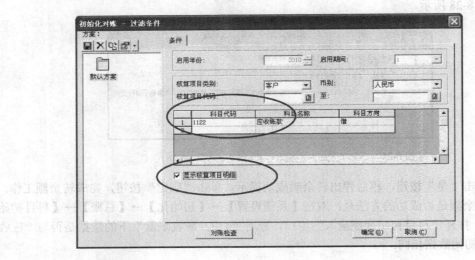

▶ 图 8-30

▶ 图 8-31

结束初始化功能则在主界面窗口，双击"结束初始化"功能，系统弹出检查提示窗口；在此单击"否"按钮，稍后弹出对账提示；也单击"否"按钮，稍后系统弹出"系统成功启用"提示，表示结束初始化成功。初始化结束则不能继续录入初始化数据。

在初始化结束后，若需要修改初始数据，则可以双击"反初始化"功能进行反初始化，然后再修改初始数据。

8.2.2 应付初始数据录入

应付款系统的初始数据录入与应收款系统的操作基本相同。

1. 初始数据录入

录入表 2-17 中的应付款初始数据，操作步骤如下。

（1）双击【系统设置】→【初始化】→【应付款管理】→【初始采购增值税发票—新增】，打开"初始化—采购增值税发票【新增】"录入窗口，如图 8-32 所示。

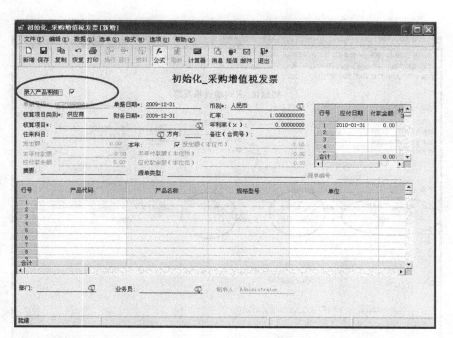

▸ 图 8-32

（2）核算项目类别保持"供应商"不变，单击"核算项目"右侧的查询按钮，获取"笔壳供应商"，并取消选中发生额右侧的"本年"，如图 8-33 所示。

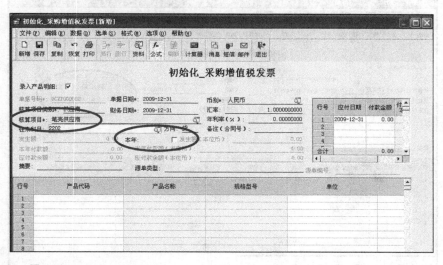

▸ 图 8-33

（3）单击"产品代码"处的查询按钮，获取"1.02——笔壳"，数量录入"1 000"，含税单价录入"3.51"，如图 8-34 所示。

增值税发票的税率默认值为"17%（可以修改）"且位于表体右侧，系统会自动反算出"单价"，窗口右上侧的"付款金额"自动由产品明细汇总得出。

（4）应付日期修改为"2010-01-31"，部门获取"采购部"，业务员获取"何采购"，如图 8-35 所示。

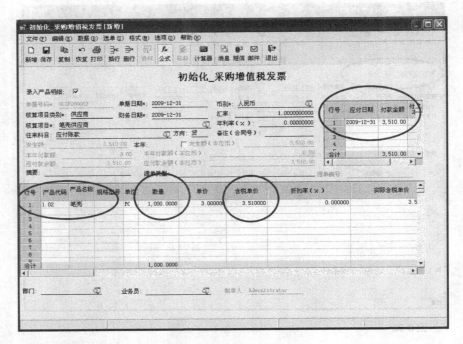

▶ 图 8-34

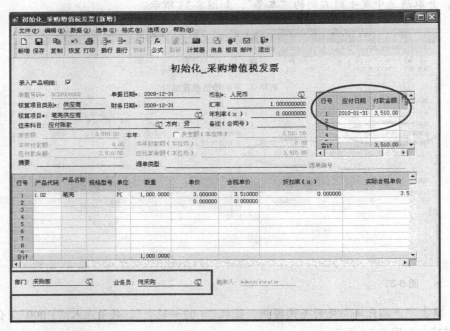

▶ 图 8-35

（5）单击"保存"按钮，保存当前采购增值税发票。

若要查询刚才录入的"初始采购增值税发票"，在退出"录入"窗口后，双击【系统设置】→【初始化】→【应付款管理】→【初始应付单据—维护】，弹出过滤条件窗口，如图 8-36 所示。

▶ 图 8-36

选择要查询的"事务类型",在此选择"初始化—采购增值税发票",其他保持默认值,单击"确定"按钮,打开"初始化—采购增值税发票序时簿"窗口,如图 8-37 所示。

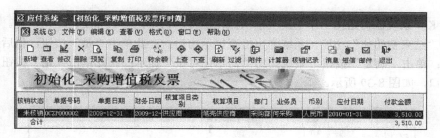

▶ 图 8-37

在该序时簿窗口可以对查询到的初始化单据进行查看、修改和删除等操作,同时也可以进行新增处理。

采购普通发票、应付单、预付单、应付票据的录入可参照以上方法。

2. 转余额

转余额功能是将往来数据传递到总账初始余额表,这样可以省去在总账系统重复录入往来数据的麻烦。

在"初始化—采购增值税发票序时簿"窗口,单击工具栏上的"转余额"按钮,系统弹出提示窗口,在此单击"是"按钮,稍后弹出转余额成功提示,单击"确定"按钮,完成转余额工作。查看转余额是否成功的方法是:双击【系统设置】→【初始化】→【总账】→【科目初始数据录入】,打开"科目初始余额录入"窗口,查看"2202 应付账款"下的数据是否与"应付账款"中的初始数据相同。

3. 结束初始化

应付款期初数据录入完整、正确才能结束初始化,结束初始化后应付系统才能进行日常的业务处理工作。初始化结束功能位于【财务会计】→【应付款管理】→【初始化】,如图 8-38 所示。

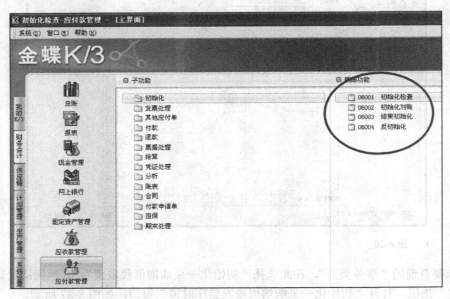

▶ 图 8-38

金蝶 K/3 系统在初始化工作中提供了初始化检查、初始化对账和反初始化功能。

双击"结束初始化"功能,系统弹出检查提示窗口;在此单击"是"按钮,稍后弹出检查通过提示;单击"确定"按钮,系统弹出"初始化对账"提示;在此单击"是"按钮,系统弹出过滤窗口,如图 8-39 所示。

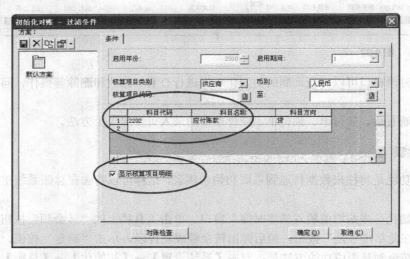

▶ 图 8-39

单击"确定"按钮,打开"初始化对账"窗口,并弹出是否结束初始化的提示,如图 8-40 所示。

单击"是"按钮,稍后弹出"系统成功启用"提示,表示初始化结束成功。初始化结束则不能继续录入初始化数据。

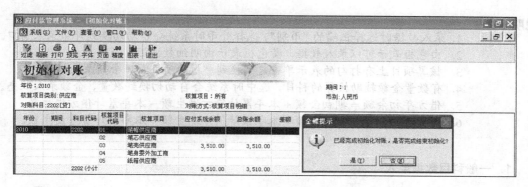

▶ 图 8-40

在初始化结束后，若需要修改初始数据，则可以双击"反初始化"功能，然后再修改初始数据。

8.2.3 总账初始数据设置

总账初始数据设置重点是录入各会计科目的本年累计借方发生额、本年累计贷方发生额、期初余额，涉及外币的要录入本位币、原币金额，涉及数量金额辅助核算的科目要录入数量、金额，涉及核算项目的科目要录入各明细核算项目的数据。若账套是年初启用，则只需录入期初余额即可。

录入表 2-18 至表 2-19 中的数据，操作步骤如下。

双击【系统设置】→【初始化】→【总账】→【科目初始数据录入】，打开"科目初始余额录入"窗口，如图 8-41 所示。

▶ 图 8-41

说明

1. 录入数据时选择正确的"币别",选择外币时系统会自动切换到外币录入窗口。
2. 白色框表示可以录入数据,黄色框表示由明细数据汇总而得。
3. 核算项目上有打勾的表示单击可切换到"核算项目初始余额录入"窗口。
4. 有数量金额辅助核算的科目,选中时系统会自动切换到数量、金额录入状态。
5. 借方年初余额=期初余额+本年累计贷方发生额-本年累计借方发生额。
6. 贷方年初余额=期初余额+本年累计借方发生额-本年累计贷方发生额。

1. 一般科目数据录入

下面以录入表 2-18 中科目期初数据为例,介绍一般科目数据的录入方法。

先录入"1001.01—人民币"科目下的数据。币别先选择"人民币",将光标放置在"1001.01—人民币"的"期初余额"项目下,录入"5 000",如图 8-42 所示。

按"Enter"键,请注意"1001—库存现金"科目的变化。以同样的操作方法录入其他科目的期初数据。

2. 核算项目科目数据录入

核算项目科目是指该科目设置有"核算项目"类别,如应收账款设置核算客户的功能,在"初始余额表"中设置核算项目的科目标志是有"√"。单击"应收账款"科目下"核算项目"打勾位置,弹出"核算项目初始余额录入"窗口,如图 8-43 所示。

▶ 图 8-42

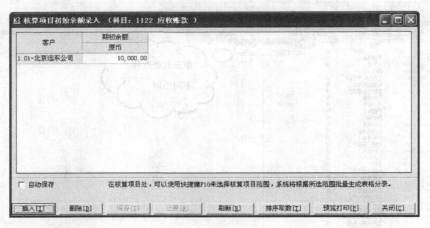

▶ 图 8-43

说明

窗口中的数据是由"应收账款系统"初始化传递过来。

单击"插入"按钮,新增一条空白记录,如图 8-44 所示。

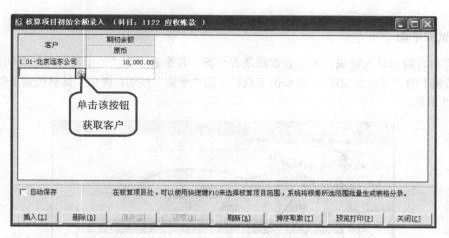

▶ 图 8-44

获取"客户代码",录入"期初余额",录入正确后单击"保存"按钮,若不需该条记录,将其选中后再单击"删除"按钮。

说明

因应收账款下科目数据已经是正确的,在此不用做任何修改。

3. 外币科目数据录入

外币科目是指该科目下设置有核算外币的功能,若该科目有数据必须录入原币金额和本位币金额。选择币别下的"港币",窗口切换到外币科目录入状态,如图 8-45 所示。

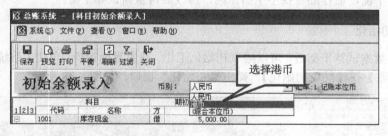

▶ 图 8-45

将表 2-19 中的数据录入,在"1002.02—人行东桥支行 128"科目处,原币录入"100 000",本位币系统会根据"币别"中的汇率自动计算,如图 8-46 所示。

▶ 图 8-46

录入完成后,单击工具栏上的"保存"按钮。

第 8 章 账套初始化(二)

4. 试算平衡

所有科目数据录入完成，须查看数据是否平衡。若账套中有"外币科目"的期初数据，必须选择币别下的"综合本位币"，再单击工具栏上的"平衡"按钮，弹出"试算借贷平衡"窗口，如图 8-47 所示。

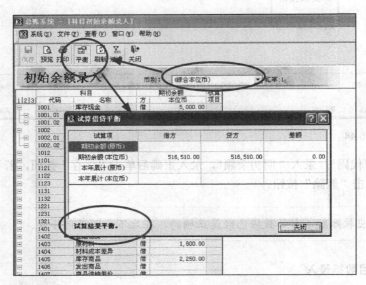

▶ 图 8-47

若试算不平衡，需仔细查找不平衡原因，修改后再重新试算平衡。

5. 结束初始化

科目期初数据试算平衡后，可以结束初始化工作。在主界面窗口，单击【系统设置】→【初始化】→【总账】→【结束初始化】，弹出"初始化"窗口，如图 8-48 所示。

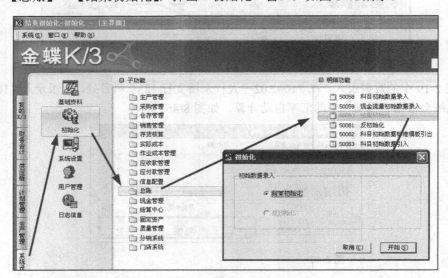

▶ 图 8-48

选择"结束初始化"项,再单击"开始"按钮,稍后系统弹出提示窗口,如图 8-49 所示。

▶ 图 8-49

单击"确定"按钮,完成初始化工作。

若要反初始化总账系统,则双击【系统设置】→【初始化】→【总账】→【反初始化】,然后按照向导操作即可。

Day 9 第9章
财务模块实战（一）

学习重点
- 采购发票、付款单处理
- 委外发票、委外加工入库核算
- 销售发票、收款单处理
- 材料成本计算操作

本章完成的实例与第 2 章中实例一一对应。

9.1 采购发票处理（一）

采购发票是应付账款和采购入库成本核算的基本凭据，同时是采购管理系统和应付款管理系统进行数据传递的单据。

金蝶 K/3 系统为用户提供采购专用发票、采购普通发票和费用发票及处理。

- 采购专用发票：通常是指日常业务中处理的"增值税发票"，当某物料的外购入库单是采购专用发票时，则该物料的入库成本为"不含税单价"。
- 采购普通发票：当某物料的发票录入"采购普通发票"时，则该物料的入库成本为"含税单价"。
- 费用发票：是以某笔"采购业务"对应产生的费用而开具的发票，如运输费、报关费和保险费等，是据以付款、记账、纳税的依据，同时是核算原材料的"入库成本"的重要凭证。

采购发票可以是在"实际发生业务时间"的时候处理，如 2010 年 1 月 8 日有一笔外购入库单，则可以"参照"这张入库单生成采购发票，也可以在"月底"一次性处理。本书中选择第 2 种方式。

在本书模拟的公司中，所有供应商都开具"增值税发票"。本书重点讲述"采购专用发票"的处理方法。

金蝶 K/3 系统中的入库成本核算流程是：录入采购发票和费用发票→审核→钩稽→入库成本核算。本节将以此流程详细讲述入库成本的处理方法。

9.1.1 采购发票的录入和审核

以"实例 2-27"为例，练习采购专用发票处理方法，操作步骤如下。

（1）修改计算机日期为 2010 年 1 月 31 日，以"何陈钰"身份登录本实例账套。选择【供应链】→【采购管理】→【采购发票】→【采购发票—新增】，如图 9-1 所示。

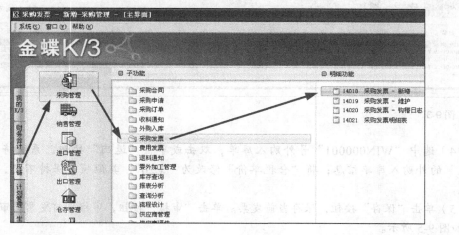

▶ 图 9-1

（2）双击【采购发票—新增】，打开"购货发票"录入窗口，如图9-2所示。

▶ 图 9-2

（3）选择"购货发票（专用）"，源单类型选择"外购入库"，将光标放置在"选单号"处，单击"查看"按钮或按F7功能键，弹出"外购入库序时簿"窗口，如图9-3所示。

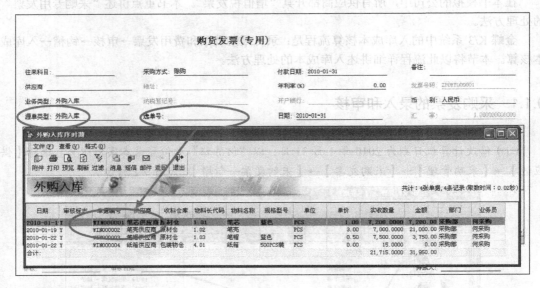

▶ 图 9-3

（4）选中"WIN000001"号外购入库单，双击或单击"返回"按钮，系统将自动显示"参照"的外购入库单信息；将"含税单价"修改为"1.20"，其他项目保持不变，如图9-4所示。

（5）单击"保存"按钮，保存当前发票。单击"审核"按钮，审核当前发票，审核成功的发票如图9-5所示。

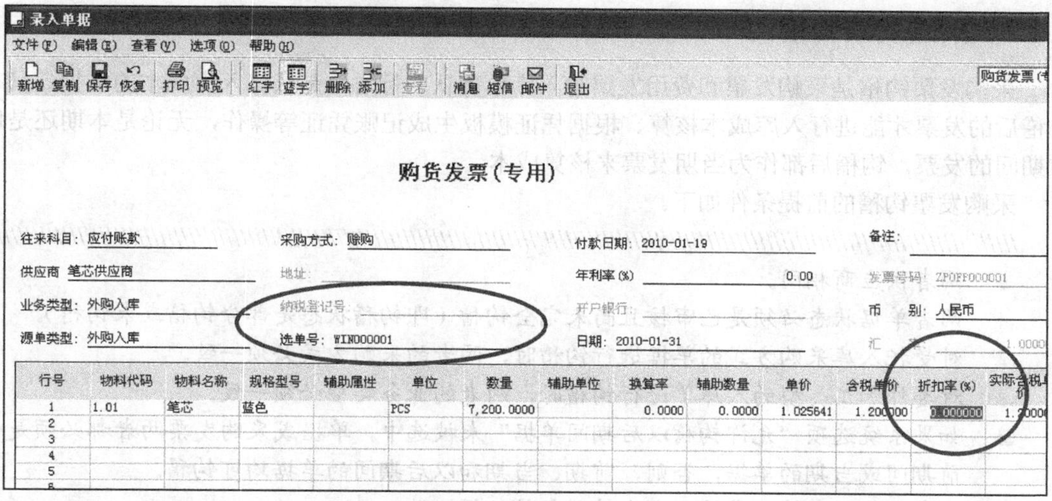
录入单据
文件(F) 编辑(E) 查看(V) 选项(O) 帮助(H)
新增 复制 保存 恢复 打印 预览 红字 蓝字 删除 添加 查看 消息 短信 邮件 退出
购货发票(专用)
往来科目：应付账款
采购方式：赊购
付款日期：2010-01-19
备注：
供应商 笔芯供应商
地址：
年利率(%) 0.00
发票号码：ZPOFF000001
业务类型：外购入库
纳税登记号
开户银行：
币 别：人民币
源单类型：外购入库
选单号：WIN000001
日期：2010-01-31
行号 物料代码 物料名称 规格型号 辅助属性 单位 数量 辅助单位 换算率 辅助数量 单价 含税单价 折扣率(%)
1 1.01 笔芯 蓝色 PCS 7,200.0000 0.0000 0.0000 1.025641 1.200000 0.000000

图 9-4

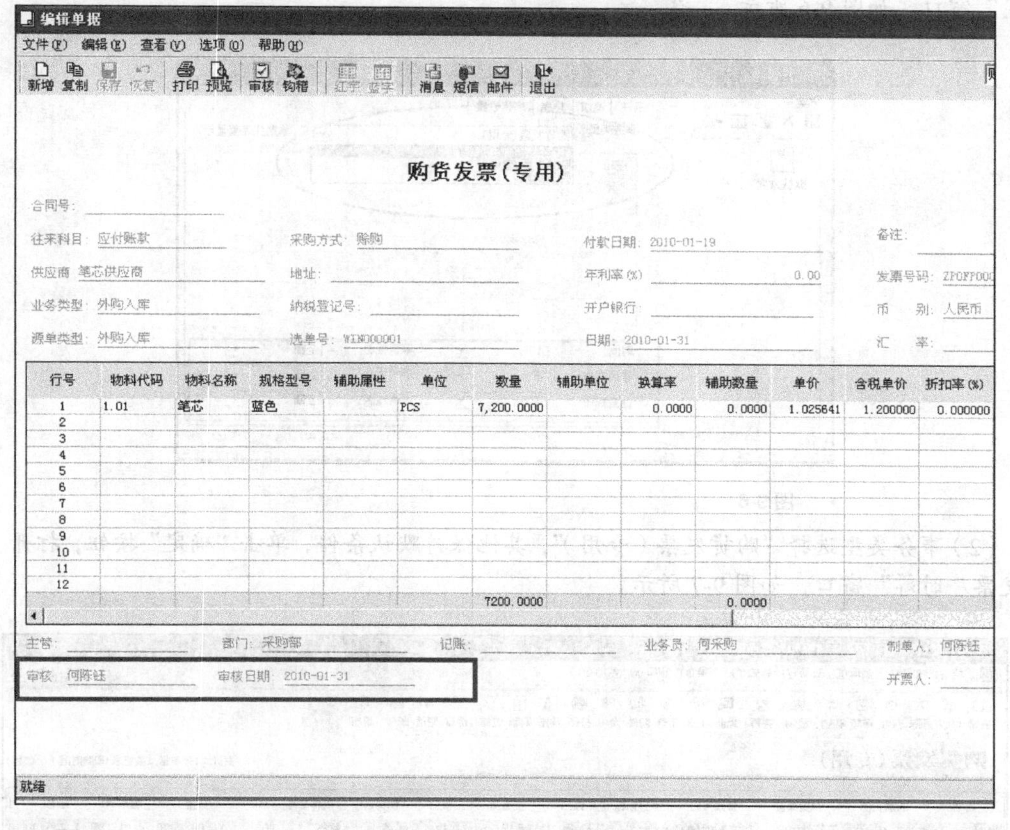
编辑单据
文件(F) 编辑(E) 查看(V) 选项(O) 帮助(H)
新增 复制 保存 恢复 打印 预览 审核 钩稽 红字 蓝字 消息 短信 邮件 退出
购货发票(专用)
合同号：
往来科目：应付账款
采购方式：赊购
付款日期：2010-01-19
备注：
供应商 笔芯供应商
地址：
年利率(%) 0.00
发票号码：ZPOFF000
业务类型：外购入库
纳税登记号：
开户银行：
币 别：人民币
源单类型：外购入库
选单号：WIN000001
日期：2010-01-31
汇 率：
行号 物料代码 物料名称 规格型号 辅助属性 单位 数量 辅助单位 换算率 辅助数量 单价 含税单价 折扣率(%)
1 1.01 笔芯 蓝色 PCS 7,200.0000 0.0000 0.0000 1.025641 1.200000 0.000000
7200.0000 0.0000
主管：
部门：采购部
记账：
业务员：何采购
制单人：何阵钰
审核：何阵钰
审核日期：2010-01-31
开票人：
就绪

图 9-5

9.1.2 采购发票钩稽

采购发票钩稽是采购发票和费用发票与入库单确认的标志,是核算入库成本的依据。只有钩稽后的发票才能进行入库成本核算、根据凭证模板生成记账凭证等操作,无论是本期还是以前期间的发票,钩稽后都作为当期发票来核算成本。

采购发票钩稽的前提条件如下。

- 两者供应商相同。
- 两者单据状态必须是已审核且尚未完全钩稽(即钩稽状态是部分钩稽或未钩稽)。
- 对受托入库采购方式的单据进行钩稽时,两者的采购方式必须一致。
- 对委外加工类型的入库单进行钩稽时,两者的业务类型必须一致。
- 如果系统选项"允许钩稽以后期间单据"未被选中,单据或采购发票两者都必须是以前期间或当期的单据,否则,前期、当期和以后期间的单据均可钩稽。
- 两者的物料、辅助属性、本次钩稽数量必须一致。

以"实例2-28"为例,练习采购发票的钩稽操作,操作步骤如下。

(1)双击【供应链】→【采购管理】→【采购发票】→【采购发票—维护】,弹出"条件过滤"窗口,如图9-6所示。

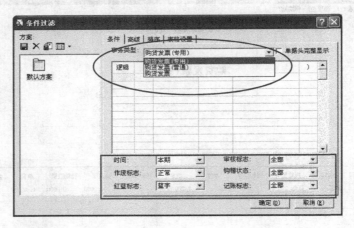

▶ 图9-6

(2)事务类型选择"购货发票(专用)",其他保持默认条件,单击"确定"按钮,打开"采购发票序时簿"窗口,如图9-7所示。

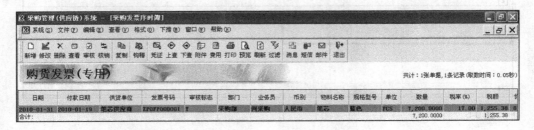

▶ 图9-7

在该序时簿窗口可以进行采购发票的新增、修改、删除、审核和钩稽等操作；在菜单"编辑"下可以进行相应的反操作，如反审核和反钩稽等。

（3）选择刚才录入的"ZPOFP000001"采购发票，单击"钩稽"按钮，打开"采购发票钩稽"窗口，如图9-8所示。

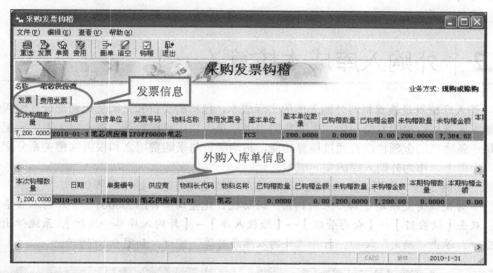

▶ 图9-8

在该窗口上部可以进行"采购发票"与"采购费用发票"窗口的切换。由于窗口中显示的项目较多，若用户不需要看到某些信息时，可以单击菜单【文件】→【显示隐藏列】下的相关单据，系统会弹出设置，以项目显示的设置，如图9-9所示。

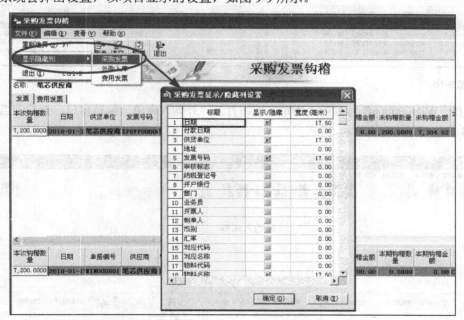

▶ 图9-9

在对应项目的"显示/隐藏"下打勾表示显示，设置完成后单击"确定"按钮即可。

（4）选中发票信息中的"笔芯供应商"记录，再选择外购入库单信息窗口的"笔芯供应商"记录，单击工具栏上的"钩稽"按钮，稍后系统弹出钩稽成功提示，并将钩稽成功的单据隐藏。

当发票上的数量与入库单上的数量不一致时，可以修改相应窗口中的"本次钩稽数量"后再进行钩稽。

9.2 外购入库成本核算（一）

外购入库核算是核算材料外购入库的实际成本，包括购买价和采购费用两部分。购买价由与外购入库单相钩稽的发票决定，采购费用由用户录入后，可按数量、按金额手工先分配到发票上每一条物料的金额栏，再通过核算功能，将购买价与采购费用之和根据钩稽关系分配到对应的入库单上，作为外购入库的实际成本。

以"实例2-29"为例，介绍外购入库成本的核算处理方法，操作步骤如下。

（1）为使读者更清晰了解"采购钩稽"的功能，先查询"WIN000001"号外购入库单上的单价。双击【供应链】→【仓存管理】→【验收入库】→【外购入库单—维护】，系统弹出"过滤"窗口，单击"确定"按钮，打开"外购入库序时簿"窗口，如图9-10所示。

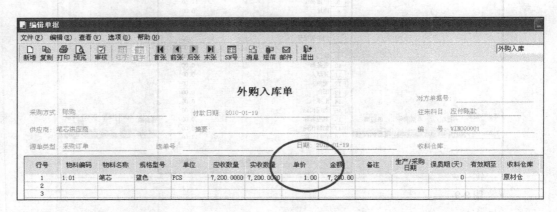

▶ 图 9-10

选择"WIN000001"号外购入库单，双击打开"外购入库单"编辑窗口，查看到当前的单价为"1.00"，如图9-11所示。

▶ 图 9-11

（2）退出"外购入库单"查询状态。双击【供应链】→【存货核算】→【入库核算】→【外购入库核算】，弹出过滤窗口，如图 9-12 所示。

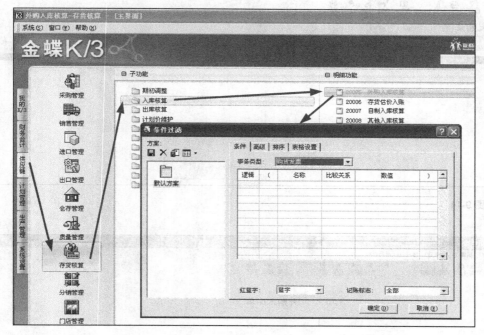

▶ 图 9-12

（3）单击"确定"按钮，打开"外购入库核算"窗口，如图 9-13 所示。

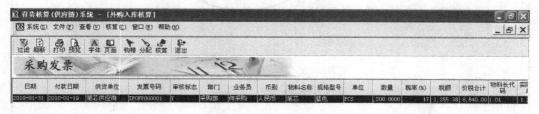

▶ 图 9-13

相关按钮说明如下。

- 钩稽：查看选中"采购发票"的钩稽日志情况。
- 分配：分配费用。分配方式在"核算"菜单下选择。
- 核算：开始外购入库成本核算。

（4）单击"核算"按钮，开始核算入库成本，如图 9-14 所示。

稍后系统弹出核算成功提示窗口，表示核算成功。

（5）查看核算后的入库成本。退出"外购入库核算"窗口，双击【供应链】→【仓存管理】→【验收入库】→【外购入库单—维护】，弹出"过滤"窗口，单击"确定"按钮，打开"外购入库序时簿"窗口，选择"WIN000001"号外购入库单，双击打开"外购入库单"编辑窗口，查看到单价变化为"1.03"，如图 9-15 所示。

▶ 图 9-14

▶ 图 9-15

通过两次查询得知，当外购入库单与采购发票进行钩稽后，当"外购入库核算"时，"外购入库单"中的"单价"会自动返写为正确的入库成本单价。

9.3 采购发票处理（二）

参照前面小节的操作方法，录入"实例 2-30"采购发票。

双击【供应链】→【采购管理】→【采购发票】→【采购发票—录入】，打开"采购发票"

录入窗口；选择"购货发票（专用）"格式，源单类型选择"外购入库"，将光标放置在"选单号"处，按 F7 功能键，系统弹出"外购入库单序时簿"窗口；选中"WIN000002"号入库单，双击返回"采购发票"窗口，系统自动将选中的信息返回发票窗口，不用修改数量和单价等内容；单击"保存"按钮，保存发票。单击"审核"按钮，审核当前发票，审核成功的发票如图 9-16 所示。

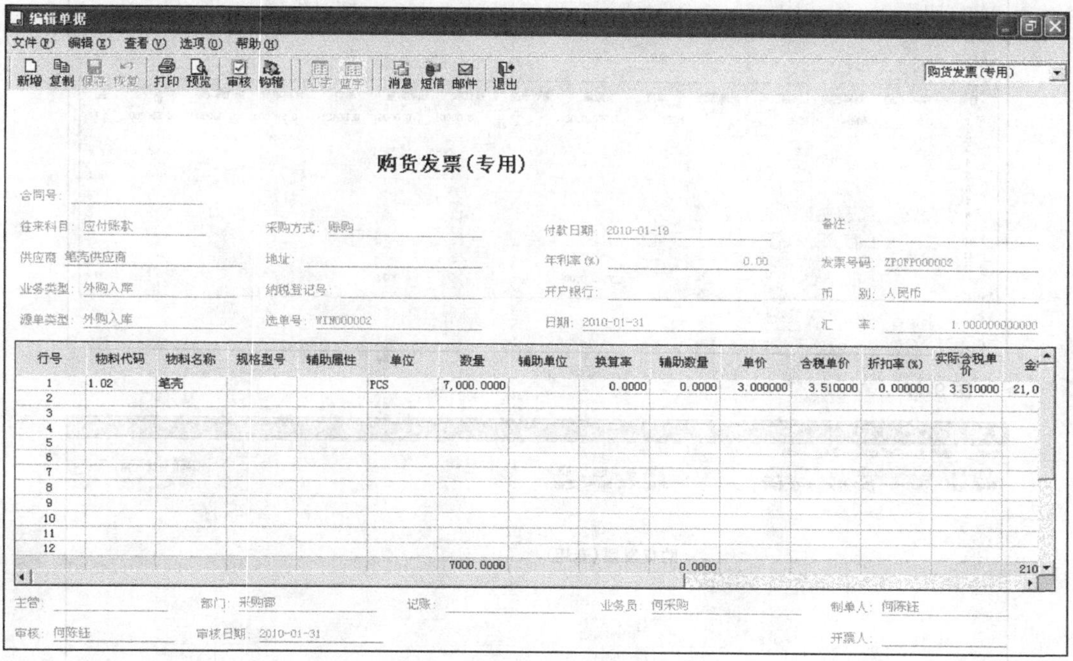

▶ 图 9-16

录入"实例 2-31"采购发票。

在"采购发票"处理窗口，单击"新增"按钮，打开"采购发票"录入窗口；选择"购货发票（专用）"格式，源单类型选择"外购入库"，将光标放置在"选单号"处，按 F7 功能键，弹出"外购入库单序时簿"窗口；选中"WIN000003"号入库单，双击返回"采购发票"窗口，系统自动将选中的信息返回发票窗口，不用修改数量和单价等内容；单击"保存"按钮，保存发票。单击"审核"按钮，审核当前发票，审核成功的发票如图 9-17 所示。

录入"实例 2-32"采购发票。

在"采购发票"处理窗口，单击"新增"按钮，打开"采购发票"录入窗口；选择"购货发票（专用）"格式，源单类型选择"外购入库"，将光标放置在"选单号"处，按 F7 功能键，弹出"外购入库单序时簿"窗口；选中"WIN000004"号入库单，双击返回"采购发票"窗口，系统自动将选中的信息返回发票窗口，"含税单价"录入"5.00"，其他保持默认值，单击"保存"按钮，保存发票。单击"审核"按钮，审核当前发票，审核成功的发票如图 9-18 所示。

根据"实例 2-33"进行发票钩稽。

退出"采购发票"处理窗口，双击【供应链】→【采购管理】→【采购发票】→【采购发票—维护】，系统弹出"条件过滤"窗口；事务类型选择"购货发票（专用）"，其他保持默认条件，单击"确定"按钮，打开"采购发票序时簿"窗口，如图 9-19 所示。

▶ 图 9-17

▶ 图 9-18

▶ 图 9-19

发票钩稽时，一次只能针对一个供应商的采购发票和外购入库单进行钩稽。选择"ZPOFP000002"采购发票，单击"钩稽"按钮，打开"采购发票钩稽"窗口，如图9-20所示。

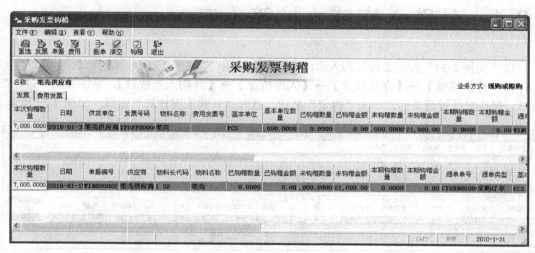

▶ 图 9-20

选中发票记录，再选择外购入库单记录，单击工具栏上的"钩稽"按钮，稍后系统弹出钩稽成功提示，并将钩稽成功的单据隐藏。

单击"退出"按钮，返回"采购发票序时簿"窗口。选择"ZPOFP000003"采购发票，单击"钩稽"按钮，打开"采购发票钩稽"窗口，如图9-21所示。

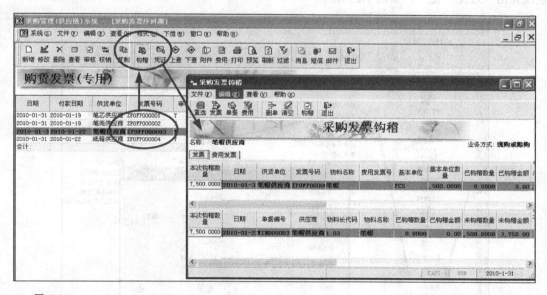

▶ 图 9-21

选中发票记录，再选择外购入库单记录，单击工具栏上的"钩稽"按钮，稍后系统弹出钩稽成功提示，并将钩稽成功的单据隐藏。

单击"退出"按钮，返回"采购发票序时簿"窗口。以同样的操作方法对"ZPOFP000004"采购发票进行"钩稽"操作。

9 Day

9.4 外购入库成本核算（二）

以"实例2-34"为例处理外购入库成本。

双击【供应链】→【存货核算】→【入库核算】→【外购入库核算】，系统弹出"过滤"窗口；保持默认过滤条件，单击"确定"按钮，打开"外购入库核算"窗口，如图9-22所示。

▶ 图 9-22

单击"核算"按钮，开始核算入库处理，稍后系统弹出核算成功提示窗口，表示核算成功。

通常财务人员进行"外购入库成本核算"后想知道系统计算的数据是否正确，可以退出"外购入库成本核算"窗口，双击【供应链】→【存货核算】→【入库核算】→【采购成本明细表】，系统弹出"过滤"窗口，如图9-23所示。

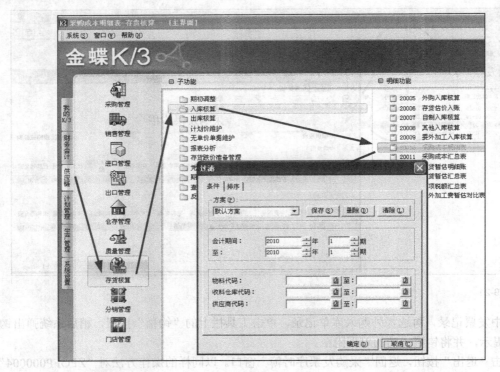

▶ 图 9-23

208 │ 金蝶ERP-K/3模拟实战——财务/供应链/生产制造（第2版）

在过滤窗口中可以设置要查询明细情况的会计期间、物料范围和供应商范围等条件。在此保持默认条件，单击"确定"按钮，打开"采购成本明细表"窗口，如图9-24所示。

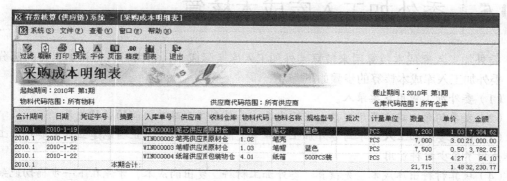

图 9-24

在"采购成本明细表"中可以确切地知道什么时间、哪一张单号、是什么物料、数量多少和成本多少。

当财务人员查询某张单据不正确，想返回修改"采购发票"再进行入库成本核算时，操作流程大致如下：采购发票反钩稽→采购发票反审核→修改采购发票→保存修改后的发票→审核→（再）钩稽→外购入库成本核算。

反钩稽和反审核功能都位于"采购发票序时簿"下的"编辑"菜单中。

若要查询某一会计期间的采购成本汇总情况，则双击【供应链】→【存货核算】→【入库核算】→【采购成本汇总表】，系统弹出"过滤"窗口，如图9-25所示。

在过滤窗口，可以选择"汇总依据"条件，包括会计期间范围、物料范围和供应商范围。在

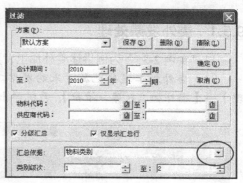

图 9-25

此保持默认条件，单击"确定"按钮，打开"采购成本汇总表"窗口，如图9-26所示。

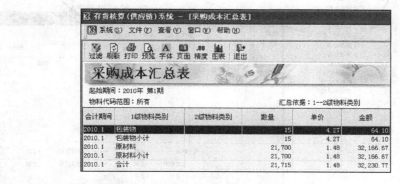

图 9-26

通过汇总表可以确却地知道汇总依据下的数量和金额情况。

9 Day

9.5 委外加工入库成本核算

委外加工入库成本核算用来核算委外加工入库实际成本，它由材料费和加工费两部分组成。委外加工入库成本核算的步骤如下。

（1）委外加工费用发票录入。

（2）发票钩稽。建立费用发票、采购发票、委外加工入库单之间的钩稽关系。

（3）建立委外加工入库单与委外加工出库单之间的核销关系。正确地建立本笔委外加工入库单使用了多少材料费用。

（4）核算材料出库成本。先核算"委外加工材料"发出的成本，才能在下一步确切地知道对应的入库成本是多少。

（5）核算委外加工入库单的单价、金额。

在此提前讲述委外加工入库成本核算，主要是考虑"委外加工发票"相当于应付款中的一种，对后面的操作没有任何影响。

9.5.1 委外发票处理

以"实例 2-35"为例讲述委外加工发票的处理方法，具体步骤如下。

（1）委外加工发票也属于采购发票。双击【供应链】→【采购管理】→【委外加工管理】→【委外加工入库—维护】，系统弹出"条件过滤"窗口，如图 9-27 所示。

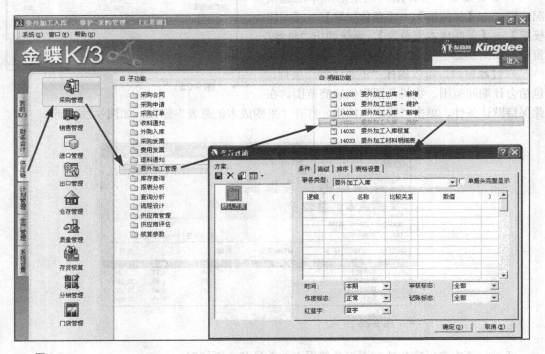

▶ 图 9-27

（2）保持默认条件，单击"确定"按钮，打开"委外加工入库序时簿"窗口，如图 9-28 所示。

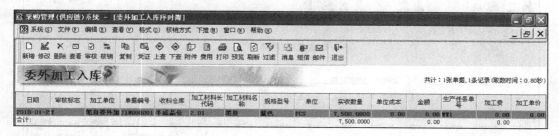

▶ 图 9-28

（3）关联"委外加工入库单"生成采购发票。选中要生成"发票"的入库单，单击菜单【下推】→【生成购货发票（普通）】，如图 9-29 所示。

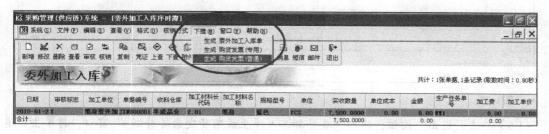

▶ 图 9-29

系统打开"委外加工入库生成购货发票（普通）"窗口，如图 9-30 所示。

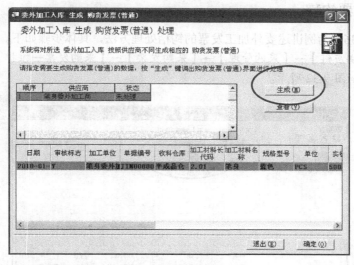

▶ 图 9-30

（4）单击"生成"按钮，打开"购货发票（普通）"编辑窗口。在发票窗口中，系统将委外加工入库单的信息引用，在"单价"处录入"0.50"，如图 9-31 所示。

（5）部门获取"采购部"，业务员获取"何采购"，其他项目保持不变，单击"保存"按钮，保存当前发票。单击"审核"按钮，审核发票。

第 9 章 财务模块实战（一） 211

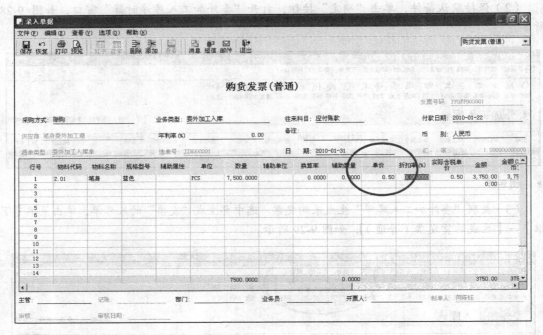

▶ 图 9-31

（6）单击"退出"按钮，返回"委外加工入库生成购货发票（普通）"窗口，再单击"退出"按钮，返回"委外加工入库序时簿"窗口。

9.5.2 委外发票钩稽

以"实例 2-36"为例讲述委外加工发票的钩稽处理方法，具体步骤如下。

（1）双击【供应链】→【采购管理】→【采购发票】→【采购发票—维护】，系统弹出"条件过滤"窗口，如图 9-32 所示。

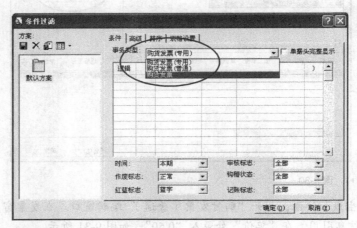

▶ 图 9-32

（2）事务类型选择"购货发票（普通）"，其他条件保持默认值，单击"确定"按钮，打开

"采购发票序时簿"窗口,如图9-33所示。

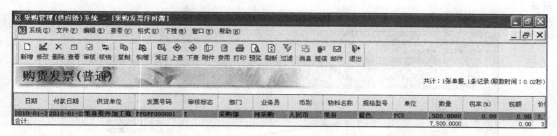

▶ 图9-33

(3)选中"PPOFP000001"号发票,单击"钩稽"按钮,打开"采购发票钩稽"窗口,如图9-34所示。

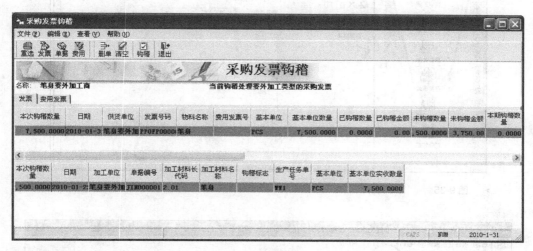

▶ 图9-34

(4)选中发票信息窗口的记录,再选中入库单信息窗口的记录,单击"钩稽"按钮,稍后系统弹出钩稽成功提示,单击"确定"按钮,系统将钩稽成功的记录隐藏。

9.5.3 委外加工入库核销

委外加工入库核销是建立委外加工入库单与委外加工出库单之间的核销,也可以这样理解,就是指定该张委外加工入库单的数量对应使用了多少委外加工出库单上的材料数量,这样才能正确地计算出该笔委外加工入库单的材料成本。

以"实例2-37"为例讲述委外加工入库核销的处理方法,步骤如下。

(1)双击【供应链】→【存货核算】→【入库核算】→【委外加工入库核算】,系统弹出"条件过滤"窗口,如图9-35所示。

(2)保持默认条件,单击"确定"按钮,打开"委外加工入库核算"窗口,如图9-36所示。

(3)选中"JIN000001"号委外加工入库单,单击"核销"按钮,系统弹出"过滤"窗口,保持默认条件,单击"确定"按钮,打开"委外加工核销"窗口,如图9-37所示。

(4)在"委外加工出库单"即窗口下部任意处单击鼠标,再单击"全选"按钮,选中出库单中的 2 条记录,将滚动条向右移动,在"本次核销数量"处分别录入 7 500、7 500,如图 9-38 所示。

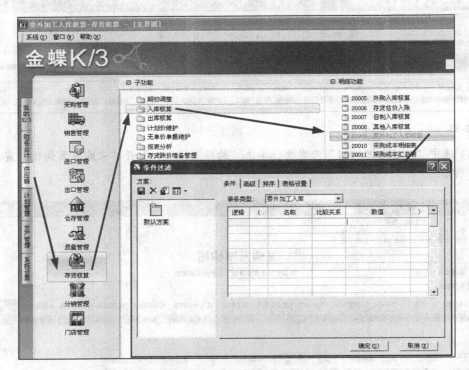

▶ 图 9-35

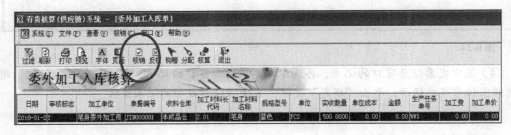

▶ 图 9-36

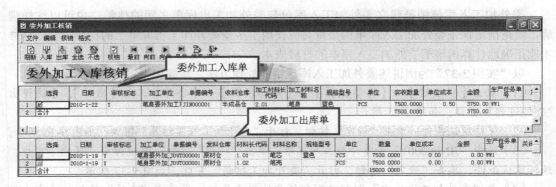

▶ 图 9-37

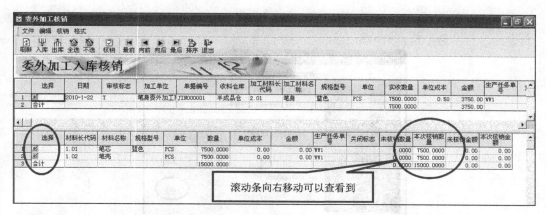

▶ 图9-38

说明　本次核销数量录入7 500，是因为委外加工入库单的数量是7 500，并且由前面的BOM档案可以得知，笔身与笔芯、笔壳之间的用量关系是1∶1∶1，所以核销数量录入7 500。在录入本次核销数量后，未核销数量处将会自动减少。

（5）单击工具栏上的"核销"按钮，稍后系统弹出核销成功提示。

9.5.4 材料出库成本核算

材料出库成本核算主要是核算材料（物料属性为外购物料）的出库成本，一般在成本计算、委外加工入库核算、其他入库核算前必须进行材料出库核算，如果未先进行材料出库核算，而直接进行成本计算、委外加工入库核算、其他入库核算可能造成对应产品的成本不准确。材料出库成本核算的前提是本期的外购类物料已经核算过"入库成本核算"。

以"实例2-38"为例讲述材料出库成本，具体步骤如下。

（1）双击【供应链】→【存货核算】→【出库核算】→【材料出库核算】，系统弹出"结转存货成本—介绍"窗口，如图9-39所示。

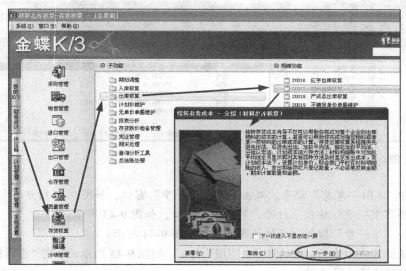

▶ 图9-39

(2)单击"下一步"按钮,打开"第一步"窗口,如图9-40所示。

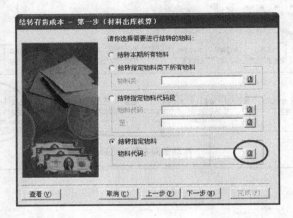

▶ 图 9-40

每次结转成本的物料范围可以有4种设置,因为本账套中的物料少,在此使用"结转指定物料"模式。

(3)单击"结转指定物料"右侧的"获取"按钮,弹出"物料"档案窗口,如图9-41所示。

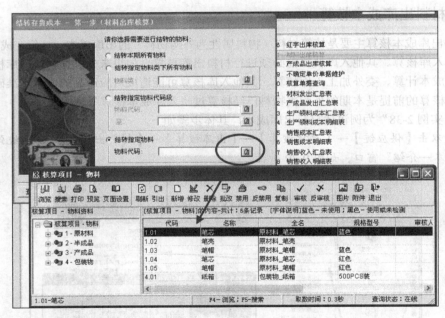

▶ 图 9-41

(4)选中"1.01—笔芯"记录,双击返回"第一步"窗口,如图9-42所示。
(5)单击"下一步"按钮,打开"第二步"窗口,如图9-43所示。
(6)单击"下一步"按钮,开始计算成本,如图9-44所示。

稍后系统计算完成本后,自动打开"完成"窗口,如图9-45所示。单击"查看报告"按钮,可以详细查询到该笔计算过程。

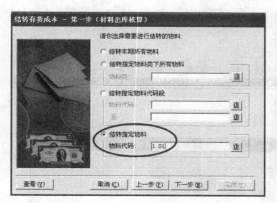
▶ 图 9-42

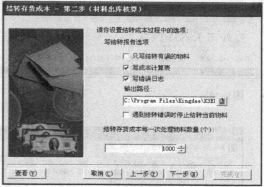
▶ 图 9-43

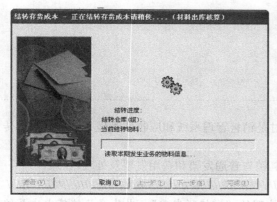
▶ 图 9-44

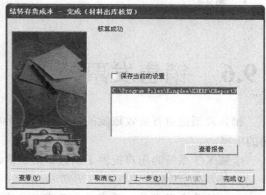
▶ 图 9-45

（7）单击"完成"按钮，结束出库成本核算。重复前面的步骤，在如图 9-42 所示窗口的物料代码处获取"1.02——笔壳"，再进行成本核算。

9.5.5 委外加工入库成本核算

委外加工入库成本核算是将入库单对应的委外加工出料单成本和委外加工费用核算入"委外加工入库单"的成本。

以"实例 2-39"为例讲述委外加工入库成本核算的处理方法，具体步骤如下。

（1）双击【供应链】→【存货核算】→【入库核算】→【委外加工入库成本核算】，系统弹出"过滤"窗口，单击"确定"按钮，打开"委外加工入库核算"窗口，如图 9-46 所示。

请注意，"单位成本"处显示数据。

（2）单击工具栏上的"核算"按钮，开始计算成本，稍后系统弹出计算成功提示，单击"确定"按钮，系统自动将计算出来的成本返写回窗口中。请注意，"单位成本"中显示"4.52"，如图 9-47 所示，这就是刚才计算成功的成本。

▶ 图 9-46

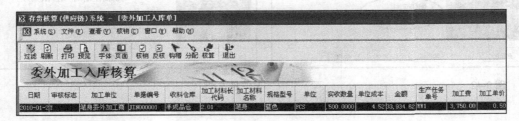

▶ 图 9-47

9.6 销售发票处理

销售发票是进行应收账款的基本凭据，同时是销售管理系统和应收款管理系统进行数据传递的单据。

金蝶 K/3 系统为用户提供了销售专用发票、销售普通发票和费用发票及处理。

- 销售专用发票：通常是指日常业务中处理的"增值税发票"，当某产品销售出库是销售专用发票时，则该产品的税额进入"销项税"科目。
- 销售普通发票：当某产品的发票是录入"销售普通发票"时，则该产品的税额不能计入"销项税"科目。
- 费用发票：是以某笔"销售业务"对应产生的费用而开具的发票，如运输费、报关费和保险费等，是据以收款、记账的依据。

销售发票的处理方法可以参照"采购发票"的处理方法。在本书的实例公司中，开具的是"增值税发票"，所以重点讲述"销售专用发票"的处理方法。

9.6.1 销售发票的录入和审核

以"实例 2-40"为例练习销售专用发票处理方法，操作步骤如下。

（1）修改计算机日期为 2010 年 1 月 31 日，以"何陈钰"身份登录本实例账套。选择【供应链】→【销售管理】→【销售发票】→【销售发票—新增】，如图 9-48 所示。

（2）双击【销售发票—新增】，打开"销售发票"录入窗口，如图 9-49 所示。

（3）选择"销售发票（专用）"，源单类型选择"销售出库"，将光标放置在"选单号"处，单击"查看"按钮或按 F7 功能键，系统弹出"销售出库序时簿"窗口，如图 9-50 所示。

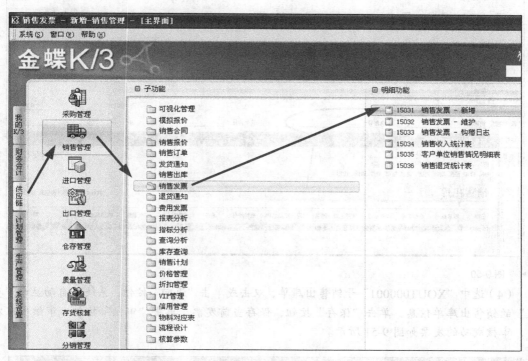

▶ 图 9-48

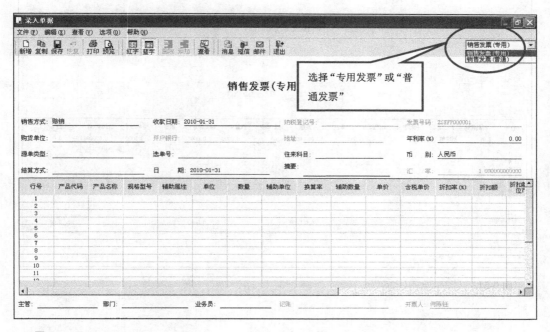

▶ 图 9-49

第 9 章 财务模块实战（一）

9 Day

▶ 图 9-50

（4）选中"XOUT000001"号销售出库单，双击或单击"返回"按钮，系统将自动显示"参照"的销售出库单信息，单击"保存"按钮，保存当前发票。单击"审核"按钮，审核当前发票，审核成功的发票如图 9-51 所示。

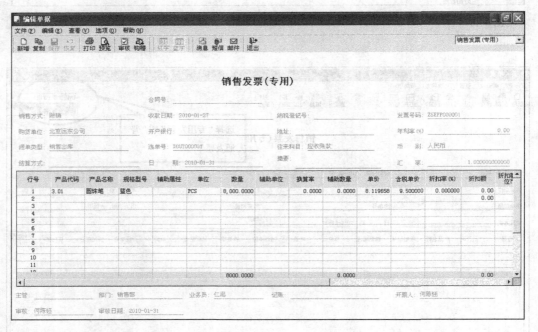

▶ 图 9-51

9.6.2 销售发票钩稽

销售发票的钩稽主要是指销售发票同销售出库单的钩稽。如果是属于分期收款和委托代销方式的销售发票只有钩稽后才能生成凭证，且无论是本期或以前期间的发票，钩稽后都作为钩稽当期发票来计算收入；如果是属于现销和赊销发票，钩稽的主要作用就是进行收入和成本的匹配确认，对于记账没有什么影响。

销售发票钩稽的前提条件如下。

- 两者的客户相同。
- 单据必须是已审核且未完全钩稽（即钩稽状态是未钩稽或者是部分钩稽）的。
- 分期收款销售、委托代销、受托代销、零售的发票必须和相同销售方式的出库单钩稽，现销和赊销两种方式之间可以混合钩稽。
- 两者单据日期必须为以前期间或当期。
- 两者的物料、辅助属性以及钩稽数量必须一致。

以"实例 2-41"为例，练习销售发票的钩稽操作，操作步骤如下。

（1）双击【供应链】→【销售管理】→【销售发票】→【销售发票—维护】，弹出"条件过滤"窗口，如图 9-52 所示。

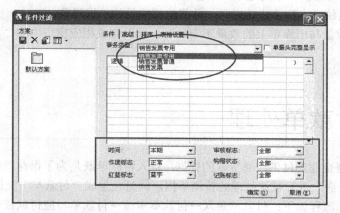

▶ 图 9-52

（2）事务类型选择"销售发票（专用）"，其他保持默认条件，单击"确定"按钮，打开"销售发票序时簿"窗口，如图 9-53 所示。

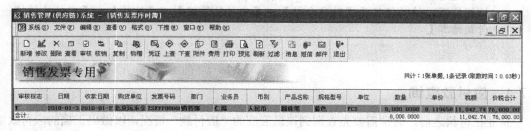

▶ 图 9-53

在该序时簿窗口可以进行销售发票的新增、修改、删除、审核和钩稽等操作，在菜单"编辑"下可以进行相应的反操作，如反审核和反钩稽等。

（3）选择刚才录入的"ZSEFP000001"销售发票，单击"钩稽"按钮，打开"销售发票钩稽"窗口，如图 9-54 所示。

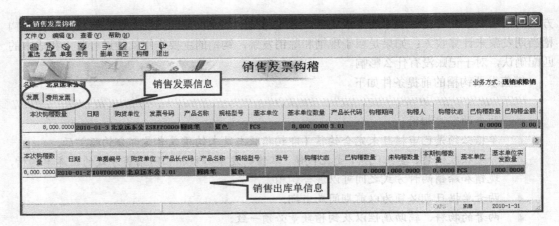

▶ 图 9-54

在该窗口上部可以进行"销售发票"与"销售费用发票"窗口的切换。

（4）选中发票信息窗口中的记录，再选择销售出库单信息窗口的记录，单击工具栏上的"钩稽"按钮，稍后系统弹出钩稽成功提示，并将钩稽成功的单据隐藏。

当发票上的数量与出库单上的数量不一致时，可以修改相应窗口中的"本次钩稽数量"后再进行钩稽。

9.7 付款单处理

付款单是处理企业支付供应商货款的凭据，录入付款单既是为了保存原始单据，也是系统为了与"应付款余额"进行减法处理的核销单据，同时是生成"付款类"凭证的原始单据。

付款单的处理流程如下：付款单录入→付款单审核→付款单与应付款核销。

说明
当录入的"付款单"由参照单据生成，并且"核销控制（系统设置→系统设置→应付款管理→系统参数）"选项选中"审核后自动核销"，则付款单审核后会自动与应付款进行核销处理。若"付款单"是手工录入，无参照单据来源时，则只能手工进行核销处理，该功能位于【财务会计】→【应付款管理】→【结算】→【应付款核销—付款结算】。

9.7.1 应付款查询

企业在付款之前，通常需要先查询到该供应商的"应付款"情况，以做出正确的应付款情况表，供领导审阅签字后才能开始付款。财务人员可以通过"应付款明细表"和"应付款汇总表"查询到供应商的应付款情况。

以"实例 2-42"为例，练习应付款的查询方法，操作步骤如下。

（1）先查询"应付款汇总表"。以"何陈钰"身份登录本实例账套，选择【财务会计】→【应付款管理】→【账表】→【应付款汇总表】，如图 9-55 所示。

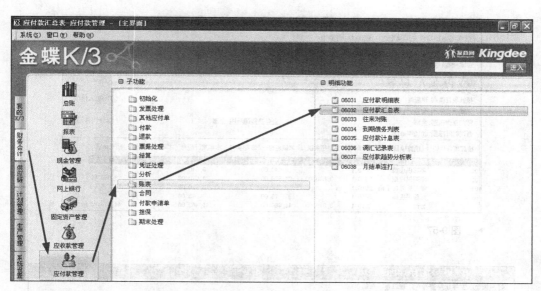

▶ 图 9-55

(2) 双击"应付款汇总表",系统弹出"过滤条件"窗口,如图 9-56 所示。

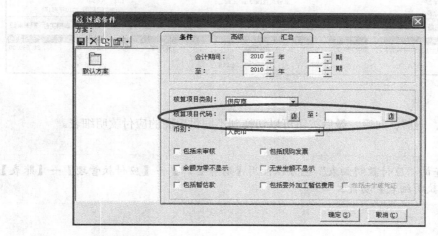

▶ 图 9-56

在"过滤条件"窗口可以设置要查询的会计期间、核算项目范围、包括的单据情况,并可以设置高级条件和汇总方式。

(3) 在此保持默认条件,单击"确定"按钮,打开"应付款汇总表"窗口,如图 9-57 所示。

若要查询某供应商的"应付款明细表",可以双击该供应商记录,或单击"明细"按钮,系统自动打开该供应商的应付款明细表窗口。如选中"笔壳供应商"并双击,打开"应付款明细表"窗口,如图 9-58 所示。

第 9 章 财务模块实战(一) **223**

▶ 图 9-57

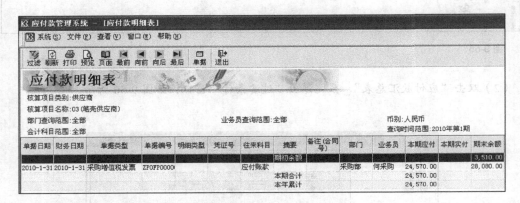

▶ 图 9-58

单击最前、向前、向后、最后按钮可以切换到不同供应商的应付款明细表。

> 注　　查询"应付款明细表"也可以使用【财务会计】→【应付款管理】→【账表】→【应付款明细表】功能。

9.7.2 付款单录入

以"实例2-43"为例,练习"付款单"录入方法,操作步骤如下。

(1)双击【财务会计】→【应付款管理】→【付款】→【付款单—新增】,打开"付款单【新增】"窗口,如图 9-59 所示。

(2)单击"核算项目"右侧的"模糊查询"按钮,弹出供应商下拉列表,如图 9-60 所示。

(3)核算项目选择"01 笔帽供应商",单击"源单类型"选择"采购发票",将光标放置在"源单编号"处,按 F7 功能键,打开"采购发票"序时簿窗口,如图 9-61 所示。

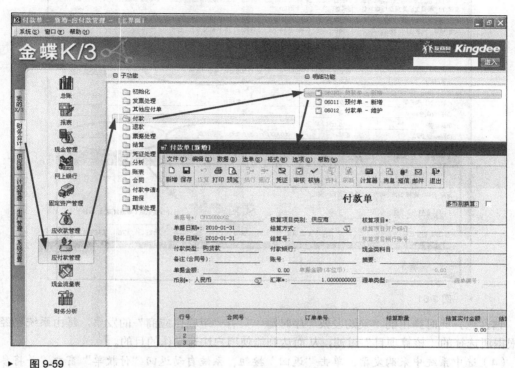

▶ 图 9-59

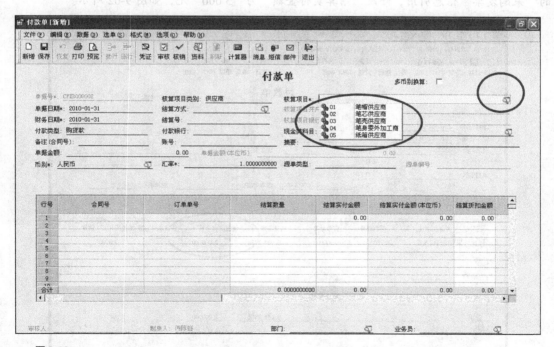

▶ 图 9-60

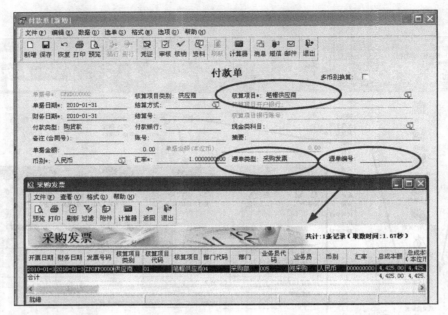

▶ 图 9-61

请注意，此时弹出的"采购发票"序时簿中只有"笔帽供应商"的发票，是由系统已经自动根据所选择的"核算项目"过滤，从而达到能使用户快速操作的目的。

（4）选中系统中采购发票，单击"返回"按钮，系统自动返回"付款单"窗口，并将参照的"采购发票"信息引用，修改"结算实付金额"为"3 000"元，如图9-62所示。

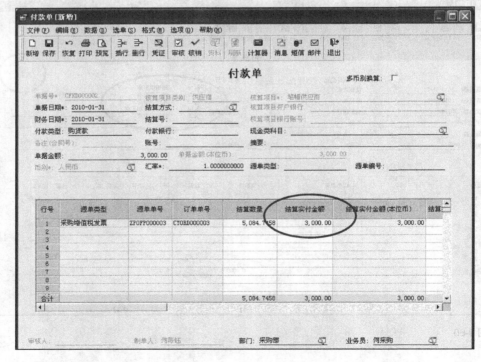

▶ 图 9-62

（5）单击"保存"按钮，保存当前付款单。

9.7.3 付款单审核

为保证财务单据的正确性，付款单必须经审核后才能进行核销处理。由于本账套中的"应付款参数"中设置"审核人与制单人不为同一人"控制，所以更换操作员后才能审核。

以"实例2-43"为例，由"陈静"进行付款单的审核工作，操作步骤如下。

（1）重新登录系统，以"陈静"身份登录本实例账套，双击【财务会计】→【应付款管理】→【付款】→【付款单—维护】，系统弹出"过滤"窗口，如图9-63所示。

▶ 图9-63

（2）选择事务类型为"付款单"，单击"确定"按钮，打开"付款单序时簿"窗口，如图9-64所示。

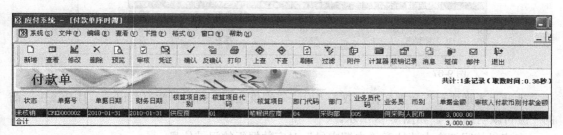

▶ 图9-64

（3）选中"CFKD000002"号付款单，单击"审核"按钮，在"审核人"处显示"陈静"，表示审核成功，如图9-65所示。

（4）此时"状态"列已由"未核销"更改为"完全核销"，表示"应付款系统参数"中的"审核后自动核销"已经起作用。单击工具栏上的"核销记录"按钮，打开"核销日志"窗口，如图 9-66 所示。

▶ 图 9-65

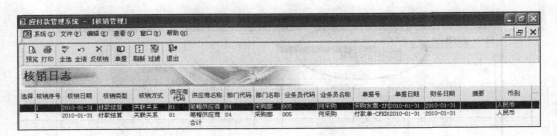

▶ 图 9-66

通过"核销日志",可以确切地查看到付款单是付哪一种发票的金额、付的是多少款。

付款单录入完成并审核和核销后,读者再自行查看下"应付款汇总表"和"应付款明细表"下"01—笔帽供应商"的数据有何变化。查询到的"应付款汇总表"如图 9-67 所示。

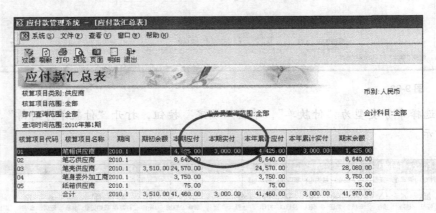

▶ 图 9-67

注意"本期实付"数据变化。双击"01—笔帽供应商"的应付款汇总记录,打开该供应商的"应付款明细表",如图 9-68 所示。

在应付款明细表中请注意"本期实付"对应数据行的记录信息。

根据前面的操作方法,录入"实例 2-44"中的付款单。

以"何陈钰"身份登录账套,双击【财务会计】→【应付款管理】→【付款】→【付款单—新增】,打开"付款单"新增窗口;单击"核算项目"右侧的"模糊查询"按钮,系统弹出"供应商列表",选择"02 笔芯供应商";单击"源单类型"选择"采购发票",将光标放置在"源单编号"处,按 F7 功能键,打开"采购发票"序时簿窗口,选中"ZPOFP000001"采购发票;

单击"返回"按钮,系统自动返回"付款单"窗口,并将参照的"采购发票"信息引用,修改"结算实付金额"为"5 000"元,如图9-69所示。

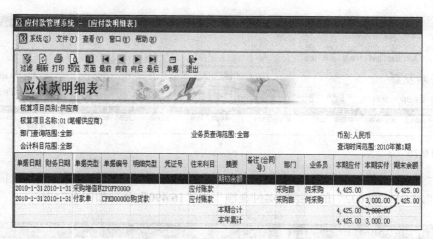

▶ 图 9-68

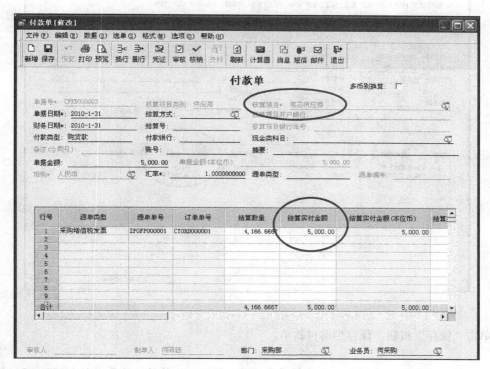

▶ 图 9-69

单击"保存"按钮,保存当前付款单。

录入"实例2-45"中的付款单。

在"付款单"处理窗口,单击"新增"按钮,打开"付款单"新增窗口;单击"核算项目"右侧的"模糊查询"按钮,系统弹出"供应商列表",选择"03笔壳供应商";单击"源单类型"选择"采购发票",将光标放置在"源单编号"处,按F7功能键,打开"采购发票"序时簿窗

第9章 财务模块实战(一) 229

口，选中"ZPOFP000002"采购发票，再按住键盘上的"Ctrl"键选择"OCZP000002"号期初发票，如图9-70所示。

▶ 图 9-70

单击"返回"按钮，系统自动返回"付款单"窗口，并将参照的"采购发票"信息引用，修改发票"ZPOFP000002"的"结算实付金额"为"16 490"元，如图9-71所示。

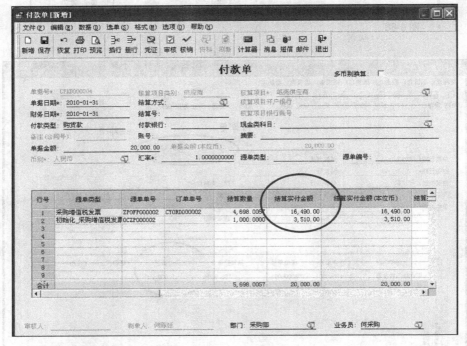

▶ 图 9-71

单击"保存"按钮，保存当前付款单。

说明

"实例2-45"可以同时选择两张发票，并且可以修改"结算实付金额"。可以解释为——付供应商20 000元，先将"期初应付款"结清，再付一部分本期的"应付款"。

以"陈静"身份审核"实例2-44"和"实例2-45"付款单。

重新登录系统，以"陈静"身份登录本实例账套，双击【财务会计】→【应付款管理】→【付款】→【付款单—维护】，系统弹出"过滤"窗口，保持默认值条件，单击"确定"按钮，打开"付款单序时簿"窗口，如图9-72所示。

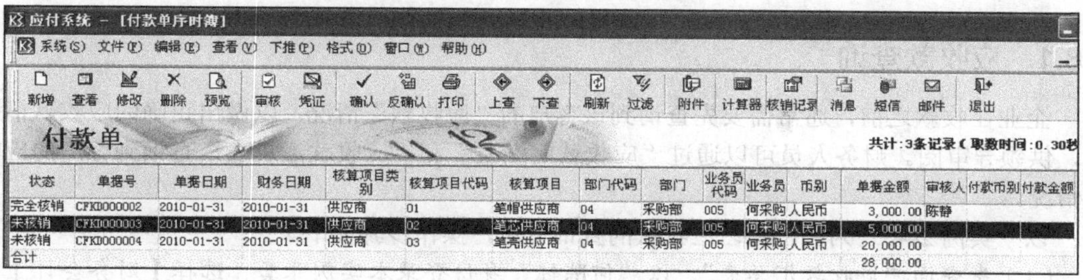

▶ 图 9-72

双击"CFKD000003"号付款单,打开"付款单"修改窗口;单击"审核"按钮,窗口左下角"审核人"处显示"陈静",表示审核成功。单击"后张"按钮,切换到"CFKD000004"付款单;单击"审核"按钮,审核当前付款单。

新的付款单录入完成并审校和核销后,再查看"应付款汇总表"和"应付款明细表"下各供应商的数据有何变化。查询到的"应付款汇总表"如图 9-73 所示。

▶ 图 9-73

9.8 收款单处理

收款单是处理从客户处收货款的凭据,录入收款单是为了保存原始单据。收款单也是系统为了与"应收款余额"进行减法处理的核销单据,同时是生成"收款类"凭证的原始单据。

收款单的处理流程如下:收款单录入→收款单审核→收款单与应收款核销。

说明

当录入的"收款单"是由参照单据生成,并且"核销控制(系统设置→系统设置→应收款管理→系统参数)"选项选中"审核后自动核销"时,则收款单审核后会自动与应收款进行核销处理。若"收款单"是手工录入,无参照单据来源时,则只能手工进行核销处理,该功能位于【财务会计】→【应收款管理】→【结算】→【应收款核销—收款结算】。

9.8.1 应收款查询

企业在收款之前,通常需要先查询到该客户的"应收款"情况,以做出正确的应收款情况表,供领导审阅。财务人员可以通过"应收款明细表"和"应收款汇总表"查询到客户的应收款情况。

以"实例 2-46"为例,练习应收款的查询方法,操作步骤如下。

(1)先查询"应收款汇总表"。以"何陈钰"身份登录本实例账套,选择【财务会计】→【应收款管理】→【账表】→【应收款汇总表】,如图 9-74 所示。

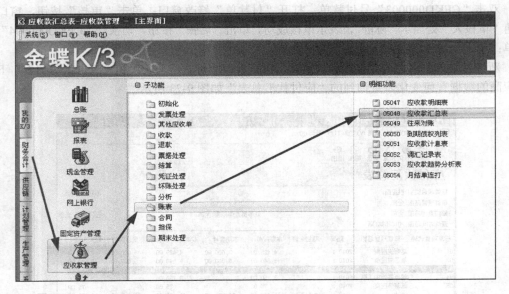

▶ 图 9-74

(2)双击"应收款汇总表",系统弹出"过滤条件"窗口,如图 9-75 所示。

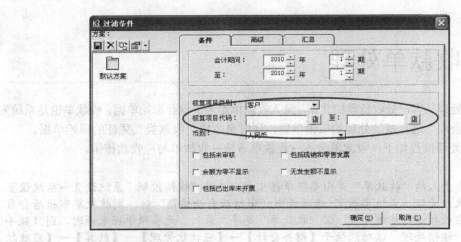

▶ 图 9-75

在"过滤条件"窗口可以设置要查询的会计期间、核算项目范围、包括单据情况,并可以设置高级条件和汇总方式。

（3）在此保持默认条件，单击"确定"按钮，打开"应收款汇总表"窗口，如图9-76所示。

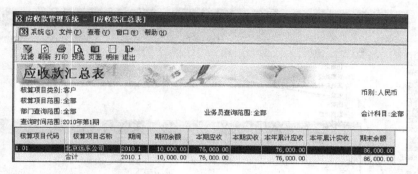

▶ 图 9-76

若要查询某客户的"应收款明细表"，则可以双击该客户记录，或单击"明细"按钮，系统自动打开该客户的应收款明细表窗口。例如，选中"北京远东公司"并双击，打开"应收款明细表"窗口，如图9-77所示。

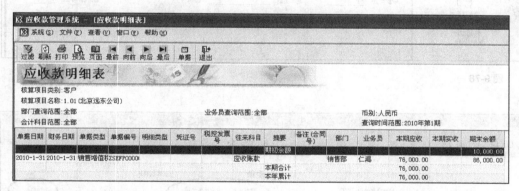

▶ 图 9-77

单击最前、向前、向后、最后按钮可以切换到不同客户的应收款明细表。

> **注**　查询"应收款明细表"也可以使用【财务会计】→【应收款管理】→【账表】→【应收款明细表】功能。

9.8.2 收款单录入

以"实例2-47"为例，练习"收款单"录入方法，操作步骤如下。

（1）双击【财务会计】→【应收款管理】→【收款】→【收款单—新增】，打开"收款单【新增】"窗口，如图9-78所示。

（2）单击"核算项目"右侧的"模糊查询"按钮，系统弹出客户下拉列表，选择"1.01—北京远东公司"，单击"源单类型"选择"销售发票"，将光标放置在"源单编号"处，按F7功能键，打开"销售发票"序时簿窗口，如图9-79所示。

9 Day

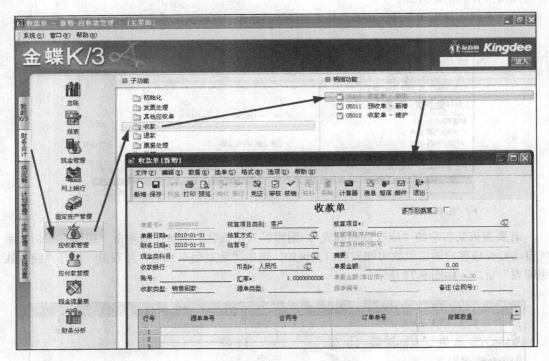

▶ 图 9-78

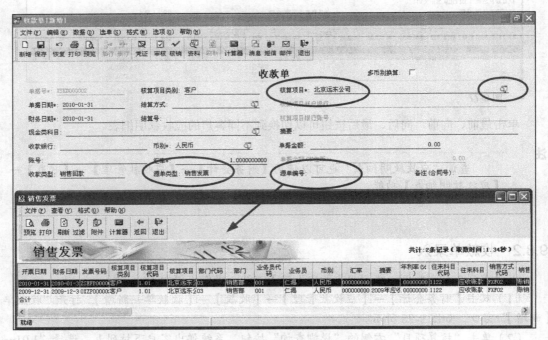

▶ 图 9-79

（3）选中"ZSEFP000001"号销售发票，按住键盘上的"Ctrl"键，再选择"OXZP000002"

号期初销售发票,单击"返回"按钮,系统自动返回"收款单"窗口,并将参照的"销售发票"信息引用;"OXZP000002"号的"结算实收金额"不变,修改"ZSEFP000001"号销售发票的"结算实收金额"为"40 000"元,如图9-80所示。

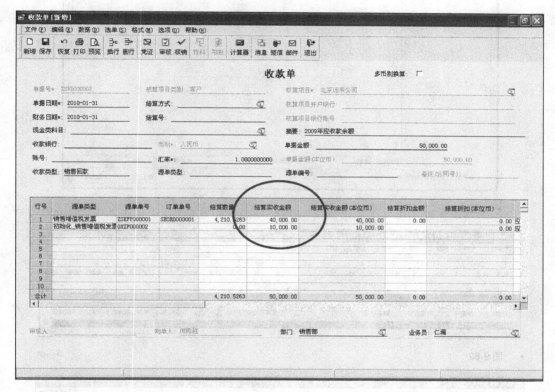

▶ 图9-80

(4)单击"保存"按钮,保存当前收款单。

9.8.3 收款单审核

为保证财务单据的正确性,收款单必须经审核后才能进行核销处理。由于本账套中的"应收款参数"中设置为"审核人与制单人不为同一人"控制,所以要更换操作员后才能审核。

根据"实例2-47",由"陈静"操作进行收款单的审核工作,操作步骤如下。

(1)重新登录系统,以"陈静"身份登录本实例账套,双击【财务会计】→【应收款管理】→【收款】→【收款单—维护】,系统弹出"过滤"窗口,如图9-81所示。

(2)事务类型选择"收款单",单击"确定"按钮,打开"收款单序时簿"窗口,如图9-82所示。

(3)双击"XSKD000002"号收款单,打开"收款单"修改窗口,单击"审核"按钮,窗口左下角"审核人"处显示"陈静",表示审核成功,如图9-83所示。

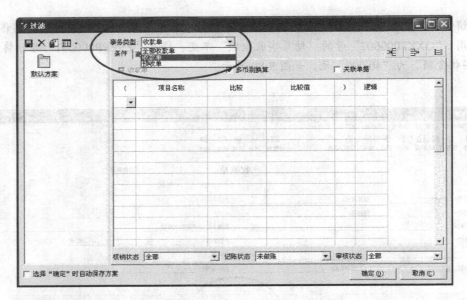

▶ 图 9-81

▶ 图 9-82

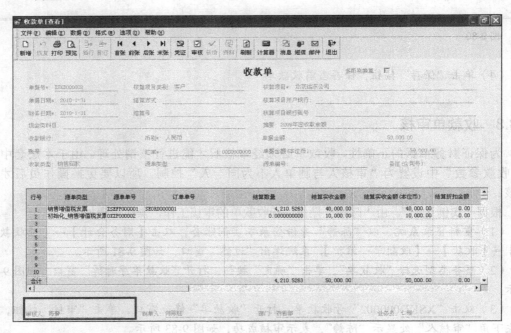

▶ 图 9-83

（4）单击"退出"按钮，返回"收款单序时簿"窗口，"状态"列已由"未核销"更改为"全部核销"，表示"应收款系统参数"中的"审核后自动核销"已经起作用。单击工具栏上的"核销记录"按钮，打开"核销日志"窗口，如图9-84所示。

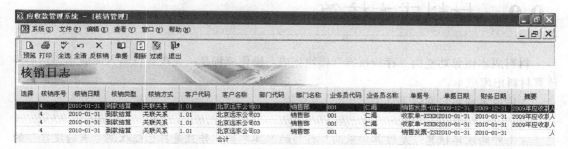

▶ 图9-84

通过"核销日志"，可以确切地查看到收款单是收哪一种发票的金额、收的是多少款。

收款单录入完成并审校和核销后，请读者再自行查看下"应收款汇总表"和"应收款明细表"下"北京远东公司"的数据有何变化。查询到的"应收款汇总表"如图9-85所示。

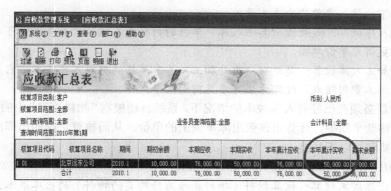

▶ 图9-85

请注意"本年累计实收"的变化。双击"北京远东公司"的应收款汇总记录，打开该客户的"应收款明细表"，如图9-86所示。

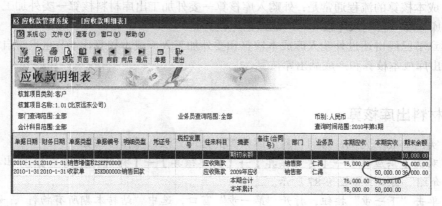

▶ 图9-86

请注意"本期实收"数据对应行的记录信息。

9.9 材料成本核算

材料成本核算功能由"存货核算"模块完成。操作流程是：先核算材料入库成本，然后再核算材料出库成本。

入库成本通常包括以下几类。

- 外购入库核算：是核算"采购"行为的入库单据，并且是在已经收到"采购发票"的情况下，然后进行钩稽，是可以正确计算材料入库成本的核算。操作方法参见前面章节。
- 存货估价入账：是处理"外购入库"行为的入库单，但是对应"采购发票"未送到的情况，因不能正确计算材料的入库成本，而采用估价入账的行为。
- 自制入库核算：是处理"产品入库"单据的材料成本核算，在未使用"成本系统"的情况下，该入库单价由手工录入。
- 其他入库核算：是处理"其他入库"单据的材料成本核算，入库单价可以通过手工录入和更新无单价单据。
- 委外加工入库核算：是处理"委外加工入库"单据的材料入库成本，它主要由材料费用和加工费用组成，处理方法可参见前面章节。

出库成本是必须在已经有入库成本的情况下，系统自动根据"物料档案"中的"计价方式"，如先进先出、移动平均等，计算出该张出库单据上的单价，从而核算正确的出库成本。材料出库成本核算主要包括以下几类。

- 材料出库成本核算：核算材料（物料属性为外购类的物料）的出库成本。
- 产成品出库核算：该模块主要用来核算产品出库成本（产品是指物料属性为非外购类的物料）。
- 特殊出库单据核算：核算不确定单价的单据。

材料成本核算的流程通常是：外购入库核算→委外加工出库材料核算→委外加工入库核算→材料出库核算→自制入库核算→产成品出库核算。

前面章节已经讲述过外购入库成本核算和委外加工入库成本核算，本节重点讲自制入库核算、材料出库成本核算和产成品出库核算。

9.9.1 材料出库核算

以"实例2-48"为例，练习材料出库核算的处理方法，操作步骤如下。

（1）双击【供应链】→【存货核算】→【出库核算】→【材料出库核算】，弹出"结转存货成本—介绍"窗口，如图9-87所示。

（2）单击"下一步"按钮，打开"第一步"窗口，选中"结转本期所有物料"，如图9-88所示。

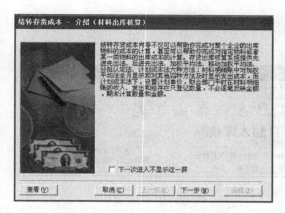
▸ 图 9-87

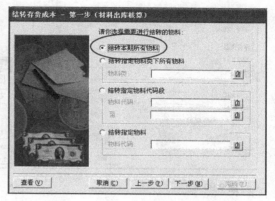
▸ 图 9-88

（3）单击"下一步"按钮，打开"第二步"窗口，如图 9-89 所示。

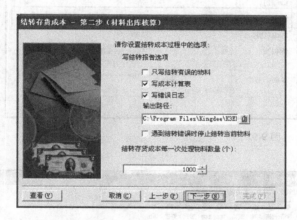
▸ 图 9-89

（4）单击"下一步"按钮，开始计算材料成本，结束后单击"完成"按钮。

9.9.2 自制入库核算

以"实例 2-49"为例，练习自制入库成本核算的处理方法，操作步骤如下。

（1）双击【供应链】→【存货核算】→【入库核算】→【自制入库核算】，弹出"过滤"窗口，如图 9-90 所示。

保持默认条件，单击"确定"按钮，打开"自制入库核算"窗口，如图 9-91 所示。

在"自制入库核算"窗口，若财务人员不熟悉该款产品的"BOM 结构"，请记住"3.01—圆珠笔—蓝色"信息，向"工程部"协调要求提供该产品的 BOM 档案。

（2）由"王工程"查询"3.01—圆珠笔—蓝色"的 BOM 档案，并告知"材料会计"。以"王工程"身份重新登录账套，双击【计划管理】→【生产数据管理】→【BOM 查询】→【BOM 单级展开】，弹出"过滤"窗口，物料范围设置为"3.01"到"3.01"，如图 9-92 所示。

单击"确定"按钮，打开"BOM 单级展开"窗口，选择左侧展开至"BOM000002"号，窗口显示"3.01"物料的 BOM 情况，如图 9-93 所示。

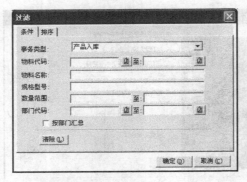

▶ 图 9-90

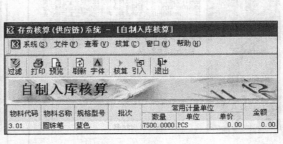

▶ 图 9-91

▶ 图 9-92

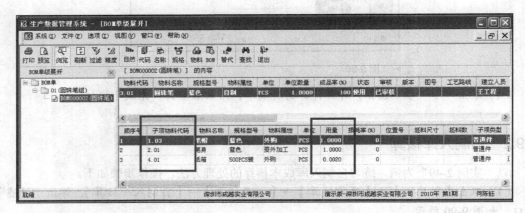

▶ 图 9-93

工程部将该档案信息打印或引出后，告知"材料会计"。

（3）财务人员接到工程部的 BOM 档案，查询 BOM 结构中各子件的成本，然后汇总得出该产品的入库成本。以"何陈钰"身份重新登录账套，双击【供应链】→【存货核算】→【报表分析】→【材料明细账】，弹出过滤窗口，物料代码范围设置为"1.03"至"1.03"，如图 9-94 所示。

单击"确定"按钮，打开"材料明细账"窗口，如图 9-95 所示。

由上可知，"1.03 笔帽"的发出成本为 0.50 元。单击"过滤"按钮，物料代码重新设置为

"4.01"至"4.01",查询到该物料的成本为4.27元。查询到"2.01"的成本,因该物料为"委外加工"类材料,所以要在"产成品明细账"中查询。双击【供应链】→【存货核算】→【报表分析】→【产成品明细账】,系统弹出过滤窗口,将物料代码范围设置为"2.01"至"2.01",单击"确定"按钮,打开"产成品明细账"窗口,得到"2.01 笔身"的成本价为4.52元。

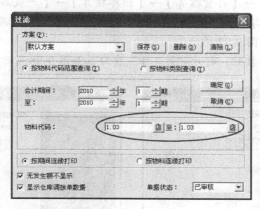

▶ 图 9-94

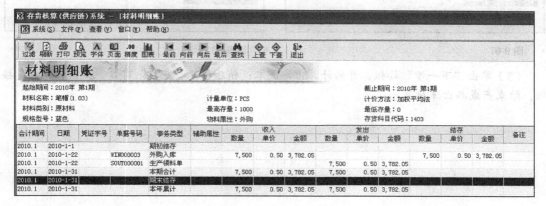

▶ 图 9-95

根据 BOM 档案计算入库成本如下:$0.50 \times 1 + 4.52 \times 1 + 4.27 \times 0.002 = 5.03$。

(4)双击【供应链】→【存货核算】→【入库核算】→【自制入库核算】,弹出过滤窗口,单击"确定"按钮,打开"自制入库核算"窗口,"单价"录入"5.03",如图 9-96 所示。

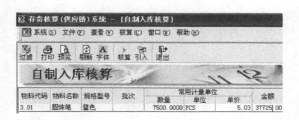

▶ 图 9-96

(5)单击"核算"按钮,开始进行自制入库核算,稍后弹出提示,表示核算成功。

9.9.3 产成品出库核算

以"实例 2-50"为例,练习产成品出库核算的处理方法,操作步骤如下。

(1)双击【供应链】→【存货核算】→【出库核算】→【产成品出库核算】,弹出"结转存货成本—介绍"窗口,单击"下一步"按钮,打开"第一步(产成品出库核算)"窗口,选中"结转本期所有物料",如图 9-97 所示。

(2)单击"下一步"按钮,打开"第二步"窗口,如图 9-98 所示。

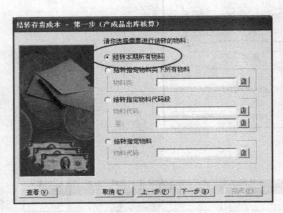
▶ 图 9-97

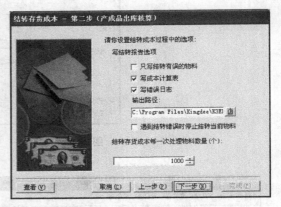
▶ 图 9-98

(3)单击"下一步"按钮,开始计算出库成本;稍后打开"完成"窗口,单击"完成"按钮,结束产成品出库核算。

Day 10

第10章
财务模块实战（二）

学习重点
- 各种供应链单据生成凭证
- 凭证模板
- 财务单据生成凭证
- 总账处理

10 Day

本章完成的实例与第2章的一一对应。

10.1 供应链单据生成凭证

以"供应链单据"生成凭证是 ERP 系统的一大特点，能起到数据共享作用，并且财务人员从"凭证"可以联查到该凭证由什么源单据生成、源单据又是由什么行为而产生，从而在财务核算和公司管理上达到有据可查的目的。

供应链单据生成凭证前，需要设置对应的"凭证模板"，这样在实际生成凭证时，系统将引用该模板，从而可以轻松快速地完成工作。

通常所有供应链单据都需要生成凭证，但实际业务处理中，可以只选择有需要的单据生成凭证。本章中将讲述以下几种单据生成凭证的操作方法，也可以完成财务核算。

（1）采购发票单，生成的凭证格式如下。

借：原材料
借：进项税
  贷：应付账款

（2）委外材料发出单，生成的凭证格式如下。

借：委托加工物资
  贷：材料档案中的科目

（3）委外加工入库单，生成的凭证如下。

借：原材料
  贷：委托加工物资
  贷：应付账款（加工费）

（4）生产领料单，生成的凭证如下。

借：生产成本
  贷：材料档案中的科目

（5）产品入库单，生成的凭证如下。

借：库存商品
  贷：生产成本

（6）销售出库单，生成的凭证如下。

借：应收账款
  贷：销项税
  贷：主营业务收入

10.1.1 采购发票生成凭证

以"实例 2-51"为例，练习采购专用发票生成凭证处理方法，操作步骤如下。

（1）先新增"采购发票"生成凭证模板。以"何陈钰"身份登录账套，双击【供应链】→【存货核算】→【凭证管理】→【凭证模板】，打开"凭证模板设置"窗口，如图 10-1 所示。

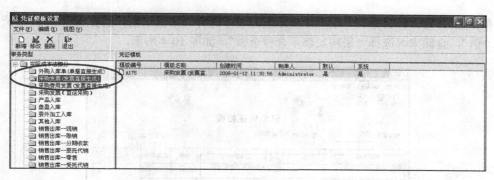

▶ 图 10-1

在"凭证模板设置"窗口可以进行凭证模板的修改、删除和新增等操作。

选择"采购发票(发票直接生成)"项目,再单击"新增"按钮,打开"凭证模板"窗口,如图 10-2 所示。

▶ 图 10-2

模板编号录入"Z001",模板名称录入"采购发票凭证",凭证字选择"记",如图 10-3 所示。

▶ 图 10-3

单击第 1 行"科目来源"项,在弹出的列表中选择"单据上物料的存货科目",借贷方向选择"借",金额来源选择"采购发票不含税金额",如图 10-4 所示。

▶ 图 10-4

单击"摘要"按钮,弹出"摘要定义"窗口,在"摘要公式"中录入"原材料采购",如图 10-5 所示。

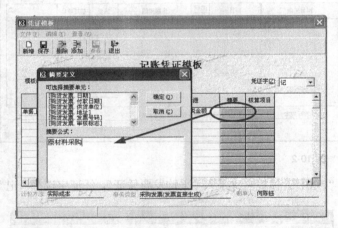

▶ 图 10-5

单击"确定"按钮,返回"凭证模板"窗口。第 2 行的科目来源选择"凭证模板",将光标放置在"科目"处,再单击"查看"按钮,弹出"会计科目"窗口,如图 10-6 所示。

会计科目选择"2221.01.01——进项税额",单击"确定"按钮,返回"凭证模板"窗口;借贷方向选择"借",金额来源选择"采购发票税额",如图 10-7 所示。

第 3 行科目来源选择"单据上的往来科目",金额来源选择"采购发票价税合计",再单击"核算项目"按钮,弹出"核算项目取数"窗口,如图 10-8 所示。

单击 008——供应商"对应单据上项目"中的"供货单位",再单击"确定"按钮,返回"凭证模板"窗口,单击"保存"按钮,保存当前模板;单击"退出"按钮,返回"凭证模板设置"窗口。新增成功的凭证模板如图 10-9 所示。

选中"Z001"号凭证模板,单击菜单【编辑】→【设为默认模板】。

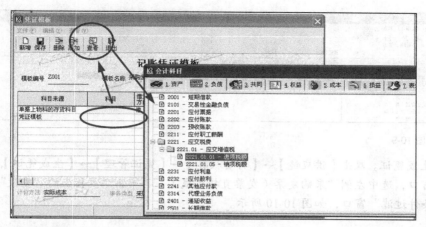

▶ 图 10-6

▶ 图 10-7

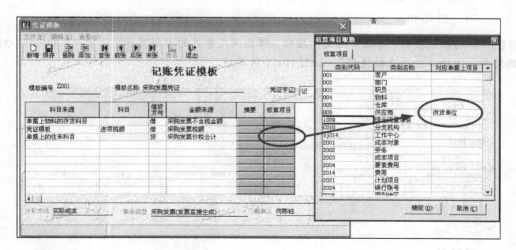

▶ 图 10-8

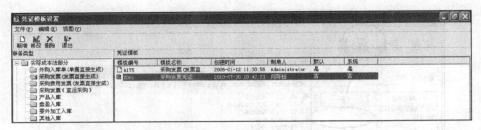

▶ 图 10-9

（2）生成凭证。双击【供应链】→【存货核算】→【凭证管理】→【生成凭证】，打开"生成凭证"窗口，选中左侧"采购发票（发票直接生成）"，再单击工具栏上的"重设"按钮，系统弹出"条件过滤"窗口，如图 10-10 所示。

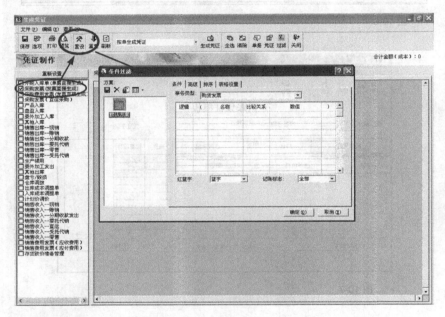

▶ 图 10-10

（3）保持默认条件，单击"确定"按钮，弹出满足条件的单据显示，选中"ZPOFP000001"采购发票，保持"按单生成凭证"，如图 10-11 所示。

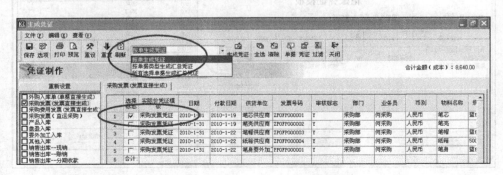

▶ 图 10-11

（4）单击"生成凭证"按钮，系统开始自动处理，稍后弹出提示窗口，如图10-12所示。

（5）单击"确定"按钮，完成凭证生成工作。再次选中ZPOFP000001采购发票，单击"凭证"按钮，弹出生成的凭证窗口，如图10-13所示。

▶ 图10-12

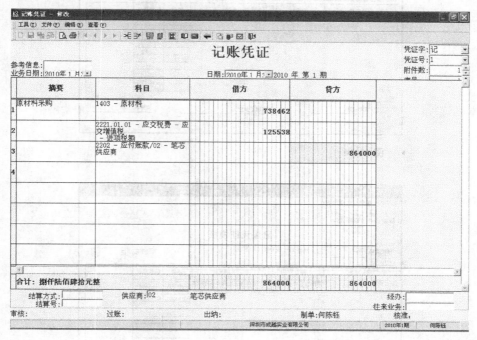

▶ 图10-13

（6）退出凭证窗口，同时选中ZPOFP000002、ZPOFP000003、ZPOFP000004号采购发票，单击"生成凭证"按钮；稍后系统弹出生成凭证成功提示，单击"确定"按钮，结束生成凭证。

10.1.2　委外发料单生成凭证

以"实例2-52"为例，练习委外发料单生成凭证处理方法，操作步骤如下。

（1）先新增"委外发料单"生成凭证模板。以"何陈钰"身份登录账套，双击【供应链】→【存货核算】→【凭证管理】→【凭证模板】，打开"凭证模板设置"窗口；选择"委外加工发出"项目，单击"新增"按钮，打开"凭证模板"新增窗口；模板编号录入"Z002"，模板名称录入"委外发料凭证"，凭证字选择"记"，如图10-14所示。

单击第1行"科目来源"项，在弹出的列表中选择"凭证模板"，将光标放置在"科目"项，按F7功能键获取"1408—委托加工物资"科目，借贷方向选择"借"，金额来源选择"委外加工出库单实际成本"，如图10-15所示。

单击"摘要"按钮，弹出"摘要定义"窗口，在"摘要公式"中录入"委外加工发料"，单击"确定"按钮，返回"凭证模板"窗口；第2行的科目来源选择"单据上物料的存货科目"，借贷方向选择"贷"，金额来源选择"委外加工出库单实际成本"，如图10-16所示。

▶ 图 10-14

▶ 图 10-15

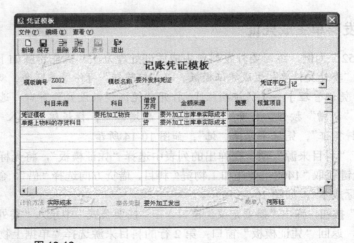

▶ 图 10-16

单击"保存"按钮,保存当前模板,单击"退出"按钮,返回"凭证模板设置"窗口,选中"Z002"号凭证模板,单击菜单【编辑】→【设为默认模板】。

(2)生成凭证。双击【供应链】→【存货核算】→【凭证管理】→【生成凭证】,打开"生成凭证"窗口,选中左侧"委外加工发出",再单击工具栏上的"重设"按钮,弹出"条件过滤"窗口,如图 10-17 所示。

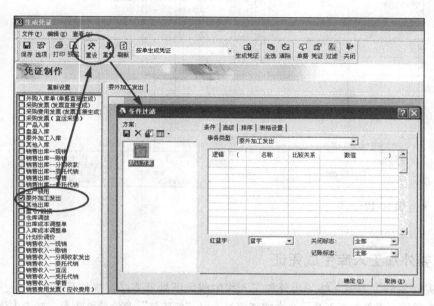

▶ 图 10-17

(3)保持默认条件,单击"确定"按钮,系统弹出满足条件的单据显示,选中"JOUT000001"委外加工发料单,如图 10-18 所示。

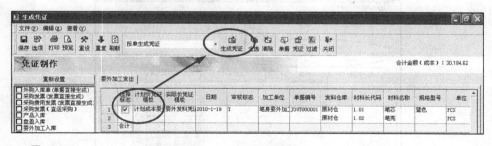

▶ 图 10-18

(4)单击"生成凭证"按钮,系统开始自动处理,稍后弹出提示窗口,单击"确定"按钮,完成凭证生成工作。再次选中"JOUT000001"委外加工发料单,单击"凭证"按钮,弹出生成的凭证窗口,如图 10-19 所示。

图 10-19

10.1.3 委外加工入库生成凭证

以"实例 2-53"为例，练习委外加工入库生成凭证处理方法，操作步骤如下。

（1）先新增"委外加工入库"生成凭证模板。以"何陈钰"身份登录账套，双击【供应链】→【存货核算】→【凭证管理】→【凭证模板】，打开"凭证模板设置"窗口；选择"委外加工入库"项目，单击"新增"按钮，打开"凭证模板"新增窗口；模板编号录入"Z003"，模板名称录入"委外加工入库凭证"，凭证字选择"记"，如图 10-20 所示。

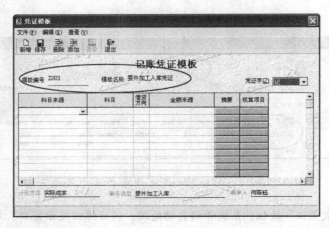

图 10-20

单击第 1 行"科目来源"项，在弹出的列表中选择"单据上物料的存货科目"，借贷方向选择"借"，金额来源选择"委外加工入库单实际成本"，如图 10-21 所示。

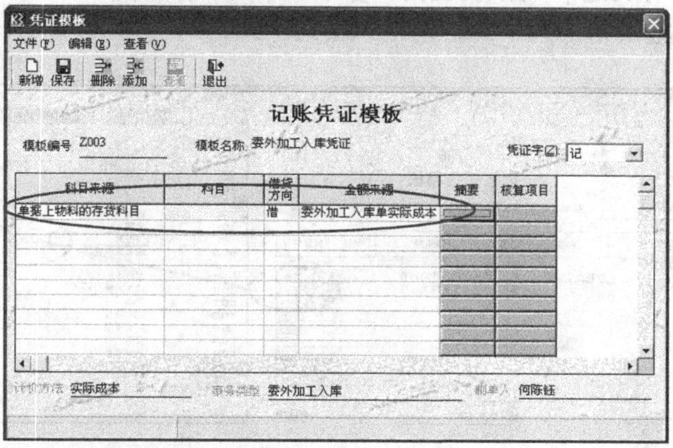

▶ 图 10-21

单击"摘要"按钮,弹出"摘要定义"窗口,在"摘要公式"中录入"委外加工入库",单击"确定"按钮,返回"凭证模板"窗口;第2行的科目来源选择"凭证模板",将光标放置在"科目"处,单击"查看"按钮,会计科目获取"1408—委托加工物资"科目,借贷方向选择"贷",金额来源选择"委外加工入库材料费",如图 10-22 所示。

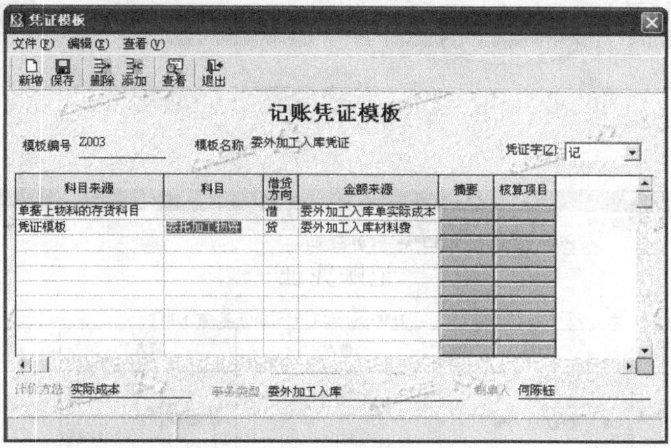

▶ 图 10-22

第 3 行科目来源选择"单据上的往来科目",金额来源选择"委外加工入库加工费(不含税)";单击"核算项目"按钮,弹出"核算项目取数"窗口,如图 10-23 所示。

单击 008—供应商"对应单据上项目"中的"加工单位",再单击"确定"按钮,返回"凭证模板"窗口;单击"保存"按钮,保存当前模板,单击"退出"按钮,返回"凭证模板设置"窗口。选中"Z003"号凭证模板,单击菜单【编辑】→【设为默认模板】。

(2)生成凭证。双击【供应链】→【存货核算】→【凭证管理】→【生成凭证】,打开"生成凭证"窗口;选中左侧"委外加工入库",单击工具栏上的"重设"按钮,弹出"条件过滤"窗口;保持默认条件,单击"确定"按钮,系统弹出满足条件的单据显示,选中"JIN000001"委外加工入库单,如图 10-24 所示。

(3)单击"生成凭证"按钮,系统开始自动处理,稍后弹出提示窗口,单击"确定"按钮,完成凭证生成工作。再次选中"JIN000001"委外加工入库单，单击"凭证"按钮，弹出生成的凭证窗口，如图10-25所示。

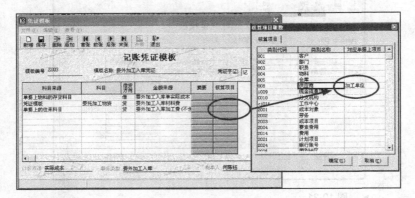

▶ 图 10-23

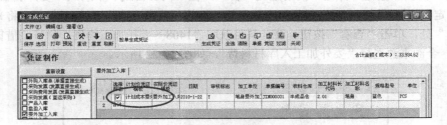

▶ 图 10-24

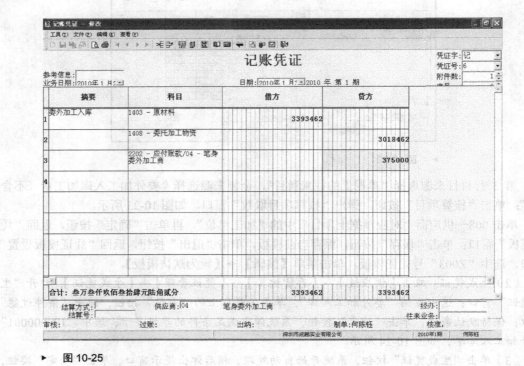

▶ 图 10-25

10.1.4 生产领料单生成凭证

以"实例 2-54"为例,练习生产领料单生成凭证的处理方法,操作步骤如下。

(1)先新增"生产领料单"生成凭证模板。以"何陈钰"身份登录账套,双击【供应链】→【存货核算】→【凭证管理】→【凭证模板】,打开"凭证模板设置"窗口;选择"生产领用"项目,单击"新增"按钮,打开"凭证模板"新增窗口;模板编号录入"Z004",模板名称录入"生产领料凭证",凭证字选择"记",如图 10-26 所示。

▶ 图 10-26

单击第 1 行"科目来源"项,选择"凭证模板",在科目处按 F7 功能键获取"5001.01——直接材料"科目,借贷方向选择"借",金额来源选择"生产领料单实际成本",如图 10-27 所示。

▶ 图 10-27

单击"摘要"按钮,弹出"摘要定义"窗口,在"摘要公式"中录入"生产领料",单击"确定"按钮,返回"凭证模板"窗口;第2行的科目来源选择"单据上物料的存货科目",借贷方向选择"贷",金额来源选择"生产领料单实际成本",如图10-28所示。

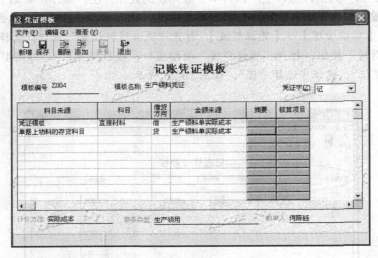

▶ 图 10-28

单击"保存"按钮,保存当前模板,单击"退出"按钮,返回"凭证模板设置"窗口。选中"Z004"号凭证模板,单击菜单【编辑】→【设为默认模板】。

(2)生成凭证。双击【供应链】→【存货核算】→【凭证管理】→【生成凭证】,打开"生成凭证"窗口;选中左侧"生产领用",单击工具栏上的"重设"按钮,弹出"条件过滤"窗口,保持默认条件;单击"确定"按钮,系统弹出满足条件的单据显示,选中"SOUT000001"生产领料单,如图10-29所示。

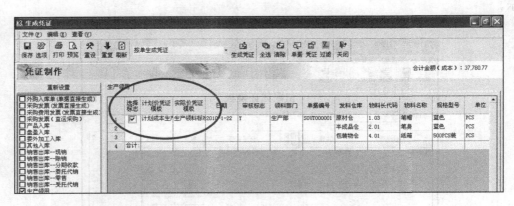

▶ 图 10-29

(3)单击"生成凭证"按钮,系统开始自动处理,稍后弹出提示窗口,单击"确定"按钮,完成凭证生成工作。再次选中"SOUT000001"生产领料单,单击"凭证"按钮,弹出生成的凭证窗口,如图10-30所示。

▶ 图 10-30

10.1.5 产品入库单生成凭证

下面以"实例 2-55"为例，练习产品入库单生成凭证的处理方法，操作步骤如下。

（1）新增"产品入库单"生成凭证模板。以"何陈钰"身份登录账套，双击【供应链】→【存货核算】→【凭证管理】→【凭证模板】，打开"凭证模板设置"窗口；选择"产品入库"项目，单击"新增"按钮，打开"凭证模板"新增窗口；模板编号录入"Z005"，模板名称录入"产品入库凭证"，凭证字选择"记"，如图 10-31 所示。

▶ 图 10-31

单击第 1 行"科目来源"项，选择"单据上物料的存货科目"，借贷方向选择"借"，金额来源选择"产品入库单实际成本",如图10-32所示。

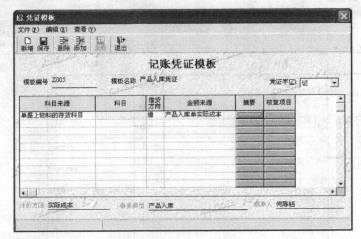

▶ 图 10-32

单击"摘要"按钮,弹出"摘要定义"窗口,在"摘要公式"中录入"产品入库单",单击"确定"按钮,返回"凭证模板"窗口;第2行的科目来源选择"凭证模板",在科目处按F7功能键获取"5001.01—直接材料"科目,借贷方向选择"贷",金额来源选择"产品入库单实际成本",如图10-33所示。

▶ 图 10-33

单击"保存"按钮,保存当前模板,单击"退出"按钮,返回"凭证模板设置"窗口。选中"Z005"号凭证模板,单击菜单【编辑】→【设为默认模板】。

(2)生成凭证。双击【供应链】→【存货核算】→【凭证管理】→【生成凭证】,打开"生成凭证"窗口,选中左侧"产品入库",单击工具栏上的"重设"按钮,系统弹出"条件过滤"窗口;保持默认条件,单击"确定"按钮,系统弹出满足条件的单据显示,选中"CIN000001"产品入库单,如图10-34所示。

(3)单击"生成凭证"按钮,系统开始自动处理,稍后弹出提示窗口,单击"确定"按钮,完成凭证生成工作。再次选中"CIN000001"产品入库单,单击"凭证"按钮,弹出生成的凭证窗口,如图10-35所示。

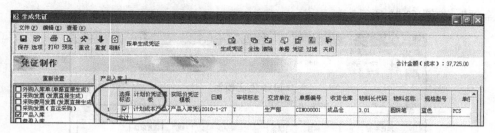

▶ 图 10-34

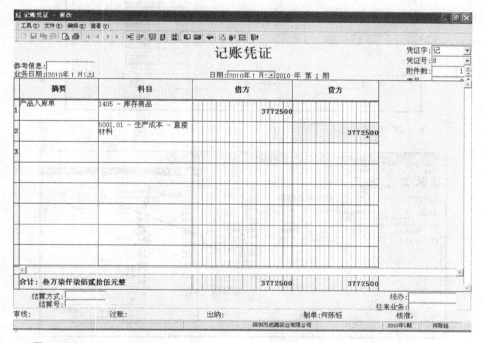

▶ 图 10-35

10.1.6 销售发票生成凭证

下面以"实例2-56"为例,练习销售发票生成凭证的处理方法,操作步骤如下。

(1)新增"销售发票"生成凭证模板。以"何陈钰"身份登录账套,双击【供应链】→【存货核算】→【凭证管理】→【凭证模板】,打开"凭证模板设置"窗口;选择"销售收入—赊销"项目,单击"新增"按钮,打开"凭证模板"新增窗口;模板编号录入"Z006",模板名称录入"销售发票凭证",凭证字选择"记",如图10-36所示。

单击第1行"科目来源"项,选择"单据上的往来科目",借贷方向选择"借",金额来源选择"销售发票价税合计";单击"核算项目"按钮,弹出"核算项目取数"窗口,在"001客户"对应单据上项目中选择"购货单位",如图10-37所示。

单击"确定"按钮,返回"凭证模板"窗口,单击"摘要"按钮,弹出"摘要定义"窗口,在"摘要公式"中录入"销售收入",单击"确定"按钮,返回"凭证模板"窗口;第2行的科目来源选择"单据上物料的销售收入科目",借贷方向选择"贷",金额来源选择"销售发票不含税金额",如图 10-38 所示。

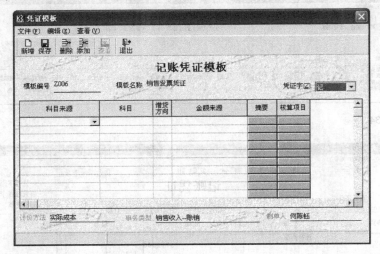

▶ 图 10-36

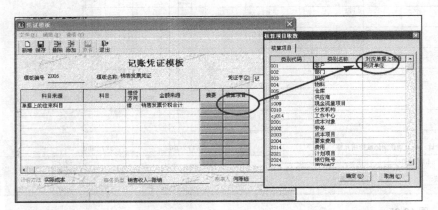

▶ 图 10-37

▶ 图 10-38

第 3 行的科目来源选择"凭证模板",将光标放置在"科目"处,按 F7 功能键获取"2221.01.05—销项税额"科目,借贷方向选择"贷",金额来源选择"销售发票税额",如图 10-39 所示。

▶ 图 10-39

单击"保存"按钮,保存当前模板,单击"退出"按钮,返回"凭证模板设置"窗口。选中"Z006"号凭证模板,单击菜单【编辑】→【设为默认模板】。

(2)生成凭证。双击【供应链】→【存货核算】→【凭证管理】→【生成凭证】,打开"生成凭证"窗口,选中左侧"销售收入—赊销",单击工具栏上的"重设"按钮,系统弹出"条件过滤"窗口;保持默认条件,单击"确定"按钮,弹出满足条件的单据显示,选中"ZSEFP000001"销售发票,如图 10-40 所示。

▶ 图 10-40

(3)单击"生成凭证"按钮,系统开始自动处理,稍后弹出提示窗口,单击"确定"按钮,完成凭证生成工作。再次选中"ZSEFP000001"销售发票,单击"凭证"按钮,弹出生成的凭证窗口,如图 10-41 所示。

第 10 章 财务模块实战(二) 261

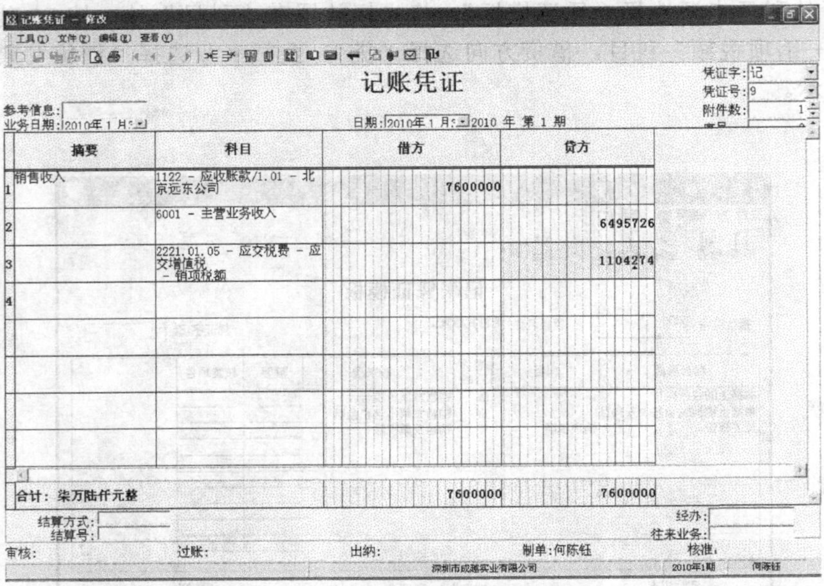

▶ 图 10-41

10.2 财务单据生成凭证

财务单据是指在应付款系统和应收款系统中录入的单据,如其他应付单、其他应收单、收款单、付款单等。本章主要处理以下两种凭证。

(1)付款单凭证格式如下。

借:应付账款
　　贷:银行存款

(2)收款单凭证格式如下。

借:银行存款
　　贷:应收账款

10.2.1 付款单生成凭证

下面以"实例2-57"为例,练习付款单生成凭证的处理方法,操作步骤如下。

(1)选择【财务会计】→【应付款管理】→【凭证处理】→【凭证—生成】,如图10-42所示。

(2)双击"凭证—生成",打开"凭证处理"窗口,单击"单据类型"选项,可以切换到不同的单据序时簿窗口,选择"付款",系统将显示满足条件的"付款单",如图10-43所示。

(3)当系统有多个"凭证字"时,单击"凭证字"可以选择当前生成凭证要使用的"凭证字"。系统默认"借方科目"为"单据上的往来科目",贷方科目设置后,系统将引用该科目。将光标放置在"贷方科目"处,按F7功能键,弹出"会计科目"档案窗口,选择"1002.01—

工行东桥支行 125"科目,如图 10-44 所示。

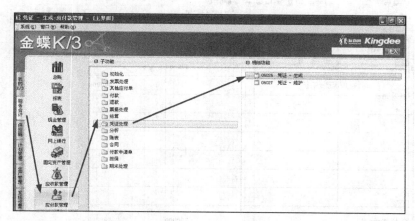

▶ 图 10-42

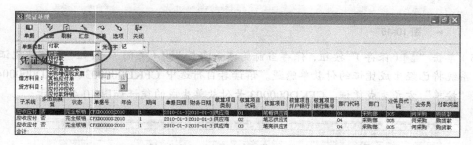

▶ 图 10-43

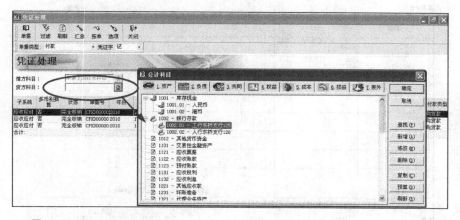

▶ 图 10-44

注

若"贷方科目"不用预设,则需要在生成的凭证中手工补充"贷方科目"即可。

(4)单击"确定"按钮,返回"凭证处理"窗口;选中"CFKD000002"号付款单,单击"按单"按钮,稍后系统打开"记账凭证"窗口,如图 10-45 所示。

第 10 章 财务模块实战(二) 263

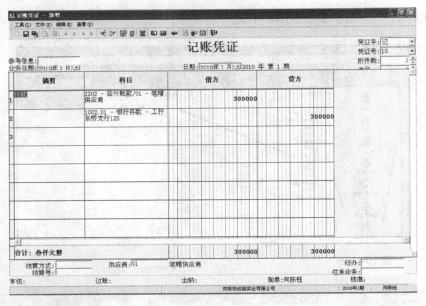

▶ 图 10-45

（5）单击"■（保存）"按钮，保存当前凭证。单击"■（关闭）"按钮，返回"凭证处理"窗口，系统将已经生成凭证的付款单隐藏。请读者自行选中 CFKD000003、CFKD000004 号付款单以"按单"方式生成凭证，CFKD000003 号付款单生成的凭证如图 10-46 所示。

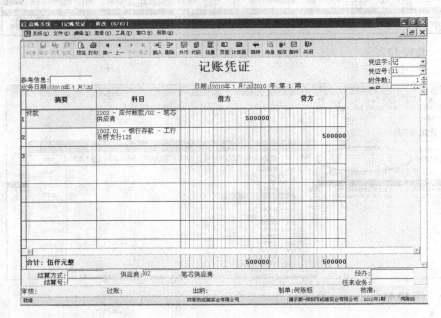

▶ 图 10-46

CFKD000004 号付款单生成的凭证如图 10-47 所示。

若要查询刚才所生成的凭证，可以双击【财务会计】→【应付款管理】→【凭证处理】→【凭证—维护】，系统弹出过滤条件窗口，如图 10-48 所示。

保持默认条件，单击"确定"按钮，打开"会计分录序时簿（应付）"窗口，如图 10-49 所示。

▶ 图 10-47

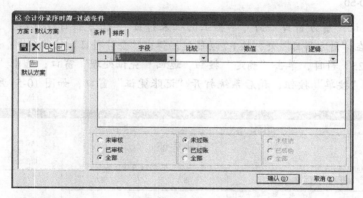

▶ 图 10-48

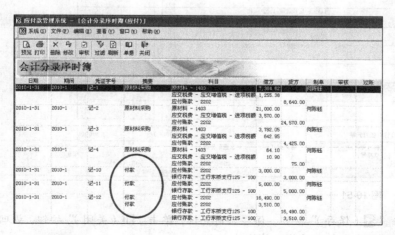

▶ 图 10-49

在该序时簿窗口中，可以进行凭证的修改、审核和删除等操作。

10.2.2 收款单生成凭证

下面以"实例2-58"为例，练习收款单生成凭证的处理方法，操作步骤如下。

（1）双击【财务会计】→【应收款管理】→【凭证处理】→【凭证—生成】，打开"凭证处理"窗口；单击"单据类型"选项，可以切换到不同的单据序时簿窗口，选择"收款"，系统将显示满足条件的"收款单"，如图10-50所示。

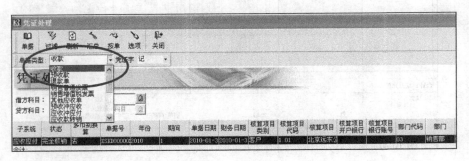

▶ 图 10-50

（2）系统默认"贷方科目"为"单据上的往来科目"，借方科目设置后，系统将引用该科目。将光标放置在"借方科目"处，按F7功能键，弹出"会计科目"档案窗口；选择"1002.01—工行东桥支行 125"科目，单击"确定"按钮，返回"凭证处理"窗口；选中"CFKD000002"号收款单，单击"按单"按钮，稍后系统打开"记账凭证"窗口，如图10-51所示。

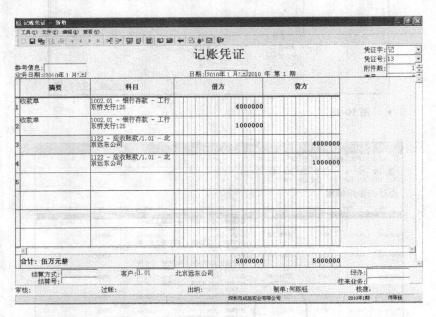

▶ 图 10-51

（3）单击"■（保存）"按钮，保存当前凭证，单击"■（关闭）"按钮，返回"凭证处理"窗口，系统将已经生成凭证的收款单隐藏。

若要查询刚才所生成的凭证，可以双击【财务会计】→【应收款管理】→【凭证处理】→【凭证—维护】，系统弹出过滤条件窗口；保持默认条件，单击"确定"按钮，打开"会计分录序时簿（应收）"窗口，如图 10-52 所示。

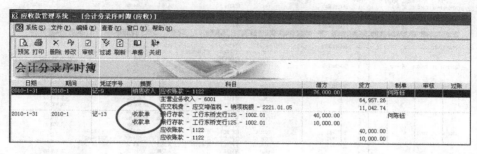

▶ 图 10-52

在该序时簿窗口中，可以进行凭证的修改、审核和删除等操作。

10.3　总账凭证处理

总账系统主要是进行凭证处理，将凭证录入、审核、过账后，再查询总账、明细账和科目余额表等数据。总账系统的凭证来源有两个途径：一个是接收从业务系统生成的凭证，如前面小节所生成的凭证都可以在"总账"系统中查询到；另一个途径是手工录入，如从银行提现、报销费用和付工资等凭证。

先练习在"总账"系统中查询刚才生成的凭证。双击【财务会计】→【总账】→【凭证处理】→【凭证查询】，系统弹出"过滤"窗口，如图 10-53 所示。

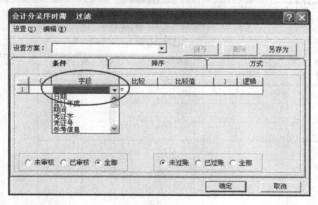

▶ 图 10-53

在过滤窗口中可以设置凭证的"审核"状态和"过账"状态，如只想查询部分满足要求的凭证，则可以在"条件"窗口中设置条件后再查询。

保持默认条件，单击"确定"按钮，打开"会计分录序时簿"窗口，如图 10-54 所示。

在"会计分录序时簿"窗口，可以进行凭证的新增、修改和审核等操作。

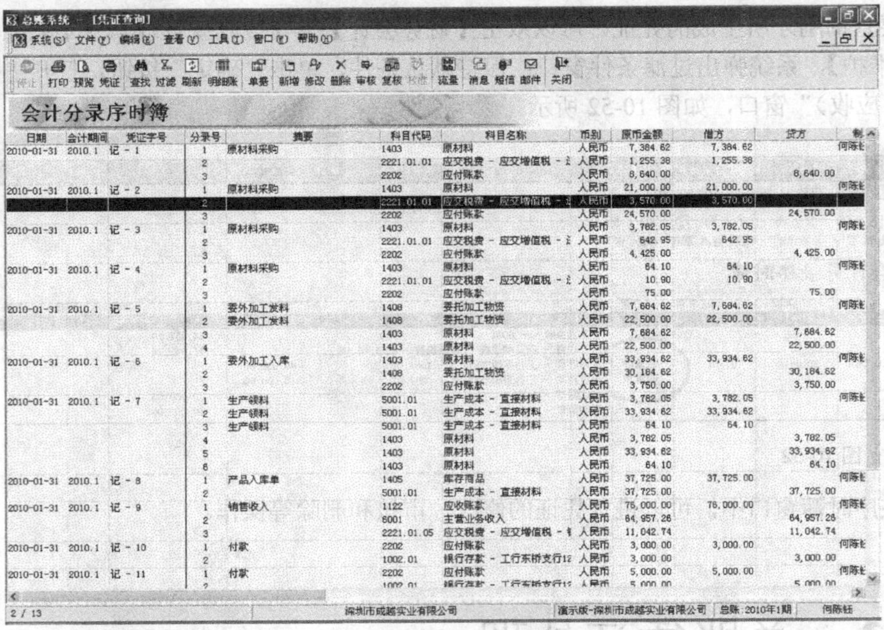

▶ 图 10-54

10.3.1 凭证录入

以"实例 2-59"为例,练习普通的凭证录入处理方法,操作步骤如下。

(1)双击【财务会计】→【总账】→【凭证处理】→【凭证录入】,打开"记账凭证"处理窗口,如图 10-55 所示。

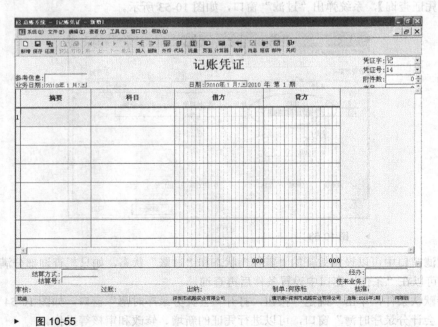

▶ 图 10-55

金蝶 K/3 系统为用户提供仿真"记账凭证"格式,用户只要按照手工处理的方式在相应位置录入对应的数据即可。

(2)先录入第一条分录,摘要录入"付工资",将光标放置在"科目"项,单击工具栏的"代码"按钮,弹出"会计科目"档案窗口,如图 10-56 所示。

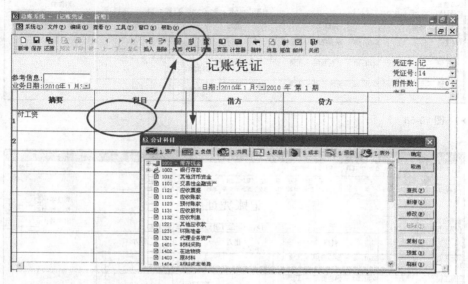

▶ 图 10-56

(3)选择"5 成本"类下的"5101.05—工资"科目,单击"确定"按钮,返回"记账凭证"窗口。系统将显示获取成功的科目,如图 10-57 所示。

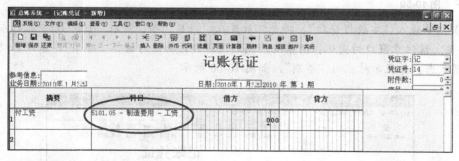

▶ 图 10-57

(4)将光标移至"借方"处,录入"9 761";将光标移至第 2 条分录,摘要录入"付工资",会计科目获取"6601.04—工资"科目,借方录入"5 732";第 3 行摘要录入"付工资",会计科目获取"6602.05—工资",借方录入"13 000",如图 10-58 所示。

(5)第 4 条分录摘要录入"付工资",科目获取"1002.01—工行东桥支行 125"科目,将光标放置在"贷方"处,按下"Ctrl+F7"功能键,系统自动找平,如图 10-59 所示。

(6)单击"保存"按钮,保存当前凭证。

以"实例 2-60"为例,练习含外币业务的凭证录入处理方法,操作步骤如下。

(1)处理含外币业务凭证的重点是选择正确的"币别",并且录入正确的"汇率"。继前一张凭证操作,单击【新增】按钮,打开一张空白"记账凭证"处理窗口。

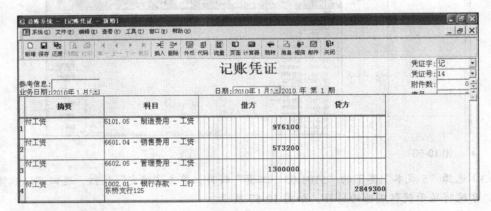

▶ 图 10-58

▶ 图 10-59

（2）摘要录入"实收投资款"，将光标放置在"科目"项，获取"1002.02——人行东桥支行128"科目。请注意窗口的变化：因系统检测到该科目的属性为核算"港币"，系统自动切换到外币处理状态，并显示对应的"币别"，如图 10-60 所示。

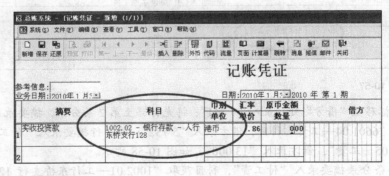

▶ 图 10-60

（3）将汇率"0.86"修改为"0.861"，在"原币金额"录入"100 000"，这时系统自动计算出本位币金额，如图 10-61 所示。

（4）第 2 条分录，摘要录入"实收投资款"，科目获取"4001.01——实收资本——仁渴"，贷方录入"86 100"，如图 10-62 所示。

▶ 图 10-61

▶ 图 10-62

（5）单击"保存"按钮，保存当前凭证。

以"实例 2-61"为例，练习含报销费用凭证录入的处理方法，操作方法如下。

（1）继前一张凭证操作，单击【新增】按钮，打开一张空白"记账凭证"处理窗口，摘要录入"仁渴报销费用"，将光标放置在"科目"项，获取"6601.01——差旅费"科目，借方金额为"2 315"；第 2 条分录，摘要录入"仁渴报销费用"，科目获取"1001.01——人民币"，贷方录入"2 315"，如图 10-63 所示。

▶ 图 10-63

（2）单击"保存"按钮，保存当前凭证。

以"实例 2-62"为例，练习含计提固定资产折旧凭证录入的处理方法，操作方法如下。

（1）继前一张凭证操作，单击【新增】按钮，打开一张空白"记账凭证"处理窗口，摘要录入"计提固定资产折旧费用"，将光标放置在"科目"项，获取"5101.03——折旧费"科目，借方金额为"2 200"；第 2 条分录，摘要录入"计提固定资产折旧费用"，科目获取"6601.03——折旧费"，借方金额录入"500"；第 3 条分录，摘要录入"计提固定资产折旧费用"，科目获取

"6602.06——折旧费",借方金额录入"1 100";第4条分录,摘要录入"计提固定资产折旧费用",科目获取"1602——累计折旧",将光标放置在"贷方"金额处,按"Ctrl+F7"功能键,系统自动找平该凭证,如图10-64所示。

▶ 图10-64

(2)单击"保存"按钮,保存当前凭证。

10.3.2 凭证查询

凭证录入完成,可以进行查询操作,通过查询可以发现凭证正确与否,并进行相关操作,如凭证修改、删除和审核等。凭证查询时可以根据自定义条件查询满足条件的凭证,如查询某日、某个会计科目等条件的所有凭证。凭证查询操作步骤如下。

(1)在主控台界面,双击【财务会计】→【总账】→【凭证处理】→【凭证查询】,弹出"会计分录序时簿过滤"窗口,如图10-65所示。

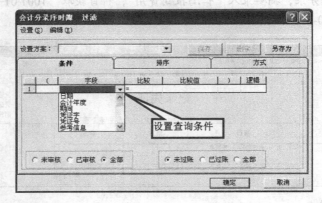

▶ 图10-65

在"会计分录序时簿过滤"窗口,可设置查询条件,如日期是大于、小于或等于某个日期,会计科目等于某个科目代码值。可以一次设定多个条件,并可设定凭证的审核和过账情况,查询为空时,则查询满足审核和过账情况的所有凭证。切换到"排序"窗口,可设置查询凭证时的排序条件,默认先按日期先后排序,再按凭证号升序排序。切换到"方式"窗口,可设置其他过滤条件。若需要经常使用某个查询条件,可在条件设定后,输入"设置方案名",单击"保存"按钮,将当前查询条件保存起来以备下次使用。

（2）查询条件为空，选中"未审核"和"未过账"项，单击"确定"按钮，打开"会计分录序时簿"窗口，如图10-66所示。

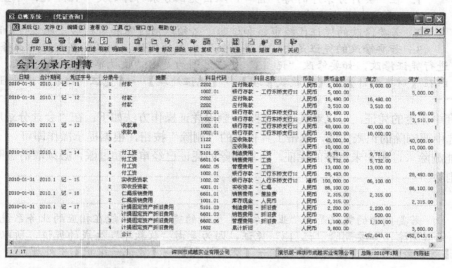

▶ 图 10-66

在该"会计分录序时簿"窗口可以进行凭证的查询、新增、修改和审核等操作。

通过该序时簿可以查看到凭证日期、会计期间、会计科目、凭证字号、制单和审核人等所有内容。单击工具栏上的"过滤"按钮，弹出"会计分录序时簿过滤"窗口，可以重新设置查询条件进行凭证查询。要查看某张凭证详细内容，双击打开凭证查看窗口即可。

10.3.3 凭证的修改和删除

以修改"记14"号的第1条分录摘要"付生产部员工工资"为例，介绍凭证修改操作方法，具体步骤如下。

（1）在"会计分录序时簿"窗口，选中"记14"号凭证任意分录，单击工具栏上的"修改"按钮，打开"记账凭证—修改"窗口。

（2）将第1条分录摘要直接修改为"付生产部员工工资"，单击"保存"按钮，保存修改操作。修改成功后的凭证如图10-67所示。

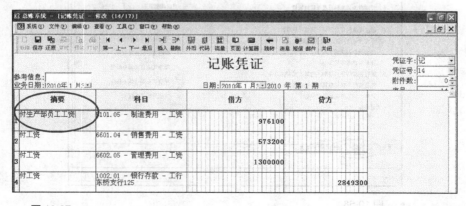

▶ 图 10-67

注

1. 在"会计分录序时簿"窗口，双击凭证分录打开的是"记账凭证—查看"窗口，在查看状态不能修改凭证。
2. 若要修改的凭证已经审核和过账，必须取消过账和审核后才能进行修改。
3. 若要修改的凭证是由"业务系统"生成的凭证，则只能在相应的业务系统下进行凭证修改，如要修改"记 13"凭证，因为是由"收款单"生成的凭证，所以可以在【财务会计】→【应收款管理】→【凭证处理】→【凭证—维护】中处理。

账套中作废的凭证，可以对其进行删除。删除凭证操作方法如下：在"会计分录序时簿"窗口，选中要删除的记账凭证，单击工具栏上的"删除"按钮，根据提示操作即可。

只能删除未过账和未审核的凭证，若要删除的凭证已经审核和过账，必须取消过账和审核后才能删除。

注

若要删除的凭证是由"业务系统"生成的凭证，则只能在相应的业务系统下进行凭证删除，如要删除"记 13"凭证，因为是由"收款单"生成的凭证，所以可以在【财务会计】→【应收款管理】→【凭证处理】→【凭证—维护】中处理。

10.3.4 凭证审核

为保证凭证的正确性，需要对凭证进行审核后才能进行凭证过账处理。为提高工作效率，金蝶 K/3 提供了未审核凭证也可以过账的控制，方法是：选择菜单【系统】→【更换操作员】；以"陈静（系统管理员身份者）"登录账套；双击【系统设置】→【系统设置】→【总账】→【系统参数】，弹出"系统参数"设置窗口，切换到"总账"选项卡下的"凭证"选项卡，对"凭证过账前必需审核"项进行修改即可，如图 10-68 所示。

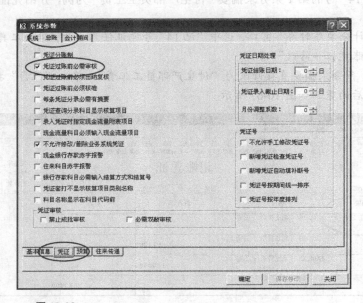

▶ 图 10-68

凭证审核方式有两种：一种是单张审核，另一种是成批审核。下面以审核账套中凭证为例，分别讲解两种操作方法，以"实例2-63"为例练习对凭证的审核。

> **注** 审核人不能与制单人为同一人。

1. 单张审核

（1）更换操作员，以"陈静"身份登录账套，双击【财务会计】→【总账】→【凭证处理】→【凭证查询】，弹出"会计分录序时簿过滤"窗口；条件设置为空，选择"未审核"和"未过账"项，单击"确定"按钮，打开"会计分录序时簿"窗口。

（2）选中要审核的凭证，如选中"记1"号凭证，单击工具栏上的"审核"按钮，打开"记账凭证—审核"窗口，再单击工具栏上的"审核"按钮，凭证窗口下方"审核"处显示审核人身份表示审核成功，如图10-69所示。

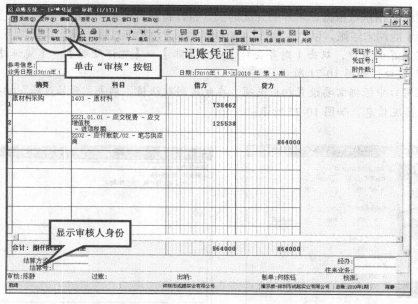

▶ 图 10-69

2. 成批审核

为提高工作效率，系统提供"成批审核"功能，方法如下。

（1）在"会计分录序时簿"窗口，选择菜单【编辑】→【成批审核】，弹出"成批审核凭证"窗口，如图10-70所示。

（2）选中"审核未审核的凭证"项，单击"确定"按钮，稍后系统弹出提示窗口，单击"确定"按钮，完成审核操作。

查看是否审核成功的方法是：单击工具栏上的"过滤"按钮，弹出过滤窗口，选中"已审核"项，单击"确定"按钮，打开会计分录序时簿，显示出来的凭证都是已经审核成功的凭证。

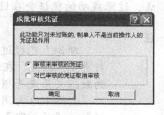

▶ 图 10-70

3. 取消审核

已经审核的凭证不能随意修改，必须由审核人取消审核后才能进行修改。取消审核又称为反审核。下面以取消"记1"凭证的审核为例，讲解取消审核方法。

（1）在"会计分录序时簿"中选中要取消审核的凭证"记1"。

（2）单击工具栏上的"审核"按钮，打开"记账凭证—审核"窗口。

（3）再单击工具栏上的"审核"按钮，这时凭证左下角"审核"处审核人消失，表示取消审核成功。

系统也可以进行成批取消审核，在成批审核操作基础上，系统弹出"成批审核凭证"窗口，如图10-70所示，选择"对已审核的凭证取消审核"项即可。

请审核完账套所有凭证，以供下一节使用。

10.3.5 凭证过账

凭证过账是指系统根据已录入的凭证的会计科目将其登记到相关的明细账簿。只有本期的凭证过账后才能期末结账。以"实例2-64"为例，练习对凭证过账，操作步骤如下。

（1）在主界面窗口，双击【财务会计】→【总账】→【凭证处理】→【凭证过账】，弹出"凭证过账"窗口，如图10-71所示。

（2）在窗口中根据需要设置相应选项，在此采用默认值。单击"开始过账"按钮，稍后系统弹出过账情况信息，如图10-72所示。

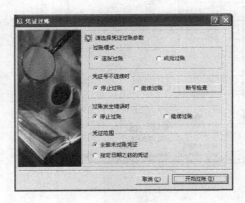

▶ 图 10-71

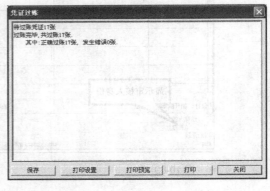

▶ 图 10-72

（3）单击"关闭"按钮。以凭证查询的方式打开"会计分录序时簿"窗口查看是否过账完成，过账成功的凭证会在过账项目下显示过账人的用户名，如图10-73所示。

注 理论上已经过账的凭证不允许修改，只能采取补充凭证或红字冲销凭证的方式进行更正。因此，在过账前应该对记账凭证的内容仔细审核，系统只能检验记账凭证中的数据关系是否错误，而无法检查其业务逻辑关系。

金蝶K/3为用户提供了"反过账"功能，在"会计分录序时簿"窗口单击菜单【编辑】→【反过账】即可。

▶ 图 10-73

10.3.6 期末调汇

期末调汇是将有核算外币且在该科目属性中有选择"期末调汇"项的科目，根据币种期末的汇率，调汇生成一张调汇凭证。以"实例 2-65"为例练习期末调汇处理，操作步骤如下。

（1）以"何陈钰"身份登录账套，双击【财务会计】→【总账】→【结账】→【期末调汇】，弹出"期末调汇"窗口，"调整汇率"输入"0.863"，如图 10-74 所示。

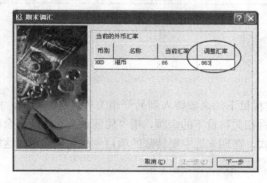

▶ 图 10-74

（2）单击"下一步"按钮，打开凭证设置窗口，在"汇兑损益科目"处，按 F7 功能键获取"6603.03——调汇"科目，其他保持默认值，如图 10-75 所示。

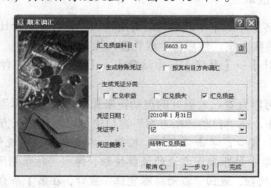

▶ 图 10-75

（3）单击"完成"按钮，开始后台处理，稍后系统弹出提示，根据提示可以到"凭证查询"

下查询所生成的调汇凭证，如图10-76所示。

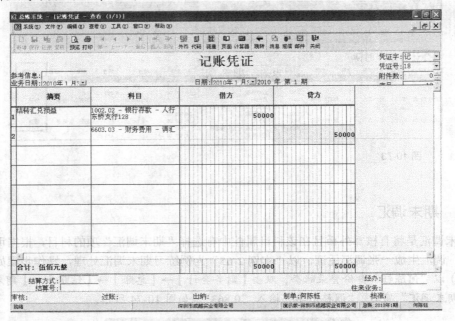

▶ 图 10-76

10.3.7 自动转账

自动转账用于将相关科目下的余额转入到另一相关科目下。例如，将制造费转入生产成本科目，可以直接录入，即查看相关科目下的余额，用"凭证录入"功能将余额转出；也可以使用自动转账功能，定义好转账公式，在期末选中要转账的项目生成凭证即可，这样既简单又有效率。

> **注** 进行转账凭证结转时，一定要把"总账"系统中的所有凭证过账。

1. 制造费用转生产成本

制造费用科目余额转生产成本下的"制造费用转入"科目是一个比较固定的结转操作，可以将其保存为一个自动转账方案，然后再生成凭证，操作步骤如下。

（1）双击【财务会计】→【总账】→【结账】→【自动转账】，弹出"自动转账凭证"窗口，如图10-77所示。

在"浏览"窗口中可以查看已设置好的自动转账凭证，在"编辑"窗口中可对自动转账凭证进行新增和编辑等操作，在"自动转账方案"窗口中可以进行转账方案的设置。

（2）切换到"编辑"窗口，单击"新增"按钮，名称录入"制造费用转生产成本"，选择机制凭证"自动转账"；单击转账期间右边的编辑按钮，弹出"转账期间"设定窗口，单击"全选"按钮，单击"确定"按钮，返回"自动转账凭证"窗口，在第1条分录中录入凭证摘要"制造费用转生产成本"，科目获取"5001.03—制造费用转入"，选择方向"自动判定"，选择转账方式"转入"，如图10-78所示。

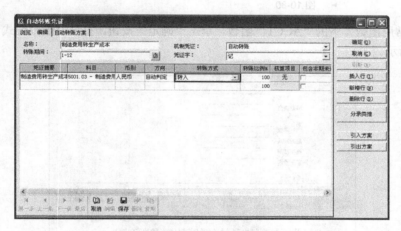

▶ 图 10-77

▶ 图 10-78

（3）在第 2 条分录中录入摘要"制造费用转生产成本"，科目获取"5101.01——房租"，方向"自动判定"，转账方式为"按公式转出"，公式方法为"公式取数"，公式定义单击"下设"按钮，弹出"公式定义"窗口，如图 10-79 所示。

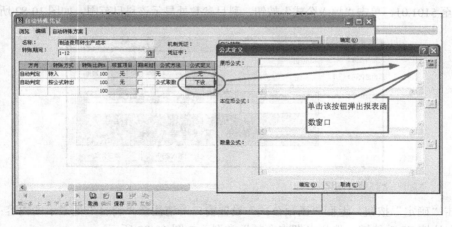

▶ 图 10-79

第 10 章 财务模块实战（二） 279

单击窗口右侧的"公式向导"按钮，弹出"报表函数"窗口，如图10-80所示。

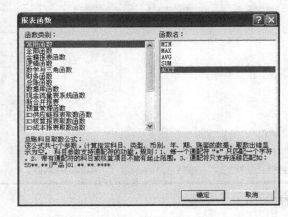

▶ 图10-80

选择"常用函数"下的"ACCT"函数，单击"确定"按钮，打开"函数公式"设置窗口，如图10-81所示。

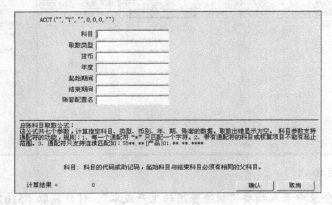

▶ 图10-81

将光标放置在"科目"处，按F7功能键，打开"取数科目向导"窗口，科目代码范围设置为5101.01至5101.01，单击"填入公式"按钮，科目参数处显示该科目范围，如图10-82所示。

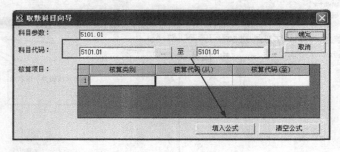

▶ 图10-82

单击"确定"按钮，返回"函数公式"设置窗口，请注意"科目"处显示的内容；在"取数类型"处按F7功能键，选择"期末余额"类型，如图10-83所示。

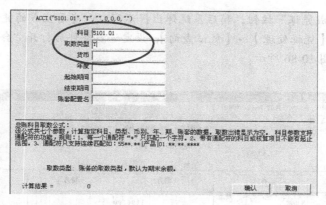

▶ 图 10-83

单击"确认"按钮,返回"公式定义"窗口。单击"确定"按钮,返回"自动转账凭证"窗口。
(4)按步骤(3)录入剩余的科目,结果如图 10-84 所示。

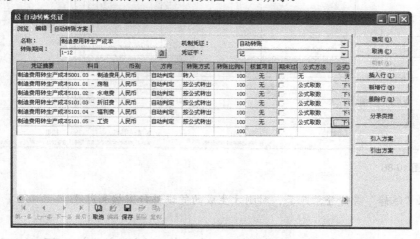

▶ 图 10-84

(5)单击"保存"按钮,切换到"浏览"窗口,选中刚才所建立的转账凭证方案,如图 10-85 所示。

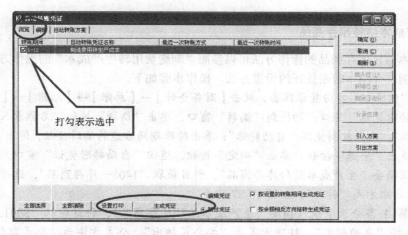

▶ 图 10-85

（6）单击"生成凭证"按钮，稍后系统弹出提示窗口，查看生成的凭证。双击【财务会计】→【总账】→【凭证处理】→【凭证查询】，设定过滤条件后打开"会计分录序时簿"窗口，生成的凭证如图10-86所示。

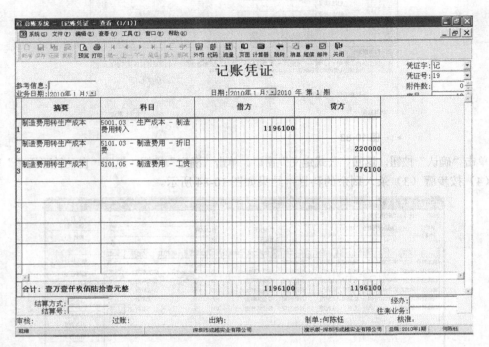

▶ 图10-86

（7）以"陈静"身份登录账套，对刚才生成的凭证进行审核和过账。

注　　在以后期间要生成该张转账凭证，直接在"浏览"窗口中处理即可，不用再次设置转账方案，这样更为简单快捷。如果要重新设置转账方案，则切换到"编辑"窗口进入重新编辑。

2. 生产成本结转库存商品

生产成本结转库存商品的操作方法可以参照"制造费用转生产成本"的操作方法。以"实例2-67"为例，介绍本转账凭证的设置方法，操作步骤如下。

（1）以"何陈钰"身份登录账套，双击【财务会计】→【总账】→【结账】→【自动转账】，弹出"自动转账凭证"窗口；切换到"编辑"窗口，单击"新增"按钮，名称录入"生产成本结转库存商品"，选择机制凭证"自动转账"；单击转账期间右边的编辑按钮，弹出"转账期间"设定窗口，单击"全选"按钮；单击"确定"按钮，返回"自动转账凭证"窗口。在第1条分录中录入凭证摘要"生产成本结转库存商品"，科目获取"1405—库存商品"，选择方向"自动判定"，选择转账方式"转入"，如图10-87所示。

（2）在第2条分录中录入摘要"生产成本结转库存商品"，科目获取"5001.01—直接材料"，方向选择"自动判定"，转账方式为"按公式转出"，公式方法为"公式取数"；公式定义单击"下设"按钮,弹出"公式定义"窗口,单击窗口右侧的"公式向导"按钮,弹出"报表函数"窗口,选择"常用函数"下的"ACCT"函数;单击"确定"按钮,打开"函数公式"设置窗口,将光标放置在"科目"处,按F7功能键,打开"取数科目向导"窗口,科目代码范围设置为5001.01至5001.01,单击"填入公式"按钮;单击"确定"按钮,返回"函数公式"设置窗口,请注意"科目"处显示的内容;"取数类型"处按F7功能键,选择"期末余额"类型,单击"确认"按钮,返回"公式定义"窗口;单击"确定"按钮,返回"自动转账凭证"窗口。

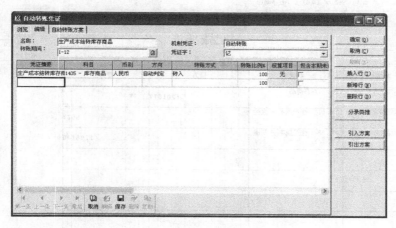

▶ 图 10-87

(3)按照步骤(2)录入剩余的科目,结果如图 10-88 所示。

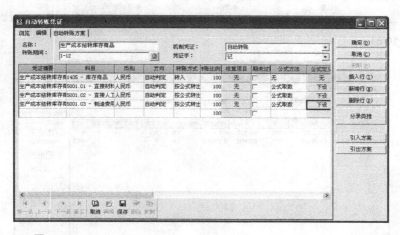

▶ 图 10-88

(4)单击"保存"按钮,切换到"浏览"窗口,选中刚才所建立的"生产成本结转库存商品"转账凭证方案,单击"生成凭证"按钮,稍后系统弹出提示窗口。若要查看生成的凭证,双击【财务会计】→【总账】→【凭证处理】→【凭证查询】,设定过滤条件后打开"会计分录序时簿"窗口,生成的凭证如图 10-89 所示。

(5)以"陈静"身份登录账套,对刚才生成的凭证进行审核和过账。

3. 库存商品转主营业务成本

库存商品结转主营业务成本的凭证可以参照上一节"制造费用转生产成本"进行设置。进行该张凭证操作时，建议先审核、过账"总账"系统中的所有凭证。

双击【财务会计】→【总账】→【结账】→【自动转账】，弹出"自动转账凭证"窗口，按照"实例2-68"设置转账方案，设置成功的自动转账方案窗口如图10-90所示。

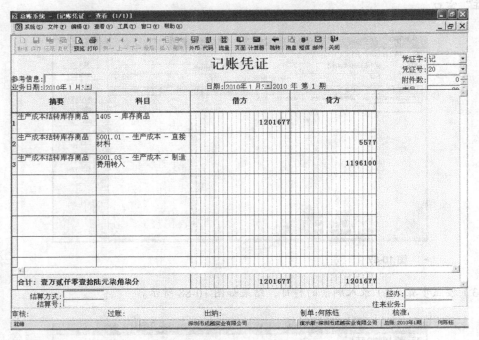

▶ 图 10-89

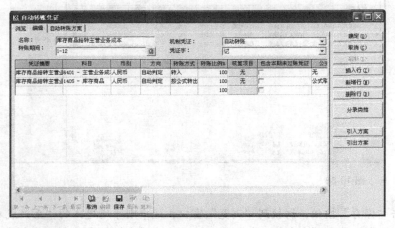

▶ 图 10-90

切换到"浏览"窗口，选中刚才所设置的方案并生成凭证。生成的凭证可在"凭证查询"中查询，如图10-91所示。

以"陈静"身份登录账套，对刚才生成的凭证进行审核和过账。

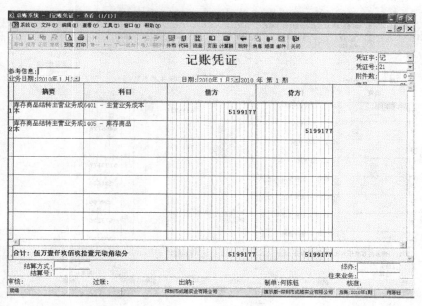

▶ 图 10-91

10.3.8 结转损益

结转损益将损益类科目下的所有余额结转到"本年利润"科目，并生成一张结转损益的凭证。

> **注**
> 在结转损益前，一定要将本期的凭证都过账，包括自动转账生成的凭证。

（1）以"何陈钰"身份登录账套，双击【财务会计】→【总账】→【结账】→【结转损益】，弹出"结转损益"窗口，单击"下一步"按钮，打开"损益类科目对应本年利润科目"窗口，如图 10-92 所示。

（2）单击"下一步"按钮，打开凭证生成模式设置窗口，如图 10-93 所示。

▶ 图 10-92

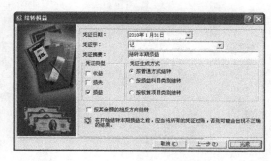

▶ 图 10-93

（3）保持默认值，单击"完成"按钮，稍后系统弹出提示，表示结转成功。在"凭证查询"下查询刚才结转损益凭证，如图 10-94 所示。

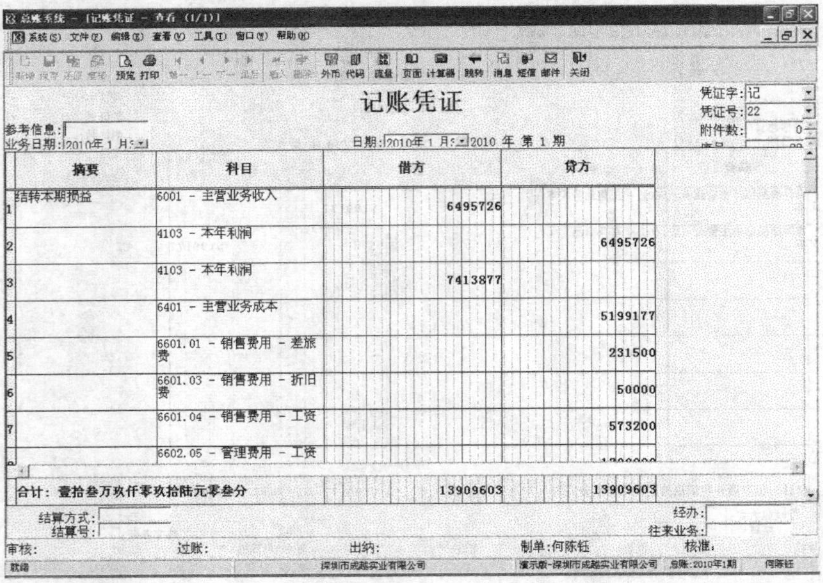

▶ 图 10-94

以“陈静”身份审核所有凭证，并过账所有凭证。

Day 11

第11章
财务账簿和报表

学习重点
- 总分类账、明细分类账、多栏账
- 资产负债表、利润表
- 公式向导
- 报表打印

11 Day

11.1 账簿查询

总账主要是录入凭证和接收由业务模块传递下来的凭证,经过审核和过账后生成相应的账簿,同时提供有详细的账簿查询功能。账簿有总分类账、明细分类账、数量金额总账、数量金额明细账、多栏账、核算项目分类总账和核算项目明细账等。

11.1.1 总分类账

"总分类账"用于查询科目总账数据,查询科目的本期借方发生额、本期贷方发生额和期末余额等项目数据,操作步骤如下。

(1) 双击【财务会计】→【总账】→【账簿】→【总分类账】,弹出"过滤条件"窗口,如图 11-1 所示。

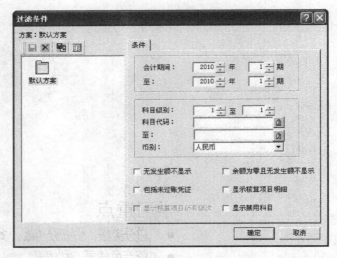

▶ 图 11-1

其中各项说明如下。

- 会计期间范围:设置查询期间范围。
- 科目级别:要查询到的某级科目范围。
- 科目代码:设置查询的科目范围,按 F7 功能键获取会计科目;若为空,查询级别范围中所有科目。
- 无发生额不显示:选中该项,不显示在期间范围内没有发生业务的科目。
- 包括未过账凭证:选中该项,科目的汇总数据含有未过账凭证;反之,汇总数据只有已过账凭证。
- 余额为零且无发生额不显示:选中该项,不显示科目余额为零且在期间范围内无发生额总账。

- 显示核算项目明细：选中该项，科目下有核算项目的显示核算项目明细数据；反之，不显示。
- 显示核算项目所有级次：选中上一项，再选中该项。当核算项目有分级时，核算项目显示到最明细；反之，只显示核算项目的第一级数据。
- 显示禁用科目：选中，若禁用科目下有数据也会显示出来；反之，不显示。

（2）保持默认条件，单击“确定”按钮，打开“总分类账”窗口，如图 11-2 所示。

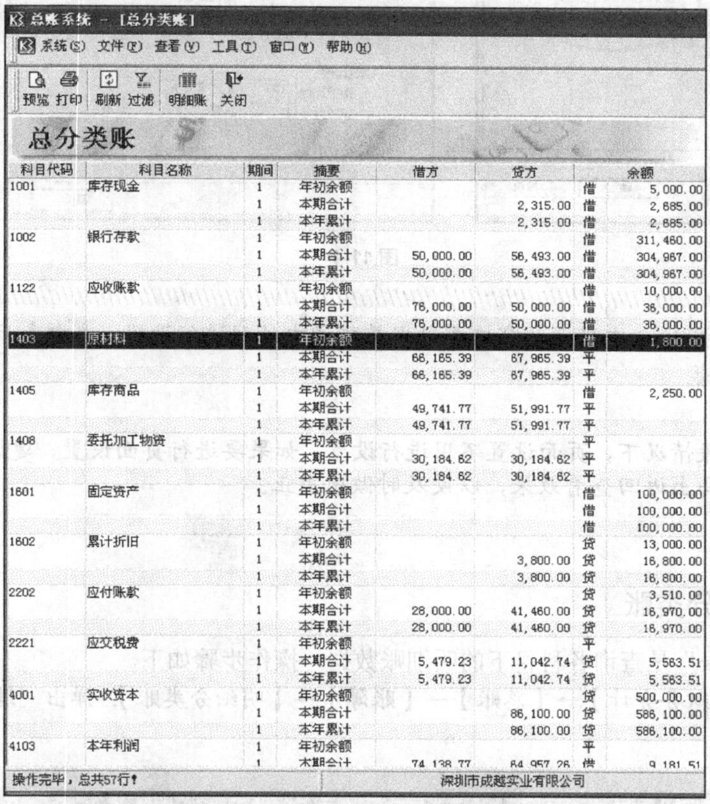

科目代码	科目名称	期间	摘要	借方	贷方		余额
1001	库存现金	1	年初余额			借	5,000.00
		1	本期合计		2,315.00	借	2,685.00
		1	本年累计		2,315.00	借	2,685.00
1002	银行存款	1	年初余额			借	311,460.00
		1	本期合计	50,000.00	56,493.00	借	304,967.00
		1	本年累计	50,000.00	56,493.00	借	304,967.00
1122	应收账款	1	年初余额			借	10,000.00
		1	本期合计	76,000.00	50,000.00	借	36,000.00
		1	本年累计	76,000.00	50,000.00	借	36,000.00
1403	原材料	1	年初余额			借	1,800.00
		1	本期合计	66,165.39	67,965.39	平	
		1	本年累计	66,165.39	67,965.39	平	
1405	库存商品	1	年初余额			借	2,250.00
		1	本期合计	49,741.77	51,991.77	平	
		1	本年累计	49,741.77	51,991.77	平	
1408	委托加工物资	1	年初余额			平	
		1	本期合计	30,184.62	30,184.62	平	
		1	本年累计	30,184.62	30,184.62	平	
1601	固定资产	1	年初余额			借	100,000.00
		1	本期合计			借	100,000.00
		1	本年累计			借	100,000.00
1602	累计折旧	1	年初余额			贷	13,000.00
		1	本期合计		3,800.00	贷	16,800.00
		1	本年累计		3,800.00	贷	16,800.00
2202	应付账款	1	年初余额			贷	3,510.00
		1	本期合计	28,000.00	41,460.00	贷	16,970.00
		1	本年累计	28,000.00	41,460.00	贷	16,970.00
2221	应交税费	1	年初余额			平	
		1	本期合计	5,479.23	11,042.74	贷	5,563.51
		1	本年累计	5,479.23	11,042.74	贷	5,563.51
4001	实收资本	1	年初余额			贷	500,000.00
		1	本期合计		86,100.00	贷	586,100.00
		1	本年累计		86,100.00	贷	586,100.00
4103	本年利润	1	年初余额			平	
		1	本期合计	74,138.77	64,957.26	借	9,181.51

▶ 图 11-2

（3）在总分类账查询某个科目的明细账的方法是：选中该科目记录，单击工具栏上的“明细账”按钮，系统弹出该科目的明细账窗口，即可查询。

（4）单击“预览”按钮，对打印格式进行预览。单击“打印”按钮，输出当前查询的总分类账。

（5）页面设置。通过页面设置，可以设置账簿输出时的前景色、背景色和超宽是否警告等。操作方法是：单击菜单【查看】→【页面设置】，弹出“页面设置”窗口，如图 11-3 所示。

- 页面：是对当前账簿的格式进行设置，如前景色、背景色、合计色和自定义行高等。单击“页面”选项卡中的“页面设置”按钮，弹出另一个“页面选项”窗口，如图 11-4 所示。

在该选项窗口中可以对页面设置进行更详细的设置。设置完成，单击“确定”按钮，保存设置。

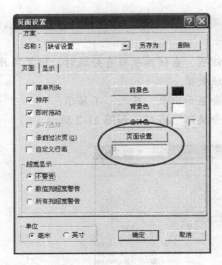
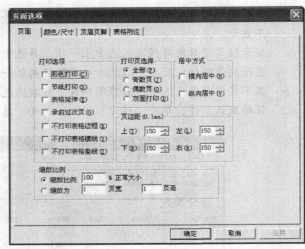

▶ 图 11-3　　　　　　　　　　　　　　　▶ 图 11-4

◢ 显示：图 11-3 中显示的窗口是对当前账簿中的列进行设置，选中表示要显示，不选中表示隐藏。

注

　　一般情况下，页面设置不用进行设置。如果要进行页面设置，建议每设定一个项目后，马上返回查看效果，以便及时做出更正。

11.1.2　明细分类账

"明细分类账"是查询各科目下的明细账数据，操作步骤如下。

（1）双击【财务会计】→【总账】→【账簿】→【明细分类账】，弹出"过滤条件"窗口，如图 11-5 所示。

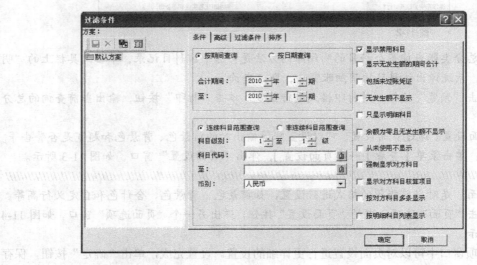

▶ 图 11-5

其中各项说明如下。

- 按期间查询：查询会计期间范围为某期间至某期间。
- 按日期查询：查询某天至某天范围内的数据。
- 只显示明细科目：若选中，当科目级别为多级别时，明细账只显示最明细科目的数据。
- 强制显示对方科目：若选中，同时显示对方科目。
- 显示对方科目核算项目：若选中，对方科目下有核算项目的同时显示。
- 按明细科目列表显示：若选中，则以明细科目列表格式显示。
- 高级窗口是设置查询时更高级的设置；过滤条件可以设置满足该条件的才显示；排序是设置查询出来的明细账按照什么字段升序或降序排列。

（2）在此科目级别设置为 1 至 3 级范围，选中"按明细科目列表显示"，单击"确定"按钮，打开"明细分类账"窗口，如图 11-6 所示。

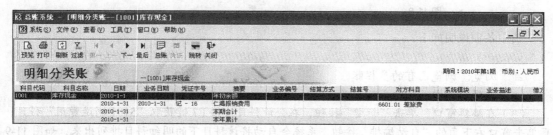

▶ 图 11-6

单击第一、上一、下一、最后按钮可查询不同科目的明细账，单击"总账"按钮，可查看该科目的总账数据。

有关明细分类账的页面设置和输出可参见"总分类账"一节。

11.1.3 多栏账

不同企业的科目设置情况不同，因此多栏式明细账需要用户自行设定。先以查询"制造费用"的多栏账为例，介绍多栏账的设置方法，操作步骤如下。

（1）双击【财务会计】→【总账】→【账簿】→【多栏账】，弹出"多栏账"窗口，如图 11-7 所示。

其中各项说明如下。

- 多栏账名称：选择已设计好的多栏账。
- 会计期间：查询期间范围。
- 设计：进行多栏账的设计管理，如新增、修改或删除等。

（2）设计"制造费用多栏账"。单击"设计"

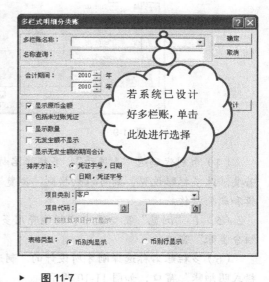

▶ 图 11-7

按钮，弹出"多栏式明细账定义"窗口，如图11-8所示。

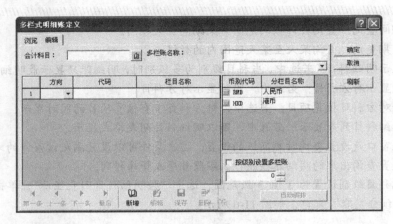

▶ 图 11-8

其中各项说明如下。

- 浏览：浏览已有的多栏账。
- 编辑：新增、修改或删除多栏账。

（3）在编辑窗口，单击"新增"按钮，在会计科目处按F7键获取"5101制造费用"科目；再单击窗口右下角的"自动编排"按钮，系统会自动将该科目下的明细科目排列出来，如图11-9所示。

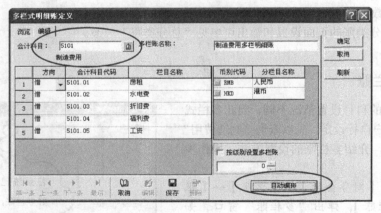

▶ 图 11-9

（4）币别代码选"人民币"，多栏账名称保持默认值，单击"保存"按钮，保存当前设置。若要修改多栏账设置，则可以切换到"浏览"窗口选中多栏账后，再返回"编辑"窗口进行编辑和删除操作。

（5）在"浏览"窗口选中"制造费用多栏明细账"，单击"确定"按钮，返回"多栏式明细分类账"窗口。

（6）多栏账名称选择刚才所设计的"制造费用多栏明细账"，单击"确定"按钮，弹出"多栏式明细账"窗口，如图11-10所示。

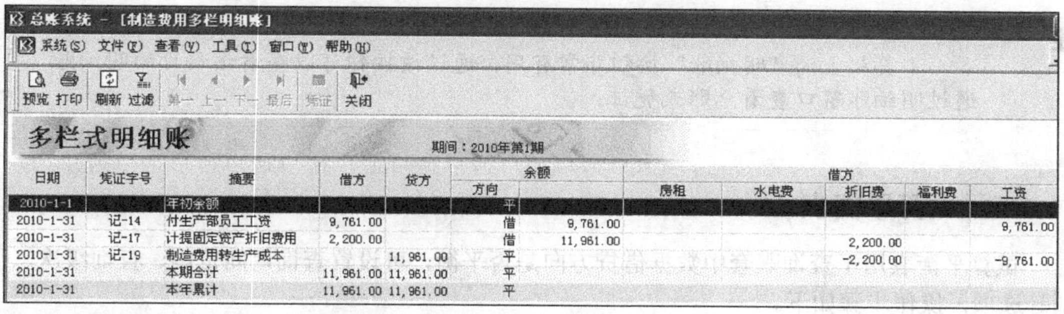

日期	凭证字号	摘要	借方	贷方	余额 方向	余额	借方 房租	借方 水电费	借方 折旧费	借方 福利费	借方 工资
2010-1-1		年初余额			平						
2010-1-31	记-14	付生产部员工工资	9,761.00		借	9,761.00					9,761.00
2010-1-31	记-17	计提固定资产折旧费用	2,200.00		借	11,961.00			2,200.00		
2010-1-31	记-19	制造费用转生产成本		11,961.00	平				-2,200.00		-9,761.00
2010-1-31		本期合计	11,961.00	11,961.00	平						
2010-1-31		本年累计	11,961.00	11,961.00	平						

▶ 图 11-10

过滤条件设置、页面设置方法与总分类账的相关设置方法基本相同。使用同样方法新增管理费用、营业费用等多栏账。

11.1.4 科目余额表

科目余额表是查询所有会计科目的余额情况，可以设置查询期间范围和查询级次等，操作方法与总分类账基本相同。

双击【财务会计】→【总账】→【财务报表】→【科目余额表】，系统弹出“过滤条件”窗口，在该窗口中可以设置查询条件，单击“高级”按钮，可以进行更复杂的条件设置。科目级别设为“2”，单击“确定”按钮，打开“科目余额表”窗口，如图 11-11 所示。

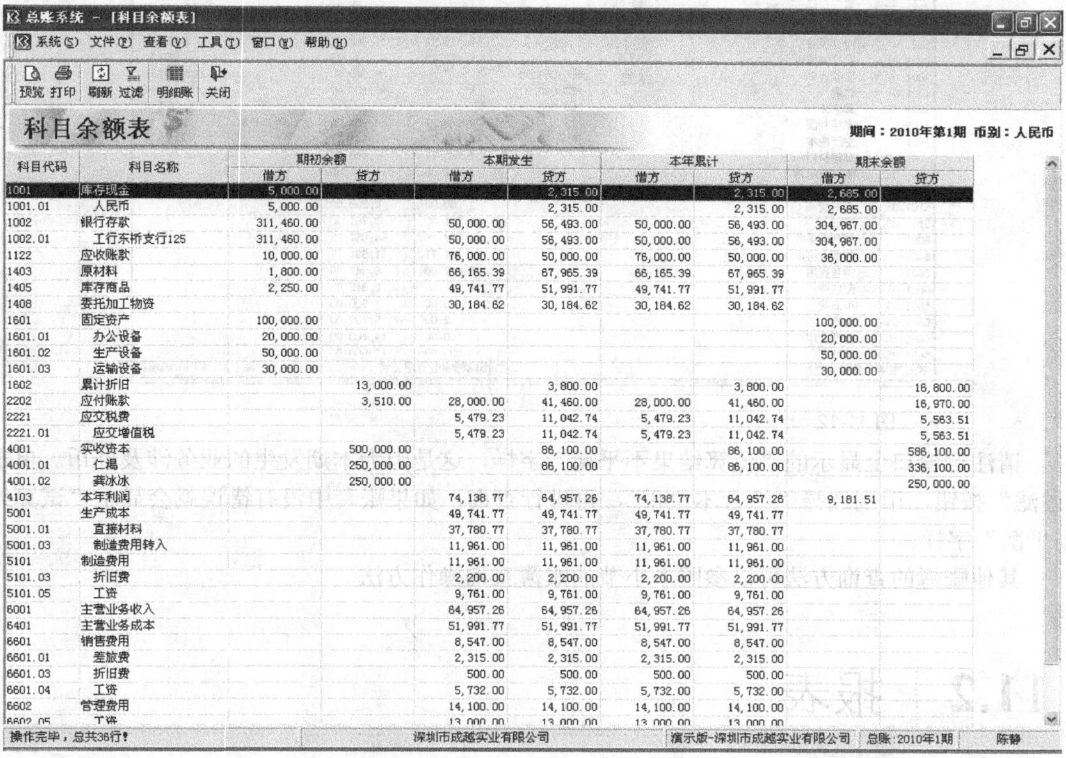

科目代码	科目名称	期初余额 借方	期初余额 贷方	本期发生 借方	本期发生 贷方	本年累计 借方	本年累计 贷方	期末余额 借方	期末余额 贷方
1001	库存现金	5,000.00			2,315.00		2,315.00	2,685.00	
1001.01	人民币	5,000.00			2,315.00		2,315.00	2,685.00	
1002	银行存款	311,460.00		50,000.00	56,493.00	50,000.00	56,493.00	304,967.00	
1002.01	工行东桥支行125	311,460.00		50,000.00	56,493.00	50,000.00	56,493.00	304,967.00	
1122	应收账款	10,000.00		76,000.00	50,000.00	76,000.00	50,000.00	36,000.00	
1403	原材料	1,800.00		66,165.39	67,965.39	66,165.39	67,965.39		
1405	库存商品	2,250.00		49,741.77	51,991.77	49,741.77	51,991.77		
1408	委托加工物资			30,184.62	30,184.62	30,184.62	30,184.62		
1601	固定资产	100,000.00						100,000.00	
1601.01	办公设备	20,000.00						20,000.00	
1601.02	生产设备	50,000.00						50,000.00	
1601.03	运输设备	30,000.00						30,000.00	
1602	累计折旧		13,000.00		3,800.00		3,800.00		16,800.00
2202	应付账款		3,510.00	28,000.00	41,460.00	28,000.00	41,460.00		16,970.00
2221	应交税费			5,479.23	11,042.74	5,479.23	11,042.74		5,563.51
2221.01	应交增值税			5,479.23	11,042.74	5,479.23	11,042.74		5,563.51
4001	实收资本		500,000.00		86,100.00		86,100.00		586,100.00
4001.01	仁渴		250,000.00		86,100.00		86,100.00		336,100.00
4001.02	龚冰冰		250,000.00						250,000.00
4103	本年利润			74,138.77	64,957.26	74,138.77	64,957.26	9,181.51	
5001	生产成本			49,741.77	49,741.77	49,741.77	49,741.77		
5001.01	直接材料			37,780.77	37,780.77	37,780.77	37,780.77		
5001.03	制造费用转入			11,961.00	11,961.00	11,961.00	11,961.00		
5101	制造费用			11,961.00	11,961.00	11,961.00	11,961.00		
5101.03	折旧费			2,200.00	2,200.00	2,200.00	2,200.00		
5101.05	工资			9,761.00	9,761.00	9,761.00	9,761.00		
6001	主营业务收入			64,957.26	64,957.26	64,957.26	64,957.26		
6401	主营业务成本			51,991.77	51,991.77	51,991.77	51,991.77		
6601	销售费用			8,547.00	8,547.00	8,547.00	8,547.00		
6601.01	差旅费			2,315.00	2,315.00	2,315.00	2,315.00		
6601.03	折旧费			500.00	500.00	500.00	500.00		
6601.04	工资			5,732.00	5,732.00	5,732.00	5,732.00		
6602	管理费用			14,100.00	14,100.00	14,100.00	14,100.00		
6602.05	工资			13,000.00	13,000.00	13,000.00	13,000.00		

▶ 图 11-11

> **注**
> 工具栏上的"明细账"按钮非常有用，通过该按钮可以查看该科目的明细账，再通过明细账窗口查看总账或凭证。

11.1.5 试算平衡表

试算平衡表用于查询账套中数据借贷方向是否平衡，可设置查询期间范围、查询级次、币别等选项，操作步骤如下。

（1）双击【财务会计】→【总账】→【财务报表】→【试算平衡表】，弹出"试算平衡表"窗口。

（2）设置查询条件，单击"确定"按钮，打开"试算平衡表"窗口，如图11-12所示。

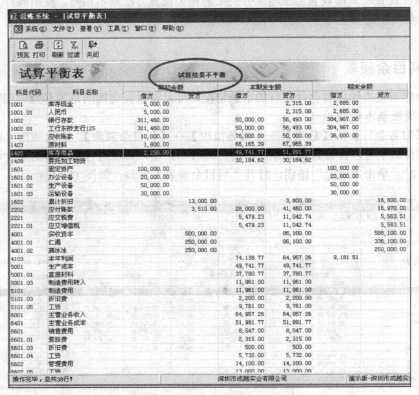

▶ 图11-12

请注意窗口上显示的"试算结果不平衡"字样，这是因为本期发生的业务涉及外币。单击"过滤"按钮，币别选择"综合本位币"，再进行查询，如果账套中没有错误就会显示"试算结果平衡"字样。

其他账簿的查询方法可以参照本小节的账簿查询操作方法。

11.2 报表

报表系统主要处理资产负债表、利润表等常用的财务报表，并可以根据管理需要自定义报表。报表系统还可以和合并报表系统联用，制作各种上报报表。报表系统与总账系统联用时，可以通过 ACCT、ACCTCASH、ACCTGROUP 等取数函数从总账系统的科目中取数；和工资系统联用时，可以通过函数 FOG-PA 从工资系统中取数；和固定资产系统联用时，可以通过函数 FOG-FA 从固定资产系统中取数；和工业供需链联用时，可以通过函数从工业供需链中取数。

报表的界面显示为一个表格，操作与 Excel 类似。报表系统没有初始设置和期末结账，主要用于查询报表、修改格式和修改公式，然后输出。

报表系统为用户预设有部分行业的报表模板，如资产负债表、利润表和利润分配表等。用户可以利用公式向导更改取数公式，也可以通过页面设置更改输出格式。下面先以处理"资产负债表"为例，讲述报表的操作方法。

11.2.1 查看报表

以"实例 2-70"练习财务报表的处理方法。

（1）以"陈静"身份登录练习账套。双击【财务会计】→【报表】→【新会计准则】→【新会计准则资产负债表】，打开"报表系统"窗口，如图 11-13 所示。

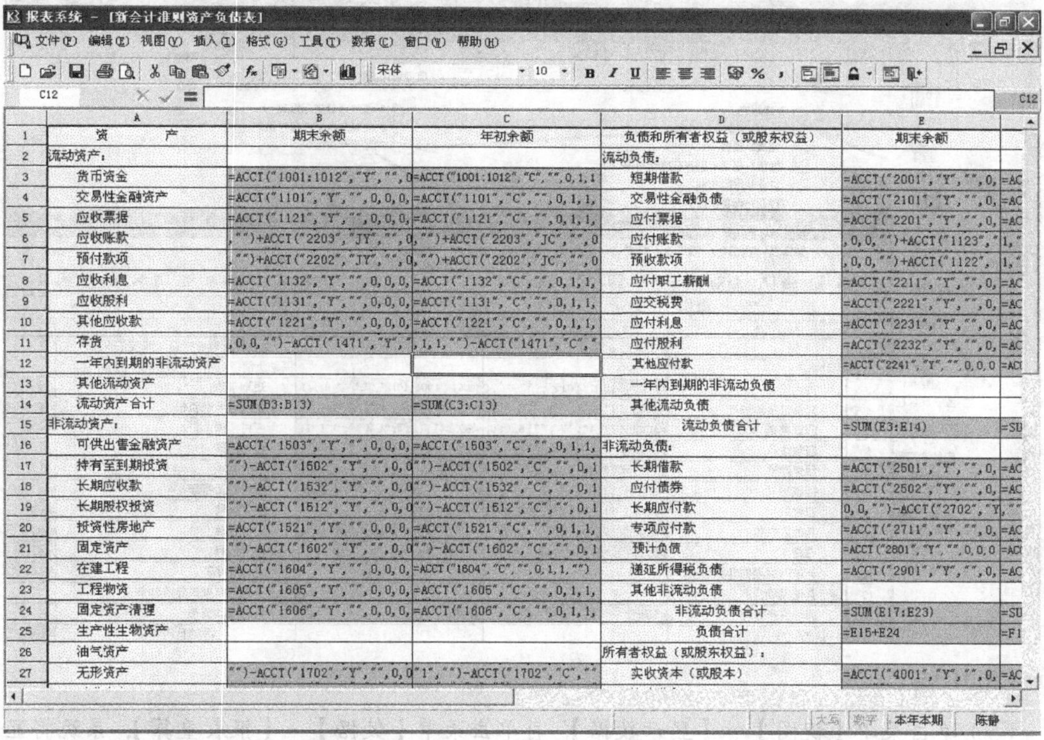

▶ 图 11-13

（2）单击菜单【文件】→【另存为】，弹出"另存为"窗口，如图 11-14 所示。

将"新会计准则"下的"新会计准则资产负债表"模板另存在"报表"下，以方便报表的修改操作。

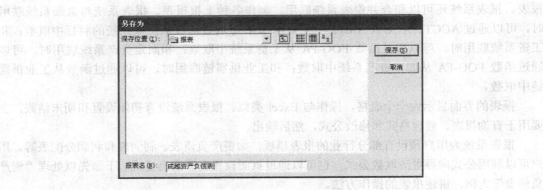

▶ 图 11-14

（3）报表名修改为"成越资产负债表"，单击"保存"按钮，返回"报表"窗口。单击菜单【文件】→【退出】，退出报表窗口。

（4）双击【财务会计】→【报表】→【报表】→【成越资产负债表】（该报表即刚才所保存的），打开"报表系统"窗口，如图 11-15 所示。

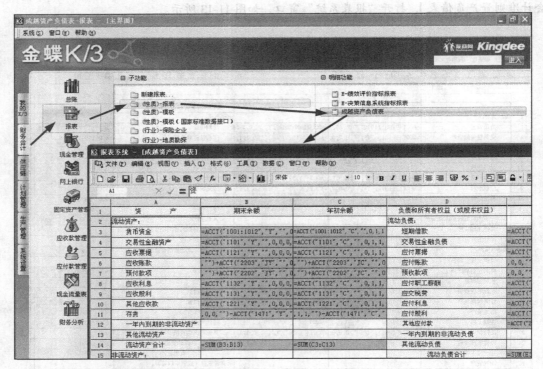

▶ 图 11-15

（5）单击菜单【视图】→【显示数据】，再单击菜单【数据】→【报表重算】，系统将显示计算出来的数据，如图 11-16 所示。

> **注** 视图菜单下的"显示数据"和"显示公式"功能，是查看报表数据和报表公式的切换处。

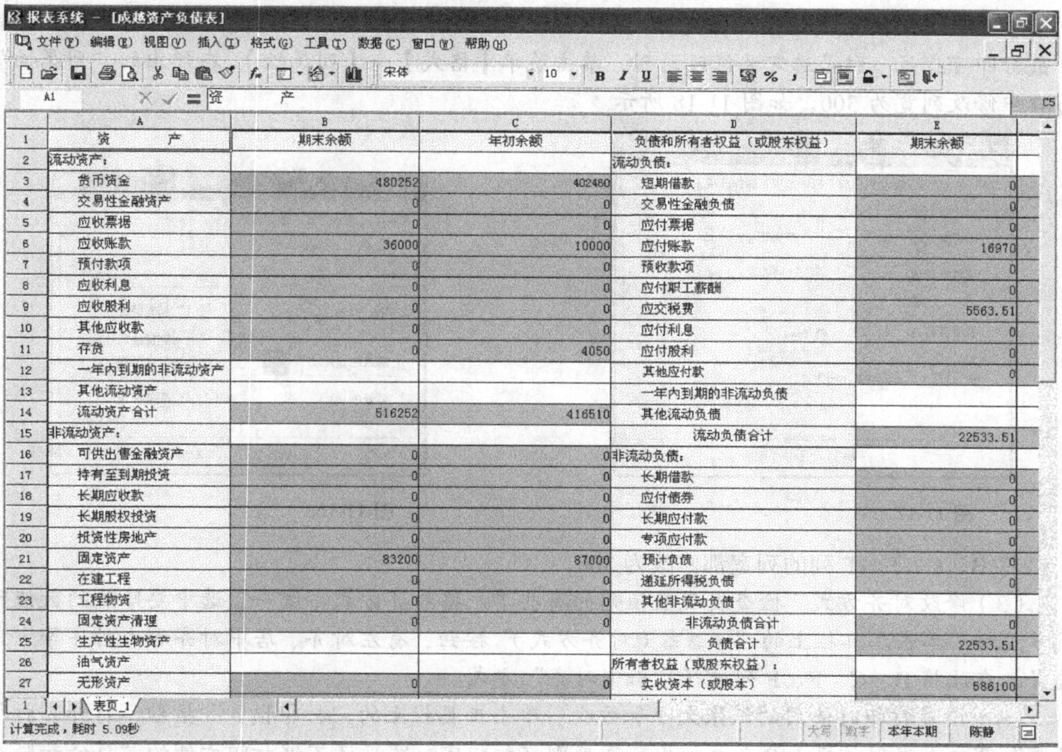

	A	B	C	D	E
1	资　　产	期末余额	年初余额	负债和所有者权益（或股东权益）	期末余额
2	流动资产：			流动负债：	
3	货币资金	480252	402480	短期借款	0
4	交易性金融资产	0	0	交易性金融负债	0
5	应收票据	0	0	应付票据	0
6	应收账款	36000	10000	应付账款	16970
7	预付款项	0	0	预收款项	0
8	应收利息	0	0	应付职工薪酬	0
9	应收股利	0	0	应交税费	5563.51
10	其他应收款	0	0	应付利息	0
11	存货	0	4050	应付股利	0
12	一年内到期的非流动资产			其他应付款	0
13	其他流动资产			一年内到期的非流动负债	
14	流动资产合计	516252	416510	其他流动负债	
15	非流动资产：			流动负债合计	22533.51
16	可供出售金融资产	0	0	非流动负债：	
17	持有至到期投资	0	0	长期借款	0
18	长期应收款	0	0	应付债券	0
19	长期股权投资	0	0	长期应付款	0
20	投资性房地产	0	0	专项应付款	0
21	固定资产	83200	87000	预计负债	0
22	在建工程	0	0	递延所得税负债	0
23	工程物资	0	0	其他非流动负债	0
24	固定资产清理	0	0	非流动负债合计	0
25	生产性生物资产			负债合计	22533.51
26	油气资产			所有者权益（或股东权益）：	
27	无形资产	0	0	实收资本（或股本）	586100

▶ 图 11-16

（6）经查报表资产与负债平衡，单击“保存”按钮，保存报表。

11.2.2 打印

为求报表输出美观，随时要对报表格式进行设置，如列宽、行高、字体和页眉页脚等内容。下面以输出“资产负债表”为例介绍格式设置步骤。

（1）报表属性查看。单击菜单【格式】→【报表属性】，弹出“报表属性”窗口，如图 11-17 所示。

报表属性窗口主要管理报表的行列、外观、页眉页脚的属性设置。

- 行列选项卡：包含总行数、总列数、冻结行数、冻结列数和缺省行高。
- 外观选项卡：包含前景色、背景色、网格色、缺省字体、是否显示网格以及公式或变量底色。
- 页眉页脚选项卡：包含页眉页脚内容、编辑页眉页脚、编辑附注和打印预览。
- 打印选项选项卡：包含标题行数、标题列数、是否彩打、是否显示页眉页脚以及表格、页脚是否延伸。勾选页脚延伸，表示页脚定位于页面底部，反之页脚显示在表格后。
- 操作选项选项卡：包含自动重算和人工重算。人工重算时，按 F9 功能键或单击菜单【数据】→【报表重算】时才会重算。当编辑大量单元公式并且计算较慢时，该选项较为适用。

（2）修改列宽。方法有两种：一种是用鼠标拖动修改列宽，如修改 C 列的宽度，将光标移到 C、D 列之间的竖线位置，当光标变成 ↔ 箭头时按住左键拖动，将列宽拖动至适当位置再放开鼠标即可；另一种是选定要修改的列，单击菜单【格式】→【列属性】，在弹出的"列属性"窗口中修改列宽为 300，如图 11-18 所示。

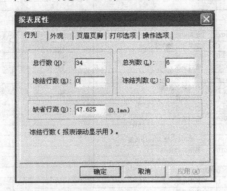

▶ 图 11-17

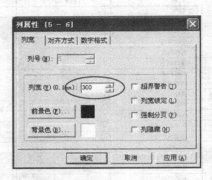

▶ 图 11-18

将 B、C、E、F 列的列宽都修改为 300。

（3）修改对齐方式。检查发现数值列的有些单元格对齐方式不统一，选中要修改的数值列或单元格，单击工具栏上的"≡≡≡（对齐方式）"按钮，有左对齐、居中对齐和右对齐等方式选择。在此将 B、C、E、F 列选择"居中对齐"方式。

（4）设置打印时使用的纸张大小和方向。单击工具栏上的"打印预览"按钮，打开"打印预览"窗口，发现该报表分 2 页输出，高度刚好打印完，宽度还不够打印右侧的"负债和股东权益"。单击窗口上的"打印设置"按钮，弹出"打印设置"窗口，将方向改为"横向"，单击"确定"按钮，返回"预览"窗口，发现宽度满足要求，而高度不够。在这种情况下，有两种方式选择：一种是在"打印设置"窗口，选择纸张大小为"A3"；另一种是更改文字大小、单元格高度、宽度等设置，以使其能在一张 A4 纸上打印出来。

本练习采用第二种方式，纸张大小选择 A4，方向为"横向"打印。

（5）更改字体大小。单击"退出"按钮，返回报表窗口。选定整个表格内容，如图 11-19 所示。

▶ 图 11-19

单击菜单【格式】→【单元属性】，弹出"单元属性"窗口，如图 11-20 所示。

单击窗口上的"字体"按钮，弹出"字体"设置窗口，大小选择"9"号，如图 11-21 所示。

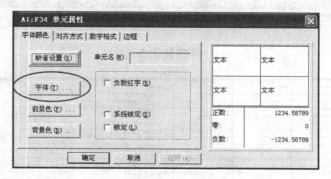

▶ 图 11-20

单击"确定"按钮,返回单元属性窗口,再单击"确定"按钮,返回报表,报表中的所有内容字体已变小。

(6)压缩行高。全选整个表格,单击菜单【格式】→【行属性】,弹出"行属性"窗口,如图 11-22 所示。

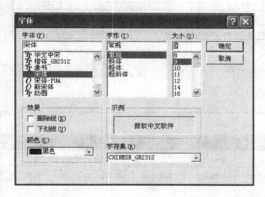

▶ 图 11-21

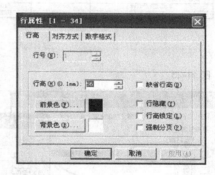

▶ 图 11-22

取消"缺省行高"的选中,将行高修改为"38",单击"确定"按钮,返回报表窗口。

(7)单击工具栏"打印预览"按钮,打开"打印预览"窗口,单击"打印设置"按钮,系统弹出打印设置窗口,选择"横向"方向,再单击"确定"按钮,返回预览窗口,效果如图 11-23 所示。

注

在做格式调整时,建议多使用"打印预览"功能,以查看格式。若字体、行高、列宽已经设到最小,还是不能满足要求,建议使用大的纸张打印或者分页打印。

(8)修改表头项目和页眉页脚。通过"预览"发现,"编制单位"为空,"日期"没有显示完整。下面在页眉页脚中修改,这样每一页都可以看到(也可在报表中设置)。

单击菜单【格式】→【报表属性】,弹出"报表属性"窗口,单击"页眉页脚"选项卡,选中"单位名称"页眉,单击"编辑页眉页脚"按钮,弹出"自定义页眉页脚"窗口,如图 11-24 所示。

在"单位名称"冒号后录入"深圳市成越实业有限公司";将光标移到两竖线间,删除"年月日"3 个字,再单击工具栏上的"日期(D)"按钮插入日期函数,如图 11-25 所示。

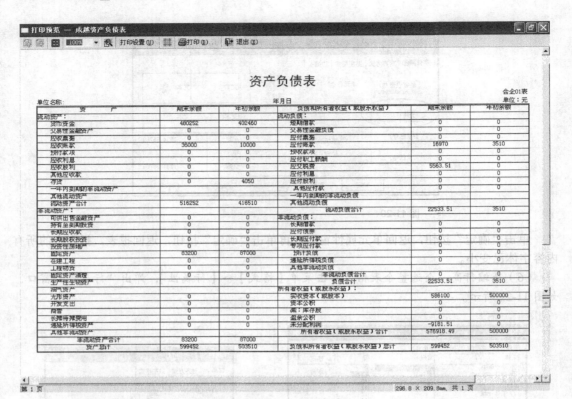

▶ 图 11-23

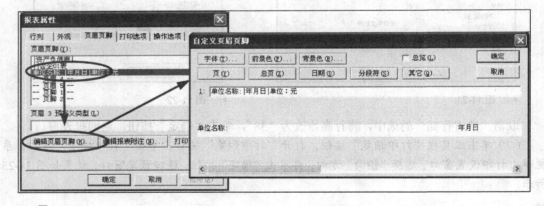

▶ 图 11-24

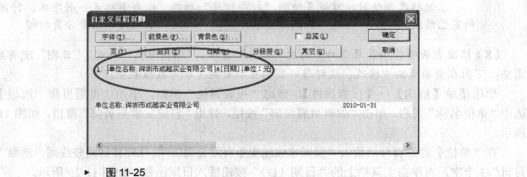

▶ 图 11-25

单击“确定”按钮，保存页眉修改并返回“报表属性”窗口；单击“确定”按钮，保存所有页眉页脚的修改。

（9）单击工具栏上的“打印预览”按钮，打开“打印预览”窗口，如图 11-26 所示。预览发现，当前修改已经基本符合输出要求。

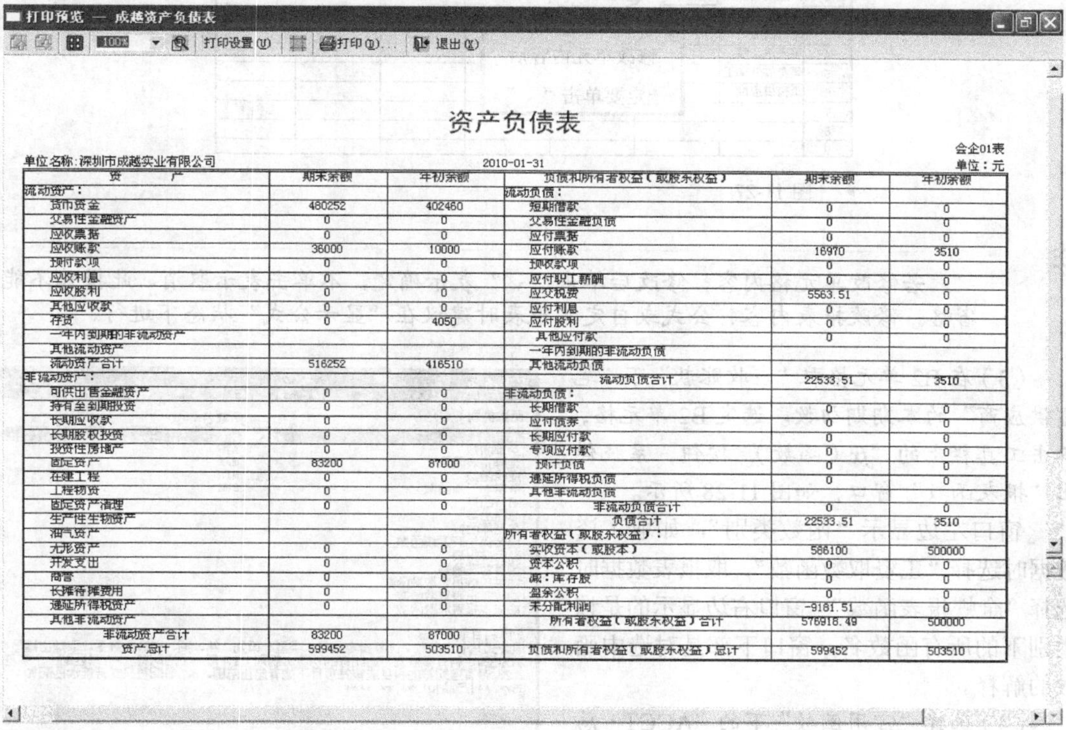

资产负债表

会企01表

单位名称：深圳市成越实业有限公司　　2010-01-31　　单位：元

资　　产	期末余额	年初余额	负债和所有者权益（或股东权益）	期末余额	年初余额
流动资产：			流动负债：		
货币资金	480252	402460	短期借款	0	0
交易性金融资产	0	0	交易性金融负债	0	0
应收票据	0	0	应付票据	0	0
应收账款	36000	10000	应付账款	16970	3510
预付款项	0	0	预收款项	0	0
应收利息	0	0	应付职工薪酬	0	0
应收股利	0	0	应交税费	5563.51	0
其他应收款	0	0	应付利息	0	0
存货	0	4050	应付股利	0	0
一年内到期的非流动资产			其他应付款	0	0
其他流动资产			一年内到期的非流动负债		
流动资产合计	516252	416510	其他流动负债		
非流动资产：			流动负债合计	22533.51	3510
可供出售金融资产	0	0	非流动负债：		
持有至到期投资	0	0	长期借款	0	0
长期应收款	0	0	应付债券	0	0
长期股权投资	0	0	长期应付款	0	0
投资性房地产	0	0	专项应付款	0	0
固定资产	83200	87000	预计负债	0	0
在建工程	0	0	递延所得税负债	0	0
工程物资	0	0	其他非流动负债		
固定资产清理	0	0	非流动负债合计	0	0
生产性生物资产			负债合计	22533.51	3510
油气资产			所有者权益（或股东权益）：		
无形资产	0	0	实收资本（或股本）	586100	500000
开发支出	0	0	资本公积	0	0
商誉	0	0	减：库存股	0	0
长期待摊费用	0	0	盈余公积	0	0
递延所得税资产	0	0	未分配利润	-9181.51	0
其他非流动资产			所有者权益（或股东权益）合计	576918.49	500000
非流动资产合计	83200	87000			
资产总计	599452	503510	负债和所有者权益（或股东权益）总计	599452	503510

▶ 图 11-26

注

因该报表的日期是计算机的日期，若要修改只需修改计算机的系统日期即可。

请读者朋友用同样的方法将新会计准则下的“利润表”另存到“报表”下，进行格式的调整，并打印格式设置。

11.2.3 自定义报表

报表是多种多样的，不同企业有不同的要求，不同领导也需要不同的报表。报表系统提供了“自定义报表”功能，用户可以根据需要随意编制报表。

以“实例 2-71”为例，介绍如何编制“自定义报表”。

（1）在主界面窗口，双击【财务会计】→【报表】→【新建报表】→【新建报表文件】，系统打开“报表系统”窗口。

（2）选择菜单【视图】→【显示公式】功能，录入文字项目。选定 A1 单元格录入“供应商名称”，以同样方法录入其他单元格内容，如图 11-27 所示。

11 Day

▶ 图 11-27

> **注** 若修改单元格内容,修改后单击"√"表示确定,不单击表示取消,此操作不能省略。修改报表内容、公式或自定义报表时建议在"显示公式"状态下进行。

(3)在 B2 单元格取"应收账款"下"笔帽供应商"的本期期初数。选定 B2 单元格,单击工具栏上的"fx(函数)"按钮,系统弹出"报表函数"窗口,如图 11-28 所示。

窗口左边显示"函数类别",如取工资数据时选择"工资取数函数",取报表数据时选择"金蝶报表函数";窗口右边显示的是该类别下的所有函数名;窗口下部是对选中函数的解释。

(4)选择"常用函数"下的"ACCT(总账科目取数公式)"项,单击"确定"按钮,系统打开"公式"设置窗口,如图 11-29 所示。

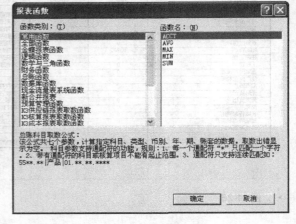

▶ 图 11-28

其中各项说明如下。

- 科目:按 F7 键获取科目范围。
- 取数类型:期初数或期末数等。按 F7 键弹出类型窗口。
- 货币:按 F7 键获取币别,默认为综合本位币。
- 年度:手工录入取数的年度。默认为当前报表的会计年度。
- 起始期间:起始的会计期间。默认为当前报表期间。
- 结束期间:结束的会计期间。默认为当前报表期间。
- 账套配置名:取数账套名称。默认为当前账套。

(5)在"科目"处按 F7 键,系统弹出"取数科目向导"窗口,获取科目代码"2202",选择核算类别"供应商",获取核算代码"01",设置完成后单击"填入公式"按钮,将设置显示在"科目参数"栏中,如图 11-30 所示。

(6)单击"确定"按钮,保存取数设置,并返回"公式"设置窗口,请注意窗口的变化。将光标移到"取数类型"处,按 F7 功能键,系统弹出"类型"窗口,如图 11-31 所示。

▶ 图 11-29

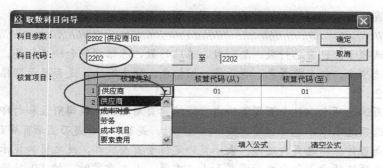

▶ 图 11-30

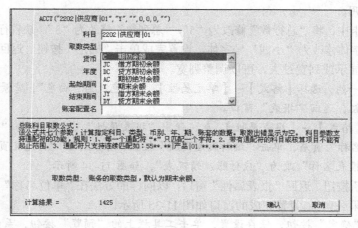

▶ 图 11-31

（7）选择"期初余额"类型，单击"确认"按钮，保存该公式，以同样的方法录入其他单元格的公式，公式录入完成后，选择【视图】→【显示数据】，系统根据所设置的公式自动计算出数据，如图 11-32 所示。

（8）隐藏多余的行和列。单击菜单【格式】→【表属性】，系统弹出"报表属性"窗口，如图 11-33 所示。

第 11 章 财务账簿和报表 | 303

▶ 图 11-32

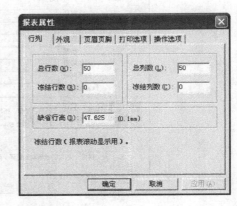

▶ 图 11-33

报表属性窗口主要管理报表的行列、外观、页眉页脚等。

- 行列选项卡，包含总行数、总列数、冻结行数、冻结列数和缺省行高。
- 外观选项卡，包含前景色、背景色、网格色、缺省字体、是否显示网格以及公式或变量底色。
- 页眉页脚选项卡，包含页眉页脚内容、编辑页眉页脚、编辑附注和打印预览。
- 打印选项选项卡，包含标题行数、标题列数、是否彩打、是否显示页眉页脚以及表格、页脚是否伸。勾选页脚延伸，表示页脚定位于页面底部，反之页脚显示在表格后。
- 操作选项选项卡，包含自动重算和人工重算。人工重算时，按 F9 功能键或单击菜单【数据】→【报表重算】时才会重算。当编辑大量单元公式并且计算较慢时，该选项较为适用。

在行列选项卡中，将"总行数"修改为"5"，"总列数"修改为"5"，缺省行高修改为"55"，外观选项卡上的字体修改为"小四"号字体，设置完成单击"确定"按钮，返回"报表"窗口，若部分项目没有显示或列宽过大，可以调整列宽。

（9）选中第一列，选择【格式】→【单元属性】，前景色改为"白色"，背景色改为"黑色"，单击"确定"按钮，返回"报表"窗口。

（10）选择【格式】→【报表属性】，系统弹出"报表属性"窗口，单击"页眉页脚"选项卡，选中"报表名称"页眉，单击"编辑页眉页脚"按钮，系统弹出"自定义页眉页脚"窗口，在录入框中将"报表名称"改为"应付账款情况表"，如图 11-34 所示。

单击"确定"按钮，返回"报表属性"窗口，以同样的方法在"单位名称"页眉后增加"深圳市成越实业有限公司"，设置完成的窗口如图 11-35 所示。

（11）单击"确定"按钮，保存设置，单击工具栏上的"预览"按钮，系统打开"打印预览"窗口，如图 11-36 所示。

（12）单击"关闭"按钮，返回"报表"窗口，选择【文件】→【保存】，将当前自定义报表保存起来，以供以后随时调用。

至此整个报表的定义工作结束。

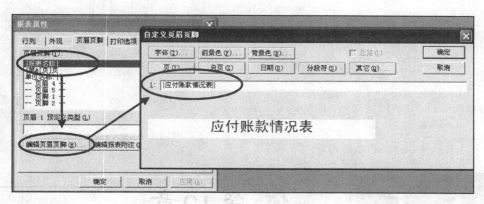

▶ 图 11-34

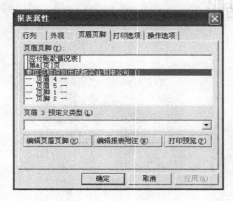

▶ 图 11-35

▶ 图 11-36

第 11 章 财务账簿和报表 | 305

Day 12

第12章
期末结账

学习重点
- 结账
- 反结账

期末结账是当前会计期间的业务已经处理完毕，即所有业务单据录入完毕，并且正确无误，有审核和过账等处理，可以结束当前期间的业务操作，将本期余额结转为下一期间的期初额，以便进行下一会计期间的业务操作。

结账次序为：先对业务系统进行结账后，才能进行总账系统的结账工作。

12.1 业务系统结账

当业务系统所有单据已审核、核销，相关单据已生成凭证，同时与总账等系统已核对完毕时，系统可以进行期末结账，期末结账完毕后系统进入下一会计期间。操作方法如下。

物流系统在期末结账前，往往需要对本期的出入库单据进行后续处理，如出入库核算、生成凭证、与财务系统对账等。但此时本期的核算单据录入尚未截止，可能会造成对账结果的不确定，而通过关账功能可截止本期的出入库单据的录入和其他处理，有利于期末结账前的核算处理。用户可以根据实际情况使用，是否关账并不影响期末结账。本实例采用直接结账方式。

由于本账套中有部分业务单据并未生成凭证，所以要先进行"系统参数"修改再结账。双击【系统设置】→【系统设置】→【存货核算】→【系统设置】，打开"系统参数维护"窗口，选择左侧"核算系统选项"后，选中"期末结账时检查未记账的单据"，如图12-1所示。

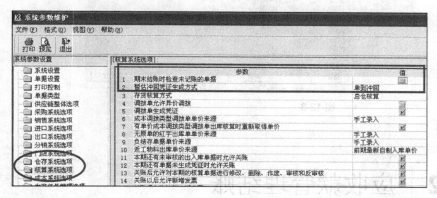

▶ 图 12-1

开始业务系统期末结账。双击【供应链】→【存货核算】→【期末处理】→【期末结账】，弹出"期末处理"窗口，如图12-2所示。

"结账状态"显示"是"，则表示该会计期间已经结账。单击"下一步"按钮，弹出"提示"窗口，单击"确定"按钮，稍后系统自动处理后，弹出"完成"窗口，如图12-3所示。

单击"完成"按钮，结束期末结账。

若要返回修改已经结账期间的单据，可以使用"反结账"功能，该功能位于【供应链】→【存货核算】→【反结账处理】→【反结账】。

反结账的前提是没有当期的计划价调价单。

另外，反结账时，以前期间的外购入库单在当期如果已经生成暂估凭证，则反结账前需要删除生成的凭证；当期的外购入库单生成的暂估凭证则可以不删除。

12 Day

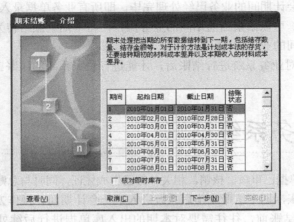

▶ 图 12-2

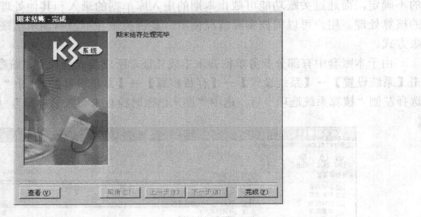

▶ 图 12-3

12.2 应收款管理结账

当应收款管理系统所有单据已审核、核销，相关单据已生成凭证，同时与总账等系统已核对完毕，系统可以进行期末结账，期末结账完毕后系统进入下一会计期间。操作方法如下。

双击【财务会计】→【应收款管理】→【期末处理】→【结账】，弹出提示窗口，如图12-4所示。

▶ 图 12-4

单击"是"按钮,打开"应收系统对账检查"窗口,如图12-5所示。

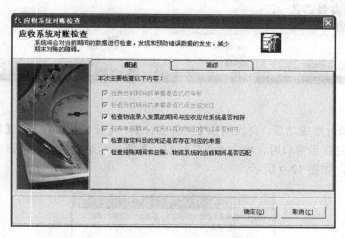

▶ 图 12-5

单击"确定"按钮,系统开始检查,稍后完成单击"确定"按钮,系统弹出"提示"窗口,如图12-6所示。

▶ 图 12-6

单击"是"按钮,打开"受控科目对账—过滤条件"窗口,科目代码获取"1122"科目,如图12-7所示。

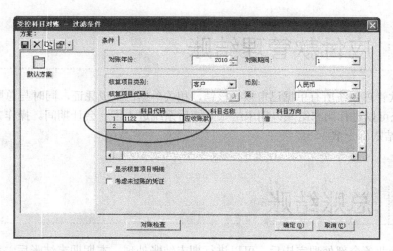

▶ 图 12-7

单击"确定"按钮,打开"期末科目对账"窗口,如图12-8所示。

12 Day

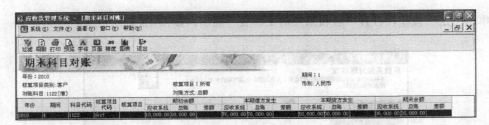

▶ 图 12-8

数据检查完和对账成功后，再次双击【财务会计】→【应收款管理】→【期末处理】→【结账】，系统弹出检查提示窗口时，单击"否"按钮，系统提示对账时，也单击"否"按钮，打开"期末处理"窗口，如图 12-9 所示。

▶ 图 12-9

选择"结账"，单击"继续"按钮，若本期所有单据处理正确，稍后系统将弹出"期末结账完毕"对话框，单击"确定"按钮，结束结账。

反结账，即取消结账，如当系统需要修改以前已经结账期间的单据，必须反结账、反审核后，才能进行修改操作。

若系统参数选中"期末处理前凭证处理应该完成"和"期末处理前单据必须全部审核"选项，结账前必须保证本期所有的单据已生成凭证并且本期所有的单据已全部审核，否则弹出不予结账的提示。

12.3 应付款管理结账

当应付款管理系统所有单据已审核、核销，相关单据已生成凭证，同时与总账等系统已核对完毕，系统可以进行期末结账；期末结账完毕后系统进入下一会计期间。操作方法可以参见"应收款管理结账"一节。

12.4 总账结账

本期会计业务全部处理完毕后，可以进行期末结账处理。本期期末结账后，系统才能进入下一期间进行业务处理。总账结账的前提是，同一会计期间所有业务系统都已经结账完毕。操作方法如下。

双击【财务会计】→【总账】→【结账】→【期末结账】,弹出"期末结账"窗口,如图 12-10 所示。

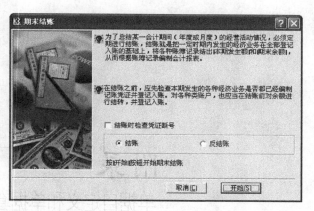

▶ 图 12-10

选中"结账"项,勾选"结账时检查凭证断号",则凭证中有断号时弹出提示,提示用户是否结账。单击"开始"按钮即可结账。

反结账:在"期末结账"选中"反结账",单击"开始"按钮即可。

附录
单据自定义和单据套打设置
——由追求卓越工作室提供（QQ：1206409930）

学习重点
- *单据自定义*
- *单据套打设置*

读者在"业务模块实战"中一定注意到在单据录入时，其实单据上的好多项目根本不用录入，也不用显示，能否把它们隐藏起来，显示清爽的界面？这个要求是可以满足的。

另外，读者看到"第2章"实例资料中有些单据除手工单据外，还补充有一份"套打格式"的图片，自己能否按照意图设计一些美观的"套打格式"呢？这样既可以提高业务水平，同时又能在实际应用中提高"公司"的形象。

本章根据以上两点疑惑和以前读者朋友的反馈，将讲述业务单据的自定义和套打格式设置方法，将以"销售出库单"为例进行讲述，至于其他单据请读者朋友自行练习。

我们要进行设置的"销售发货单"格式如图1所示。

▶ 图1

1. 单据自定义

单据自定义主要是针对"业务单据"上项目进行设置，如是否显示，该数据是手工录入，还是从什么资料中获取等。

下面以"销售出库单"为例讲述单据自定义的操作方法。

（1）以"Administrator"登录实例账套，双击【供应链】→【销售管理】→【销售出库】→【销售出库单新增】，系统打开"销售出库单"新增窗口，如图2所示。

单据项目显示/隐藏有两种方法，一种是手工拖动，只能针对表格项目；另一种是使用"客户端工具包"中的"单据自定义"功能进行设置，可以针对所有项目。

在手工拖动项目前要预先知道需要隐藏什么项目，如本实例将隐藏辅助属性、批号、辅助单位、换算率、辅助数量、计划单价、计划价金额、单位成本、成本、生产/采购日期、保质期（天）、有效期至、仓位、合同单号、辅助单位开票数量和开票数量。

（2）先隐藏"辅助属性"一列，将光标放置在该项目列右边竖线处，光标变成"⊹"（双竖线左右箭头）"后按住鼠标左键向左移动并隐藏项目，然后松开鼠标，请读者以同样方法将其他项目隐藏，隐藏后的单据如图3所示。

该设置适用于整个账套中的所有操作员，即其他操作员登录时也将看到同样的效果。

▶ 图2

▶ 图3

（3）练习将单据底部的"业务员"项目缩小，并且将"保管"移动到上行，此操作需要到"单据自定义"功能中设置。选择【开始】→【所有程序】→【金蝶K3】→【金蝶K3工具】→【客户端工具包】，系统打开"金蝶K/3客户端工具包"窗口，如图4所示。

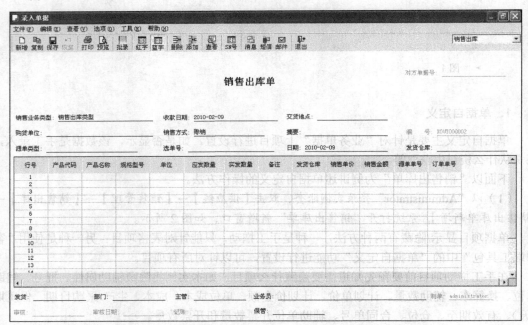

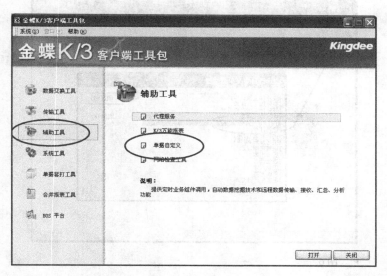

▶ 图4

（4）选择【辅助工具】→【单据自定义】，单击"打开"按钮，系统弹出登录窗口，选择"002 账套"，登录名录入"administrator"，密码保持为空，单击"确定"按钮，打开"单据自定义"窗口，如图5所示。

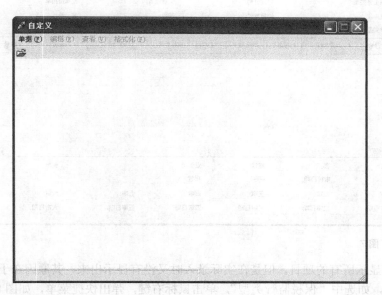

▶ 图5

（5）单击"打开"按钮，系统弹出"选择自定义单据类型"窗口，如图6所示。
（6）向下移动，选择"销售出库"，单击"确定"按钮，系统弹出"销售出库单"自定义单据界面，如图7所示。

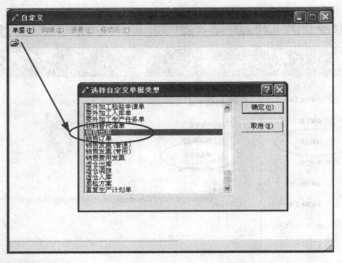

▶ 图6

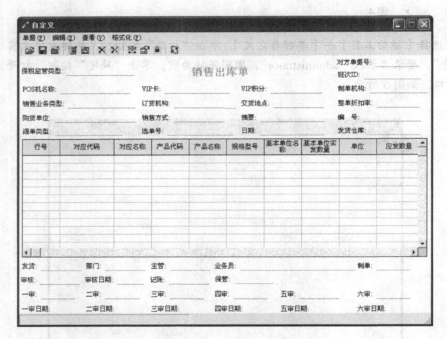

▶ 图7

当前界面显示所有的项目，但是在实际录入时又没有显示出来，其原因在于该项目已经设置为隐藏状态，如选中"保税监管类型"，单击鼠标右键，弹出快捷菜单，如图8所示。

选择"属性"菜单，系统弹出"属性设置"窗口，切换到"设置可见性"标签页，如图9所示。在当前标签页中，没有选中任何选项，则表示虽然有该项目但是不用显示。

（7）缩小"业务员"位置，并移动"保管"到第一行。选中表体下部的"业务员"，此时该项目上显示8个小黑方框，选中右边中间位置的黑方框，此时光标成"左右"箭头，按住鼠标向左拖动缩小到适当大小，再选中第二行的"保管"移动到第一行的"业务员"后面，效果如图10所示。

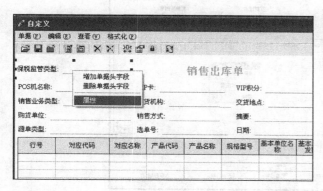
▶ 图8

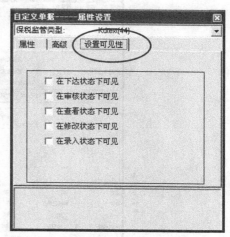
▶ 图9

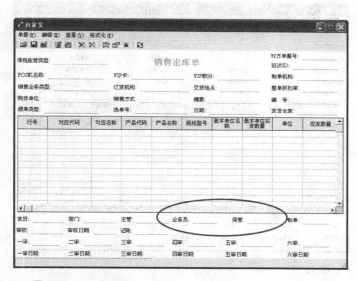
▶ 图10

（8）增加一列"客户订单号"以供后面套打使用。首先单击表格，使其呈选中状态，特征为表格方框有8个小黑方框，然后再单击鼠标右键，系统弹出"快捷菜单"，如图11所示。

（9）选择"增加分录列"，此时系统会在表格中显示"新增列58"，如图12所示。

（10）修改"新增列58"的属性。在表格上单击右键，选择"属性"，系统弹出"属性设置"窗口，单击"分录"下拉按钮，选择"新增列58"，如图13所示。

（11）在"列头名称"处修改为"客户订单号"，其他属性保持默认值，如图14所示；再切换到"高级"窗口，来源方式选择"手工录入"，其他设置保持默认值，如图15所示。

（12）关闭"属性设置"窗口，此时可以看到单据自定义中的"新增列58"已经修改为"客户订单号"，如图16所示。

附录 单据自定义和单据套打设置 [317

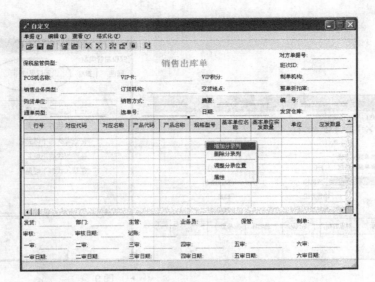

▶ 图 11

▶ 图 12

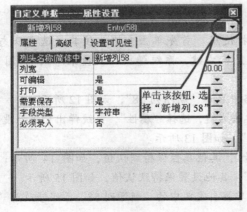

▶ 图 13

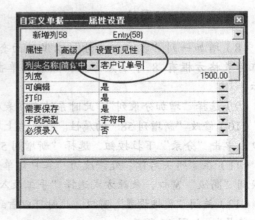

▶ 图 14

▶ 图 15   ▶ 图 16

说明

在表格中新增"客户订单号",正确的方法应该是在"销售订单"的表体中新增一列"客户订单号",然后再到销售出库的"客户订单号"的属性设置窗口中的"高级"标签页设置为"手工录入",同时在窗口下部的"选单来源定义"下选择"销售订单",来源字段选择为"客户订单号",这样可以达到一个单据录入,其他单据共享的目的。

(13)单击"保存"按钮,保存当前设置,然后关闭"单据自定义"窗口,再切换到"实例账套"中,重新登录实例账套,再打开"销售出库单"新增,此时看到的窗口则如图 17 所示。

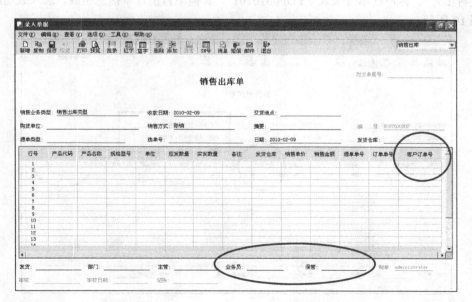

▶ 图 17

附录 单据自定义和单据套打设置 | 319

2. 单据套打设置

以图18为例，练习单据套打设置方法。

深圳市成越实业有限公司
Shenzhen ChengYue Industrial Co., Ltd.
地址：深圳市宝安区文汇路19号　电话：0755-12345678

销售发货单

客户全称：　　　　　　　日期：　　　　　　　单号：
送货地址：　　　　　　　备注：

客户订单	料品编码	料品名称	规格型号	单位	数量	单价	金额	仓库	销售订单

本单一式六联：第一联存根(白)，第二、三联财务(红、黄)，第四联客户(蓝)，第五联业务(绿)，第六联PMC(白)

客户签收(盖章)：　　　审核：　　　提货人：　　　仓管：　　　制单人：

▶ 图18

为练习套打设置，先录入一张销售订单并审核，然后生成一张出库单。录入的销售订单信息如下。

日期	购货单位	单据编号	产品代码	产品名称	规格型号	数量	含税单价	部门	业务员
2010-02-09	北京远东公司	SEORD000002	3.02	圆珠笔	红色	5000	9.8	销售部	仁渴

根据销售订单先发货"1"PCS，摘要中说明为"先确定样品，再量产"，交货地址录入"北京中关村1号"，客户订单号录入"YDP0010101"，其他项目由订单信息生成，录入成功的出库单如图19所示。

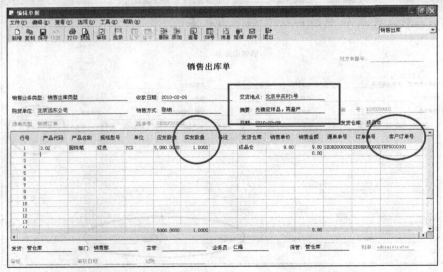

▶ 图19

（1）先测试系统中默认的"销售出库单"套打格式。先选中"使用套打"，单击菜单【文件】→【使用套打】，此时则该项处于"选中"状态，如图 20 所示。

（2）引入套打文件格式。单击菜单【文件】→【套打设置】，系统弹出"套打设置"窗口，切换到"注册套打单据"窗口，如图 21 所示。

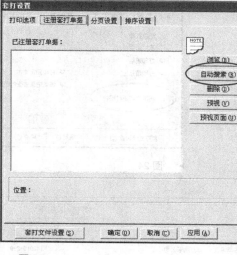

▶ 图 20　　　　　　▶ 图 21

先注册套打单据，单击"自动搜索"按钮，系统弹出"浏览文件夹"窗口，选择 Kingdee 的安装目录，如图 22 所示。

单击"确定"按钮，稍后系统自动引入文件夹下已有的套打格式，如图 23 所示。

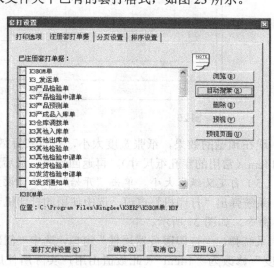

▶ 图 22　　　　　　▶ 图 23

（3）选择要使用的"格式文件"。切换到"打印选项"窗口，"套打单据"选择"K3 销售出库单"，取消"超出纸边距时警告"的选中，如图 24 所示。

（4）单击"确定"按钮，返回单据窗口，再单击"打印预览"按钮，系统打开预览窗口，看到的效果如图 25 所示。

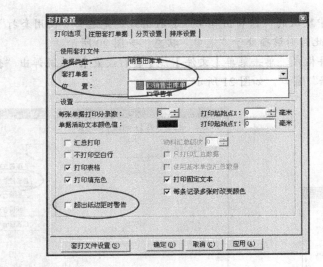

▶ 图24

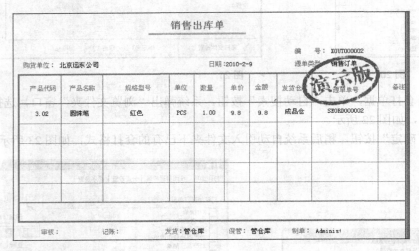

▶ 图25

现在预览的效果，纸张宽度太小，以及实际效果与图 18 有差异。先自定义纸张大小为 24*14cm（常用的穿孔纸尺寸），再返回预览，最后进行套打文件设计。

（5）自定义纸张大小。单击"开始"菜单"设置"下的"打印机"选项，如图 26 所示。

系统弹出"打印机"窗口，选中使用的打印机名称，再单击"文件"菜单下的"服务器属性"命令，如图 27 所示。

系统弹出"打印服务器属性"窗口，选中"创建新格式"项，将"宽度"修改为"24cm"，"高度"修改为"14cm"（此数值由用户实际所使用的打印纸张大小设定）。表格名录入"单据"，如图 28 所示。单击"保存格式"按钮，保存所设置的格式。单击"关闭"按钮，退出窗口。

切换到金蝶 K/3 的"打印预览"窗口，单击窗口上部的"打印设置"按钮，系统弹出"打印设置"窗口，在窗口中可以选定打印机的名称、纸张大小和方向等，纸张大小选择刚才设置的"单据"，如图 29 所示。

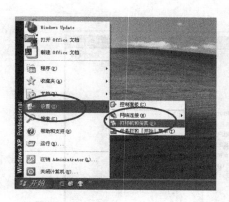

▶ 图 26

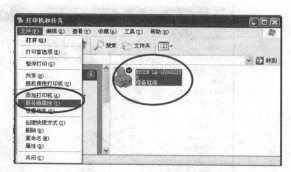

▶ 图 27

▶ 图 28

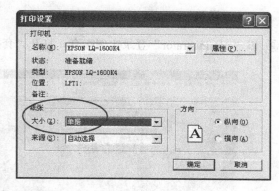

▶ 图 29

单击"确定"按钮，返回"打印预览"窗口，这时请注意打印格式的变换，如图 30 所示。

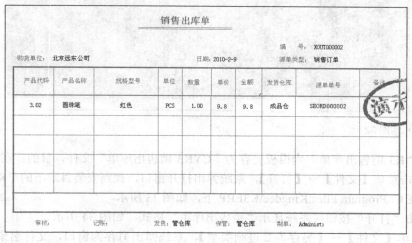

▶ 图 30

（6）设置图 18 套打格式。

① 单击菜单【文件】→【套打设置】，系统弹出套打设置窗口，单击设置窗口左下角的"套打文件设置"按钮，系统弹出登录窗口，如图 31 所示。

附录 单据自定义和单据套打设置 | 323

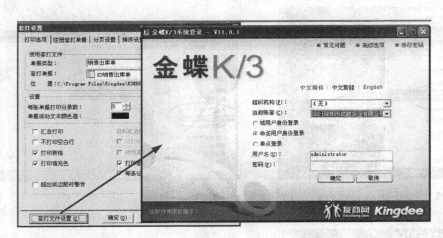

▶ 图 31

② 以"administrator"登录实例账套,打开"套打设计器"窗口,如图 32 所示。

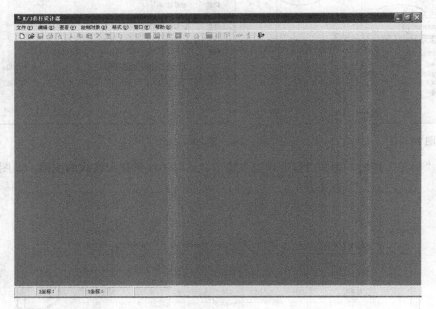

▶ 图 32

③ 以"K3 销售出库单"为模板另存为"CYK3 销售出库单"文件,目的:在新文件中修改设计。单击菜单【文件】→【打开】,系统弹出打开窗口,找到安装目录下的"K3 销售出库单",通常在 C:\Program Files\Kingdee\K3ERP 下,如图 33 所示。

④ 单击"打开"按钮,系统显示"销售出库单"格式,如图 34 所示。

单击菜单【文件】→【另存为二进制类型】,系统弹出另存为窗口,文件名录入"CYK3 销售出库单",单击"保存"按钮保存。

⑤ 重新打开"CYK3 销售出库单",将纸张高度稍微拉高。将光标移至纸面底部的小黑方框处,当光标成为上下箭头的时候,按住鼠标向下拖动,加大高度,增加高度后如图 35 所示。

▶ 图 33

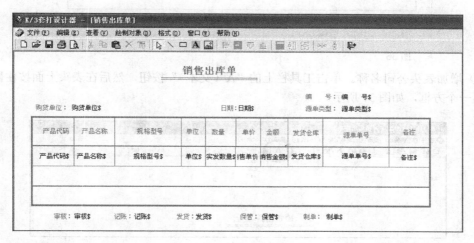

▶ 图 34

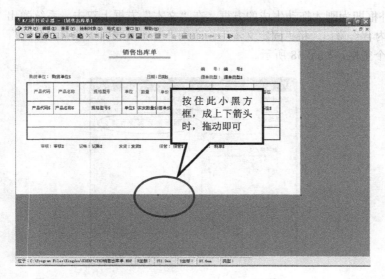

▶ 图 35

附录 单据自定义和单据套打设置 | 325

⑥ 框选"审核"本行的所有项目,然后按住鼠标向下移动,在移动表格的时候,只需选中直接移动,表格中的项目会自己同时移动,再移动表头项目,移动后效果如图36所示。

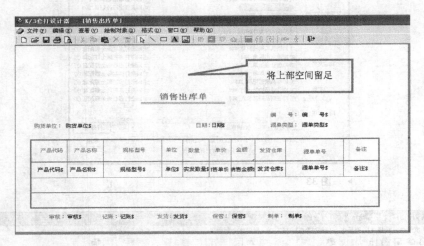

▶ 图36

⑦ 增加表头公司名称。单击工具栏上的"A(文本)"按钮,然后在表头上面按住鼠标左键拖出一个方框,如图37所示。

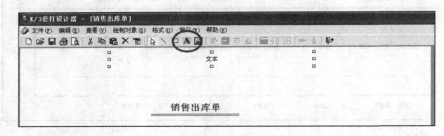

▶ 图37

"文本"外框即为刚才拖动生成的方框,在"文本"方框上双击,系统弹出"属性"窗口,切换到"文本内容"窗口,将"固定文本"修改为"深圳市成越实业有限公司",注意文字与文字之间加上一个空格,如图38所示。

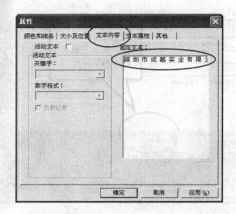

▶ 图38

修改字体大小。切换到"文本属性"窗口,单击"字体"按钮,弹出"字体"设置窗口,大小选择"22"号,如图 39 所示。

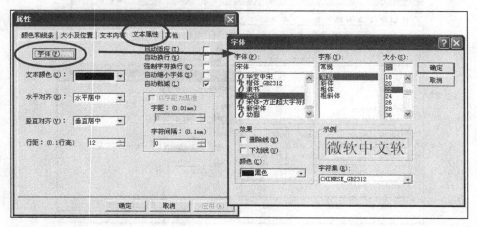

▶ 图 39

单击"确定"按钮,返回属性窗口,再单击"确定"按钮,返回套打设置窗口,刚才新增的公司名称格式如图 40 所示。

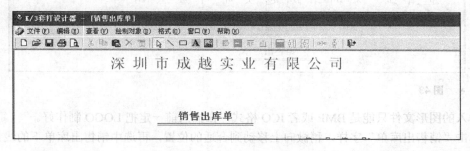

▶ 图 40

用同样方法新增英文名称和地址等,字体大小请自行修改,设置成功后如图 41 所示。

▶ 图 41

⑧ 在销售出库单上面画一条横线,并在线上增加公司 LOGO。单击工具栏上"\(画线工具)"按钮,然后按住鼠标画一条横线,双击线条,系统打开属性设置窗口,可以设置该线条的颜色、线型和粗细等,如图 42 所示。

单击菜单【绘制对象】→【插入图形】,系统弹出选择图片窗口,选中要使用的公司 LOGO,然后打开,系统将所选中的图片引入格式中,使用图片上的 8 个小方框缩放图片到合适的大小,如图 43 所示。

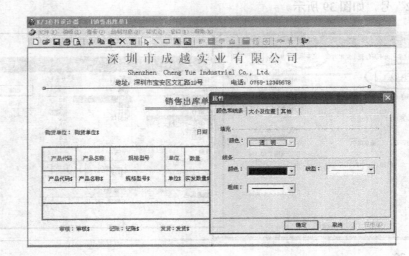

▶ 图 42

▶ 图 43

插入的图形文件只能是 BMP 或者 ICO 格式,在插入前一定把 LOGO 制作好。

单击"销售出库单"字样,稍微向上移动到合适的位置,再选中销售出库单下的线条,依次删除,删除后的效果如图 44 所示。

▶ 图 44

⑨ 修改和设置表格外的项目,先新增"备注"(摘要)项目。

单击工具栏的"A"按钮,在日期下拖出一个方框,双击将文本内容修改为"备注:",然后再单击"A"按钮,在备注后面拖出一个方框,双击打开属性窗口,选中"活动文本",在关键字处选择"摘要$",如图 45 所示。

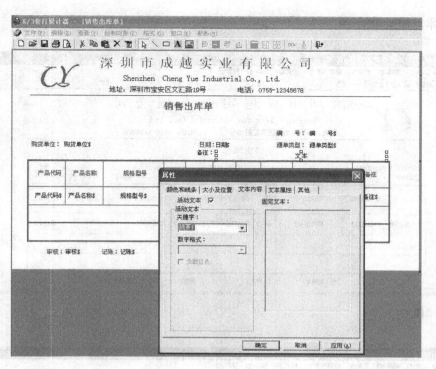

▶ 图45

单击"确定"按钮，返回设计窗口，此时"文本"字样修改为"摘要$"字样，如图46所示。

▶ 图46

删除"源单类型"，修改红字"购货单位"为"客户名称"，将编号修改为"单号"，新增交货地址，获取活动文本"交货地点$"，并将项目向上移动到合适的位置，然后再移动表格，移动底部项目，效果如图47所示。

修改底部内容。在表格和底部"审核"之间插入一个"文本"项，然后修改为"本单一式六联：第一联存根（白），第二、三联财务（红、黄），第四联客户（蓝），第五联业务（绿），第六联PMC（白）"。

删除"记账"，删除"发货人"，然后调整相关项目位置，在审核与保管之间插入"提货人"，不用加入活动文本，此处为手工签名，然后在审核前面新增"客户签收（盖章）"项，也不用增加活动文本,如图 48 所示。

▶ 图 47

▶ 图 48

⑩ 修改表格中的项目。删除"备注"和备注左侧的竖线,再将单据中的项目向右移动,给"客户订单"留下一定的空间,并将"源单单号"修改为"销售订单","源单单号$"不做任何修改,如图 49 所示。

单击工具栏的"A"按钮,在表格第一行中生成一个文本项,修改为"客户订单",然后再单击"A"按钮,在表格第二行生成一个文本项,设置为"活动文本",关键字选择"客户订单号$",如图 50 所示。

在客户订单与产品代码处画竖线分隔。单击工具栏上的"画线工具"在客户订单和产品代码之间画竖线,一次只能画一行,成功后如图 51 所示。

▶ 图 49

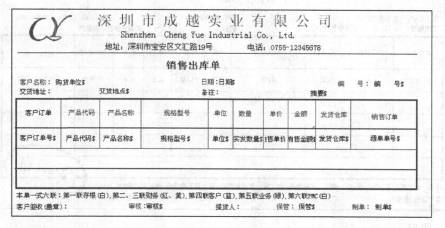

▶ 图 50

▶ 图 51

大家在画线或文本不对齐时，可以使用工具栏上的以下几个按钮。

  📐：左边线对齐 📐：右边线对齐 📐：上边线对齐 📐：下边线对齐
  📐：宽度相等 📐：高度相等 📐：相同大小

使用方法是：先选中第一个作为基准的项目，按住 Shift 键，再选中第二个项目，然后单击上面的相应按钮即可得到所需要的效果。

（7）保存套打文件设置，切换回实例账套中，打开"销售出库单"界面，单击菜单【文件】→

【套打设置】,系统弹出"套打设置"窗口,在"注册套打单据"窗口,使用自动搜索功能引入刚才所编辑的套打格式,然后切换回"打印选项"窗口,在套打单据处选择"CYK3 销售出库单",然后"每张单据打印分录数"设置为"4",如图 52 所示。

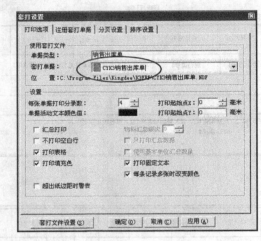

▶ 图 52

(8) 单击"确定"按钮,使用打印预览查看打印效果,如图 53 所示。

▶ 图 53

大家如果对打印效果不满意,可以返回"套打设计器"中继续编辑套打格式,直到满意为止。

由于套打设计比较烦琐,一定要注意修改后不能恢复,所以在初次应用时,一定要使用原套打文件另存为一个文件名后,在另存为文件上进行修改,以保证当修改错误后,源文件还存在。